珍藏版

三十六计

东篱子◎解译

全鉴

中国纺织出版社

内 容 提 要

《三十六计》集合了我国古代的重要军事思想和丰富战争经验，语源于南北朝，成书于明清，堪称一部"益智之荟萃，谋略之大成"的兵学奇书，是中华民族优秀文化遗产之一。全书共分六套计谋，即胜战计、敌战计、攻战计、混战计、并战计及败战计，每套计谋又分为六个计策，共三十六计。

本书对《三十六计》中的每一计都进行了详细解析，并配以精彩的历史故事，以全新的视角、全面的层次，全方位、多角度地向读者展示《三十六计》所涵盖的谋略内涵。

图书在版编目（CIP）数据

三十六计全鉴：珍藏版 / 东篱子解译. -- 北京：中国纺织出版社，2016.8（2025.5重印）

ISBN 978 - 7 - 5180 - 2644 - 9

Ⅰ.①三… Ⅱ.①东… Ⅲ.①兵法—中国—古代②《三十六计》—通俗读物 Ⅳ.①E892.2 - 49

中国版本图书馆 CIP 数据核字（2016）第 114752 号

策划编辑：陈 芳   责任印制：储志伟

中国纺织出版社出版发行
地址：北京市朝阳区百子湾东里 A407 号楼   邮政编码：100124
邮购电话：010—67004422   传真：010—87155801
http：//www.c-textilep.com
E-mail：faxing@ c-textilep.com
中国纺织出版社天猫旗舰店
官方微博 http：//weibo.com/2119887771
北京华联印刷有限公司印刷   各地新华书店经销
2016 年 8 月第 1 版   2025 年 5 月第 7 次印刷
开本：710×1000   1/16   印张：20
字数：243 千字   定价：68.00 元

凡购本书，如有缺页、倒页、脱页，由本社图书营销中心调换

　　《三十六计》也称"三十六策"，素有谋略奇书之称，为后世留下精彩绝伦的成功战例。或许正是这个原因，让《三十六计》享有中国人的"智慧长城"和经久不衰之"世界经典名著"的声誉。古人有"用兵如孙子，策谋三十六"之说。《三十六计》不仅是政治家、军事家的必备，更是世人开创人生局面、掌握为人之道、深谙处世哲学、遨游职场、驰骋商海并取得成功的必备之书。

　　《三十六计》中每计名称后的解说，均系依据《易经》中的阴阳变化之理与古代兵家刚柔、奇正、攻防、彼己、虚实、主客等对立关系相互转化的思想推演而成，含有朴素的军事辩证法的因素。

　　本书以通行的《三十六计》为蓝本，每一计都包括计谋原典、注释、译文、计谋典故、计谋解析及解读六个模块，再现了

《三十六计》在现实中的应用，内容生动活泼、通俗易懂。该书以流畅的语言，详细诠释和解读了《三十六计》中每个计谋的适用情况及其优势所在。因此，该书具有很强的现实指导意义，使读者领略典籍的精髓，在掩卷之后，也可发思古之幽情，继创新之鸿志，悟人生之真谛。

本书平装本自出版以来，广受读者欢迎和喜爱。为满足大家的收藏、馈赠需要，现特以精装形式推出，敬请品鉴。

编著者

2016 年 2 月

目录

第一套　胜战计

　　"胜战计"包括瞒天过海、围魏救赵、借刀杀人、以逸待劳、趁火打劫及声东击西共六计。"胜战"是在敌弱我强的条件下,如何谋算对手势力的变化。并且,在分清敌我情况后,要区别对待。即便是有了胜利的条件也不能掉以轻心。这是因为瞬间的疏忽都会导致失败,所以应该学会在顺境中实施谋略,从而达到成功的目的。本套计策是分别从欺之、分之、假借、伺机、趁势、利用六个方面来展开介绍的。

第二套　敌战计

　　敌战计包括无中生有、暗渡陈仓、隔岸观火、笑里藏刀、李代桃僵及顺手牵羊共六计。敌战计是在敌我双方势均力敌的情况下，所使用的计策。由于在现实战争中，不管双方兵力如何，都要与敌人面对面作战，因此在与敌人对阵时，既要有胆识，又要审时度势。战争是敌我双方战斗力的较量，要想取得胜利，不仅要提高己方的战斗力，还要削弱敌方的战斗力。本套计策是分别从诳之、藏之、观之、安之、舍之、积之六方面来展开介绍的。

第三套　攻战计

攻战计包括打草惊蛇、借尸还魂、调虎离山、欲擒故纵、抛砖引玉及擒贼擒王共六计。攻战计是专门用于策划进攻的，其核心就是"攻"，即攻心为上，攻城为下；心战为上，兵战为下，以求得战而胜之。本套计策是分别从佯之、换之、调之、纵之、引之五个方面来展开介绍的。

第四套　混战计

　　混战计包括：釜底抽薪、浑水摸鱼、金蝉脱壳、关门捉贼、远交近攻及假途伐虢共六计。混战计是专门应对战争中的混乱局面的，其精髓就在于"混"，即在实际运用中，表面上"混"而实则"清"，让对手摸不着头脑，乱其心志，然后引诱其按自己的意图行事，从而达到乱中取胜的目的。本套计策是分别从盅之、剥之、困之、乘之、利之五个方面来展开介绍的。

第五套　并战计

　　并战计包括偷梁换柱、指桑骂槐、假痴不癫、上屋抽梯、树上开花及反客为主共六计。并战计是用来对付友军的。在乱世之中，很多时候需要同友方联合作战的，但大家切不可对他掉以轻心。因为，友军是潜在的敌人，他会在与你并肩作战时，突然下手歼灭你，所以在这种形势之下，就得妙思攻守之计。本套计策是从换之、骂之等几个方面来展开介绍的。

第六套　败战计

　　败战计包括美人计、空城计、反间计、苦肉计、连环计及走为上计共六计。败战计是作战中应对敌众我寡形势的一种战略计谋，也就是我方处于劣势、被动或其他许多未知因素，并且自己很难挽回败局时，所用的计谋。败战计的使用，可以使我方反败为胜，变劣势为优势，从而赢得胜利。

第一套　胜战计

"胜战计"包括瞒天过海、围魏救赵、借刀杀人、以逸待劳、趁火打劫及声东击西共六计。"胜战"是在敌弱我强的条件下，如何谋算对手势力的变化。并且，在分清敌我情况后，要区别对待。即便是有了胜利的条件也不能掉以轻心。这是因为瞬间的疏忽都会导致失败，所以应该学会在顺境中实施谋略，从而达到成功的目的。本套计策是分别从欺之、分之、假借、伺机、趁势、利用六个方面来展开介绍的。

第一计　瞒天过海

【计谋原典】

备周则意怠^①，常见则不疑。阴在阳之内，不在阳之对^②。太阳、太阴^③。

【注释】

①备周则意怠：备，防备。周，周密、周到。意，意志、思想。怠，懈怠、松懈。

②阴在阳之内，不在阳之对：阴，这里指的是机密、隐蔽。阳，这里指的是公开、暴露。对，对立、相反的方面。

③太阳、太阴：太，这里是指的极大、非常之意。

【译文】

防备周密，往往容易导致思想麻痹、斗志松懈，以至于对常见的事情就不会产生疑惑（以致丧失警惕），从而削弱战力。密谋就隐藏在公开的事物之中，而不在公开事物的对立面上。最公开的事物当中往往隐藏着最秘密的阴谋。

【计谋典故】

贞观十七年（643 年），唐太宗李世民御驾亲征，率领 30 万大军直指高丽国。

一天，大军来到海边，但见白浪排空、茫茫无际，太宗不免犯起愁来。前部总管张士贵急召众将问渡海之计。众将面面相觑、一片沉寂。只有薛仁贵一副胸有成竹的样子，说道："这有何难，此处有一仙人，可让三岳让路、江海开道。"接着又凑近张士贵神秘兮兮地耳语一番。随后，张士贵奏明太宗。太宗听罢，不禁大喜，遂命张士贵导引，前往会见那位神奇的仙人。第二天，太宗在张士贵的引领下直向海边走去，通过一个由帷幔遮蔽的通道，来到一处华丽的小殿堂。这殿堂内，绣幔锦彩、茵褥铺地，群臣恭立迎候。太宗十分高兴，召见了那位神奇的仙人，并赐宴群臣，与仙人共饮。酒酣之时，忽然狂风四起、涛声大作，杯盘倾倒、人不自持。太宗大惊，忙向左右询问，近侍揭开帷幕，但见波涛汹涌，水光接天。太宗如坠雾中、一脸茫然。张士贵这才从实奏明，这是他用的"瞒天过海"之计，根本没有什么神奇的仙人。30万大军借助风势，已航行在茫茫大海之上，并且将要安全靠岸了。

【计谋解析】

此计的奥妙就在于所有的战略、战术是在敌方习以为常的行动中完成的。一般来讲，军事防御体系周密时，其警觉性反而容易懈怠，司空见惯的东西就不容易引起人们的怀疑。诡秘的计谋往往就潜藏在公开的事物里边，而不是在公开事物的对立面上。越是公开的事物，里面就越有可能潜藏着最为机密的计谋。"瞒天过海"是使用伪装的手段，来迷惑对方，从而利用机会获得胜利的策略。总而言之，"瞒天过海"之计是采取各种措施，转移事件的焦点，使对方麻痹大意，从而达到胜利的目标。

解读

李牧隐强示弱战匈奴

战国时期，赵王派李牧率兵驻守代州、雁门一带，以抵御北方匈奴的入侵。

李牧到达边关后，天天率领士兵练习骑马射箭，并且每天都杀几头牛供士兵食用。同时，他还特别嘱咐士兵，一旦发现匈奴入侵，必须立即退进关里，关上城门。谁胆敢在关外和匈奴交战，就杀无赦。

这样几年下来，虽然匈奴打不进来，但却让赵王以为李牧胆小。于是，赵王便下令李牧出关迎战匈奴。可李牧还是依然如故，坚守不出。赵王很生气，便把李牧召回来，换人去领兵与匈奴作战。可事与愿违，与匈奴打了几仗都败了。

赵王冷静下来想了想，认为李牧的方法是有道理的，于是又重新派他回去主事。李牧开始是推说有病不肯受命，但经不住赵王的反复劝说。最后，在赵王同意自己还按原来的计划行事之后，李牧重新驻守边关。

李牧回到边关后，与以前一样善待士兵、坚持练武，并禁止士兵在关外迎战匈奴。同时，他悄悄地招兵买马、囤积粮草。

一次，匈奴来了一支小股部队，李牧下令迎战，但却命令士兵打几下就装败撤回。

匈奴获了小胜，认为李牧的部队不堪一击。于是，匈奴单于亲率大军来犯。这一次，李牧早已做好了准备，匈奴一入关，便陷入到他布下的奇妙兵阵。任凭匈奴骑兵怎样左突右冲，但还是遭到惨败，10余万骑兵被杀，单于落荒而逃。此后，匈奴再也不敢入侵赵国。

李牧所用的计谋就是"瞒天过海"之计。先让对方轻敌自傲、放松警惕，再引敌上钩、诱敌深入，最后围歼消灭之。

用兵之道，讲的是"虚实"两字，要让敌人莫测高深或所见非实，这样就可以蒙住了对方的眼睛，待真正交战时，再突出奇兵，即可大获全胜。

盟军的"霸王行动"

在战争中，"瞒天过海"是一个利用人们存在常见不疑的心理状态，进行战役伪装，隐蔽军队集结和发起进攻企图，以期达到出奇制胜的计谋。

第二次世界大战进行到1943年时，盟军已经稳住阵脚，开始逐步反攻了。并且，在这一年，盟军制订了关于开辟第二战场，即盟军在欧洲大陆登陆的"霸王行动"计划。盟军决定在1944年春执行这一计划，在法国西岸登陆。然而，摆在眼前的问题是，希特勒早就知道盟军想从法国登陆，并做好了准备，在法国海岸布下了重兵把守。于是，盟军制订了一个"霸王行动"的辅助计划——"卫士计划"，亦称"杰伊计划"。这个计划是关于什么呢？它是怎样来协助诺曼底登陆的呢？

"卫士计划"将从5个方面为"霸王行动"提供掩护，即窃取情报、反间和保密、敌后特别行动、政治宣传战及心理战。目的是通过这些掩护手段，使狡诈多疑的希特勒相信盟军的登陆地点不是法国的诺曼底，而是斯堪的纳维亚、巴尔干半岛、法国的加莱海峡或是其他任何一个地方。

在"卫士计划"中，总共包括6个大的掩护计划、36个附属计划以及一些相关的计谋。其中，专门围绕诺曼底登陆的掩护计划被命名为"坚韧计划"，它本身又分两个部分：一部分是用来牵制德军在斯堪的纳维亚的27个

师，称为"北方坚韧计划"；另一部分则用来把德国最精锐的装甲部队第15军拴在加莱地区，称为"南方坚韧计划"。

"卫士计划"规模十分庞大，为了使掩护成功，该计划将掩护行动覆盖了参战双方和每一个中立国。英美两国特种行动部门，甚至盟军的政府首脑和国家机构都为此项计划服务。

在"北方坚韧计划"中，为使希特勒相信盟军将进攻斯堪的纳维亚，虚构出一次代号为"斯凯岛"的登陆行动方案，虚构的英国第4集团军在苏格兰的爱丁堡出现，大量频繁的军中电文使德国人相信了它的存在，27个德国师静静地守在北欧，等待一次永远不会出现的进攻。

在"南方坚韧计划"中，为诱使希特勒相信加莱是盟军的登陆地点，又虚构出了一支拥有50个师、100万人的美国第1集团军，而该集团军司令官就是大名鼎鼎的巴顿将军。无数足以以假乱真的兵营、医院、油库、飞机、大炮出现在英国东南部，同时，假的输油管道正在日夜铺设。

英国双十委员会为使谎言更为真实，还动用大批双重间谍通过各种渠道向德国人泄露一些情报。同时，被俘获的德军将领也被利用作为掩护行动的工具。甚至由演员装扮的蒙哥马利将军在直布罗陀和阿尔及利亚进行了一番巡视。

由于"卫士计划"的成功掩护，使希特勒坚信盟军进攻的矛头是法国的加莱地区，而不是诺曼底。因此，他把西线德军最强大的 4 个装甲师抽出来作为自己亲自控制的战略预备队，以便随时增援加莱地区。这样，就使诺曼底地区德军的抗登陆能力大大减弱了。

就在盟军登陆诺曼底之后，希特勒仍坚信那只不过是佯攻，真正的攻击点是加莱地区，因此迟迟不动用战略预备队驰援诺曼底。等他醒悟时，已为时太晚。由此可见，"卫士计划"编造的假信息使希特勒信以为真了。

一个完美的掩护方案是要从每一个细节上考虑周全的，在整个掩护过程中也必须有系统、有步骤地进行，只有这样才能使"瞒天过海"之计完美地展现出来。

古尔德制造"黑色星期五"

"瞒天过海"——用于商业竞争，其基本做法是用表象迷惑外界，将赚钱的企图隐藏在明显的事物中，以达到自己的目的。由于一般人对司空见惯的事物，往往不会怀疑，因此该计就是利用人们的这一错误感觉，来掩盖自己的真正意图。又由于"瞒天过海"之计是最常见的，也是用得最多的计谋，因此，它很容易被人们忽视，从而使各商家在销售中容易实施，从而达到盈利的目的。

19 世纪中期，古尔德在美国纽约华尔街有"黄金甲虫"之称。他用狡猾的计谋制造了轰动整个美国的"黑色星期五"事件，为华尔街的历史增添了极不光彩的一笔。

1861 年开始的美国内战，引起了一场黄金投机热潮。直到战后的 1869年，政府才控制住局面，稳定了黄金价格。大多数黄金投机者也已转移了注意力。利用这一时机，古尔德乘人不备，开始了他的黄金冒险计划。

当时，联邦政府拥有大约价值一亿美元的黄金，支撑着市面上流通的纸币，而存于私人手里的所谓"浮动黄金"大约仅值2000万美元。古尔德计划的目的，就是要暗中买进非政府拥有的全部黄金，从而"垄断"黄金市场，在操纵黄金价格中获取暴利。但是，他的"垄断"只有以政府不抛售黄金为前提。为此，古尔德一边以惊人的胆量秘密收购黄金，一边想方设法左右政府的行动。他与同谋者菲斯克一道，以用对方的名义购买黄金，使其在未来的金价暴涨中获利的办法，来贿赂当时总统的妹夫科尔宾和纽约金库的负责人巴特菲尔德，并将他们与自己的计划"绑"在一起，诱使他们自愿地去迟滞总统和政府在金价上升时抛售黄金的行动。

一切条件具备后，古尔德同控制了纽约市政治的"大亨"特威德结成联盟，便用从特威德的银行中以不付分文利息的优惠条件借用的大笔款项，更加肆无忌惮地收购黄金。同时，他还指使菲斯克用各种方法挑唆投机商们向华尔街的黄金买卖场所集中，使这个萧条的地方又开始热闹。这期间，古尔德在收购了全部 2000 万美元的"浮动黄金"后，又操纵金价缓慢提高了十点，以吸引更多的投机者前来"卖空"。这些身上一盎司黄金也没有的人与古尔德签订了大量空头合同，期望在将来金价跌落时，再履行合同而盈利。但是，这些投机者做梦也没想到，古尔德不仅不会让他们赚钱，而且还要让他们从自己腰包中大量掏钱。

到了 1869 年 9 月 24 日星期五这一天，古尔德已收购了大约价值 5000 万美元的黄金。时机成熟了，他向菲斯克下达了哄抢黄金的命令。在疯狂的骚乱中，菲斯克和同伙不停地越来越高地喊价，迫使黄金价格仅一上午就从 145 点直线上升到了惊人的 162 点（即每盎司黄金价格为 162 美元）。当政府为稳定局势下令抛售黄金时，古尔德早已在成吨黄金的出售中大捞了一把，倒霉的是那些随风而动的哄抢者。在政府的抛售下，大批投机者破了产，他们悲愤地将这一天叫做"黑色星期五"。

人们都以为，在这一天古尔德并没捞着太多的便宜，因为抢购黄金最多的是他的同伙菲斯克。但是，善良的人们怎会想到，古尔德早有打算。他找了两个穷困潦倒的经纪人，答应给他们一笔固定收入，并以此为后半生的保障，让他们代菲斯克购买黄金。

当政府抛售黄金后，这两人便很快宣布破产，使债权人已永远无法从他们那里获得分文。然而，古尔德与菲斯克却连半点损失也没受到。"黑色星期五"的历史就是这样在人们的叹服和唾骂中写成了。

第二计　围魏救赵

【计谋原典】

共敌不如分敌①，敌阳不如敌阴②。

【注释】

①共敌不如分敌：共敌，这里指的是集中的敌人；分敌，这里指的是分散的敌人。

②敌阳不如敌阴：敌，攻打；阳，这里是指公开、正面、先发制人；阴，这里是指隐蔽、侧面、后发制人。

【译文】

攻打敌人的集中兵力，不如设法将它分散后再打；从正面攻打气势旺盛的敌人，不如从侧面攻打防守相对薄弱的敌人。

【计谋典故】

公元前354年，魏国将军庞涓带领八万军队攻打赵国邯郸。赵国派人到齐国求救，齐国任命田忌为统帅，孙膑为军师，带兵八万去救援赵国。田忌本想率军直接去邯郸直接与魏国交锋解救赵国。但是，孙膑认为这样做不妥，并分析道："要想解开丝结绳，不可以握拳去打，排解争斗，不能参与搏击，我们要乘虚取势，双方因受到制约才能自然分开。眼下魏国精兵都在攻打赵国，国内防御必定空虚，我们直接去攻打魏国首都大梁，那庞涓必回师解救，这样一来邯郸之围定会自解。我们再于中途伏击庞涓归路，其军必败。"田忌依计而行。果然，魏军离开邯郸，归路中又陷伏击与齐战于桂陵。魏部卒长途疲惫，溃不成军，庞涓勉强收拾残部，退回大梁，而齐师大胜，赵国之围遂解。这便是历史上有名的"围魏救赵"的故事。

【计谋解析】

"围魏救赵"是指当敌人过于强大时，一味地碰硬，无异于以卵击石。因此，应当避开其锋芒的一面，就其虚弱的一面进行攻击，从而达到后发制人、出奇制胜。这是一种转化敌我双方地位的迂回战略。在这个计策中，"围魏"只是"救赵"的手段，其真正的目的是"救赵"。

解 读

计解天京之围

"围魏救赵"是孙膑后发制人，以"解杂乱纠纷"的一步妙计。几千年后，太平天国的忠王李秀成也巧施此计，解了天京之围。

太平天国后期，由于内讧加剧，大大削弱了太平军的力量。公元1860年，清军派和春率领数十万大军进攻太平天国的都城天京（今江苏省南京市）。清军仗着人马众多，并通过层层包围，使天京成为一座孤城。

为了解救天京，天王洪秀全召集诸王众将商讨对策，但对如此险恶的形势，大家一时也想不出什么好办法。这时，年轻的将领忠王李秀成为洪秀全献上一计。他说："如今，清军人马众多，硬拼只会凶多吉少。请天王拨给我两万人马，乘夜突围，偷袭敌军屯粮之地杭州。这样，敌人一定会分兵救援杭州。然后，天王乘此机会突围，我也回兵天京，形成两面夹击之势，天京之围可解。"翼王石达开听后，急忙响应，并表示也带一支人马，协同忠王作战。诸王众将也都认为这是"围魏救赵"之计，有两位王爷亲率精兵突围，胜利是有把握的。可是，洪秀全生性敏感多疑，怀疑二王想乘机脱逃，因此

11

迟疑不决，没有吭声。

李秀成猜透了洪秀全的心思，他突然跪倒在地，泪如泉涌，说道："天王，天国危在旦夕，我等若有二心，对得起天王和全军将士吗?"石达开也跪在天王面前，恳求洪秀全下令发兵。这时，洪秀全深受感动，终于同意照计而行。

这年正月初二，正值过年，清军仗着人多势众，已把天京团团围住，也就略有松懈。半夜时分，李秀成、石达开各率一部人马，乘着黑夜，从敌人封锁薄弱的东南角突围出去。清将和春见是小股部队逃窜，也就没有追击。

二王突围后，分兵两路，即李秀成奔杭州，石达开奔湖州。

李秀成抵杭州城下，见守备森严，他急令士兵攻城，但都被击退。原来这杭州是清军的重要粮草基地，城内守军也有一万余人。他们只坚守城地，并不出城反攻。李秀成见三天三夜未能攻下杭州，心中焦急。突然天降大雨，城内守军见太平军久攻不下，并且，由于连日作战，都很疲惫，就都躲进城堡休息。李秀成乘着雨夜，派一千多名勇士，用云梯偷偷爬上城墙，等守城兵士惊醒，城门已经大开。李秀成率部冲入城内，攻下了杭州。

为了吸引围困天京的清军，李秀成下令焚烧清军的粮仓。和春闻讯，知道杭州已失，断了后勤供应，便急令副将张玉良率十万人马，火速回救杭州。

洪秀全见清军已分兵解救杭州，敌军正在调动，于是下令全线出击。李秀成攻下杭州，放火烧了粮仓之后，火速回兵天京；石达开也率部回撤天京。两路兵马汇合一处，并机智地绕开了张玉良的部队，终于顺利地赶回天京。

此时，城内城外的太平军对清军形成夹击之势，而清兵始料不及，阵势大乱，死伤六万余人，一败涂地。

天京一战，以清军的惨败而告终。并且，在短时期内，清军也无力再次攻打天京了。

太平军在天京被围的情况下，采取"围魏救赵"的计策，以李秀成等部分攻杭州、湖州，迫敌军撤围回救、疲于奔命，进而避实击虚，解了天京之围，使太平天国后期在军事上一度出现转机。

避实击虚，开发石英表

"围魏救赵"用于现代经商赚钱中，企业经营者必须要具备过人的眼光、超群的智慧、广博的知识以及敢冒风险的胆魄，并且，在机遇出现时一定要紧紧抓住，以达到趋利避害，赢得最终胜利的目的。这种在战场上机动灵活的战略战术，是值得大家在商场上借鉴的。

瑞士举办的纽沙贴夫天文台钟表比赛，实际上是一场世界钟表行业的擂台赛，专门为弘扬瑞士表的威名而设置的。

其实，瑞士表是凭借其钟表调整师的技术取胜的。瑞士的钟表调整师谙熟机械表的性能，对调整机械表的温度差、姿势差及整合差有着世界最高的技术水平。在这一点上，日本人只能望其项背。

精明的日本人善于避实击虚，精工集团遂将目标转向石英表以求得突破。石英表的运行原理是在石英上通入电流，使其发生伸缩性规律振动，然后将

此振动转化为电流，再用此电流带动电动机来表示出时间。从振动的精确性来说，机械表根本无法与石英表相比。只要拥有耐震的能力，石英表的计时功能不受温度等变化的影响。

当精工表在 1968 年再次参加纽沙贴夫天文台的钟表比赛时，十五块精工牌石英表的参赛成绩令考评者不由得惊叹——瑞士表都排在了日本精工表的名次之后。这恰如当头一棒，使瑞士人很长时间无法回过神来。在沉重打击下，瑞士厂商忧心忡忡、坐立不安，直到第二年才把得分表寄往日本，同时不公开名次，并宣布从此停办纽沙贴夫天文台的钟表竞赛，而这意味着瑞士钟表的黄金时代宣告结束。

纽沙贴夫天文台"比武"的失败，使瑞士人丢尽了面子。为了雪耻，为了有朝一日能夺回失去的自信和荣誉，瑞士人一味追求机械表的极致和高精确度，而忽视了竞赛钟表耐高温性差、成本高等难以商品化的缺点，他们刚从惨败中逃出，却又步入了误区。日本精工集团则恰好相反。他们没有骄傲，而是迅速转移思路，进而将竞赛的成绩转化为生产力，并作出

了将石英表商品化的战略决策。这样，大赛中获得的知名度又为产品大规模生产和走向市场鸣锣开道了。

日本精工集团制定了明确的目标，即"生产大众化、小型化的石英表"。1967 年，在日本东京举办的新产品发布会上，展出了外表直径 30 毫米、厚 3.5 毫米的石英表——精工 35SQ。这在当时是件重大的事情，而整个钟表业界也为之震动。其实，瑞士的钟表中心 CEH 开发石英钟表比日本早，但到了 1968 年才开始出售产品，较日本迟了半年。而此时精工表已经在市场上站稳了脚跟，瑞士钟表厂家又失去了一次扼杀精工表的机会。

不久，"石英 10 年黄金时代"到来了。在这 10 年间，日本精工集团将石英钟表技术发展到了一个极限。比如，精工超薄石英表 9320A 的厚度仅有 0.9 毫米，比普通硬币还薄。

同时，日本精工集团通过英明、果断的决策，将石英表发展成为钟表业的主流，而高质量的精工表在市场上所向披靡、盛销不衰。此后，日本精工集团则进入了鼎盛时期，在国际市场上势不可挡。

精工表强行在瑞士表占统治地位的欧洲登陆，即通过其在瑞典的连锁店代理商立足，以进行渗透。由于精工表具有低价格和高质量的优势，再加上流通网的支持，于是，很快便占领了瑞典市场。在此基础上，精工表又进军希腊，然后又挥师挺进法德市场，将瑞士名牌表逼得步步后退。同时，日本精工集团还为欧洲的许多运动会免费提供计时用表，以达到制造声势、树立威望的目的。在北美洲，精工表同样畅销，而且销量逐年递增。

如今，"精工"已成为享誉世界的著名商标，而精工集团已是全球著名的大钟表生产公司。

商战无情，具有百年辉煌历史的瑞士钟表竟然会在短短十几年间，就惨败于战后崛起的新秀"精工表"之手，其中的经验教训不能不令人深思。日本精工集团之所以能取胜，关键在于他们对竞争对手的情况了如指掌，同时又对自己的优势和缺点有很清醒的认识。

以迂为直，因势利导

弱者与强者的竞争中，以卵击石，无异于自取灭亡。此时，应沉着应对，冷静而慎重地辨明其虚实，乘其不备，力击其虚弱的要害部位，避实击虚，才能既保存己方实力，又重击敌方力量，使其手忙脚乱，从而获得胜利。

早在20世纪20年代，范旭东先生就巧施"围魏救赵"之计，演绎了一个精彩的故事。

范旭东先生是中国近代著名的企业家，为民族化学工业作出过突出贡献。伟大领袖毛主席曾称赞他为"工业先导，功在中华"的民族资本家。

范旭东先生原来从事盐业生产。第一次世界大战爆发后，由于输入我国的"洋碱"大幅度减少，因此导致我国出现了食用碱异常稀缺的状况。于是，他抓住难得的机会，创建了我国第一家制碱企业——永利制碱公司。

当时，英国卜内门公司一直垄断着我国的碱市场。第一次世界大战结束后，它卷土重来，见到中国自己的制碱企业诞生了，便恼羞成怒地向永利制碱公司发起猛烈进攻，但是没能成功。卜内门公司不甘心与永利制碱公司共享中国市场，便又调来了一大批纯碱，以低于原价的 40% 在中国市场上倾销，企图以此挤垮永利制碱公司。

永利制碱公司与卜内门公司实力相差悬殊，无法与其正面抗衡。如果永利制碱公司也降价销售产品，用不了多久，就会因资不抵债而破产关门；如果不降价销售，产品卖不出去，资金无法回收，再生产也无法进行，用不了多久，永利制碱公司照样得破产关门。

在这个生死存亡的紧要关头，范旭东先生想起了自己年轻时因参加"戊戌变法"失败后逃亡日本的情形。触景生情，他想：自己当年因为躲避清政府的拘捕不得不东渡扶桑，现在为什么就不能暂避卜内门公司的锋芒而在日本发展呢？

主意既定，范旭东先生立即着手市场调查分析及计划的实施。由于日本是卜内门公司在远东的大市场。同时，又由于战争刚刚结束，百废待兴，卜

内门公司的产量有限，能运到远东来的碱不会太多。卜内门公司现在在中国市场上倾销这么多的碱，那么运到日本的数量一定不会多，因此日本碱市场肯定缺货。

经过仔细调查和分析，范旭东先生发现，当时日本的两大财团"三菱"和"三井"在争夺商界霸主地位，两者竞争十分激烈。但是，三菱公司有自己的碱厂，而三井公司没有，只能依赖进口，这难道不是天赐良机吗？

范旭东立即与三井公司取得联系，委托它为日本总经销，以低于卜内门公司的价格销售永利制碱公司的红三角牌纯碱。三井公司欣然应允，因为代销不占用资金，又有利可图，同时，还可以解决自己的燃眉之急。这样，双方很快就达成了协议。永利制碱公司的红三角牌纯碱，虽然在日本的销量只有卜内门公司产品的1/10，但却如一支从天而降的轻骑兵，依靠三井公司遍布日本的网状销售点，向卜内门公司在日本的碱市场发起了突袭。红三角牌纯碱与卜内门公司产品的质量相同，价格却便宜很多，于是很快就造成了日本碱市场的大跌价，卜内门公司产品也不得不随之降价。

由于日本工业发达，碱需求量大，卜内门公司在日本市场的碱销售量远比在中国的销售量大，因此这么一降价，损失相当惨重。然而，永利制碱公司产品在日本的销量只有卜内门公司的 1/10，价格比卜内门公司在中国的降低价还要高一些，所以损失较小。

卜内门公司在日本市场上手忙脚乱、疲于应付，被永利制碱公司的红三角牌纯碱搅得团团转。最后，卜内门公司为了保住日本大市场，不得不主动求和，表示它愿意停止在中国市场进攻永利制碱公司，同时也希望永利制碱公司能在日本停止行动。范旭东先生见自己的"围魏救赵"战略已取得胜利，就乘机提出条件：停战可以，但卜内门公司今后在中国市场上变动碱的价格时，必须先征求永利制碱公司的意见，得到同意后方能行动。卜内门公司别无选择，只好同意了。

范旭东先生通过认真分析了自己与对手的实力之后，避开直接与其竞争，而是到日本去开辟市场，从而乘对手不注意，使自己获得了胜利。

罗斯福"围魏救赵"入白宫

1932 年，在美国处于严重的经济危机时，罗斯福与胡佛拉开了竞选总统的序幕。罗斯福在竞选中避实就虚、施尽计谋，终于实现了自己入主白宫之梦。

由于胡佛是现任总统，从实力上来讲，罗斯福较对手略为逊色。那么应当如何来扭转局势，反败为胜呢？罗斯福认为应该利用经济大萧条这一有利时机，着力攻击胡佛的经济政策，并以此来扭转自己的不利局面。

突破口找到后，罗斯福便开始在各地游说。他宣称：政府目前实施的经济政策是鼓励投机，造成生产过剩，并且最终导致经济大崩溃的政策。然而，胡佛却一意孤行，拒绝承认和纠正自己的经济政策，迟迟不采取积极的应对措施。

这种方法果然奏效。人们开始重新考虑经济危机的原因，并且对现行的经济政策产生了怀疑。罗斯福与胡佛之间的力量对比产生了微妙的换位。胡佛被激怒了，他发动了强有力的反击，将火力集中于抨击罗斯福的激进主义和集体主义上。为了对付胡佛的反击，罗斯福相应地修改了自己关于减少关税的立场，并且还使自己的作风变得非常稳健，即使在竞选白热化阶段，他也从未流露出激烈的感情或摆出好斗的姿态。

罗斯福在演说时，常常引导选民剖析胡佛的政策，其逻辑之严密，态度之稳健，使人觉得他是在进行学术讲演，而非进行竞选演说。然而，具有工程师般头脑的胡佛却只习惯于有条不紊的思维，而对于罗斯福的那种忽左忽右、时进时退的手段无法应付，抓不到机会与之搏斗。就这样，胡佛的优势彻底失去了。

1932 年 11 月，竞选结果揭晓，罗斯福以绝对优势获胜，成为了白宫的新主人。

罗斯福先将自己的弱点隐藏起来，再抓住胡佛的软肋进行猛击，从而最终赢得了竞选。

第三计　借刀杀人

【计谋原典】

敌已明，友未定①，引友杀敌②，不自出力。以《损》推演③。

【注释】

①敌已明，友未定：指要打击的敌人已经明确，而盟友却持徘徊、观望的态度。

②引友杀敌：引，引诱。这句话是指引诱盟友，去消灭敌人。

③以《损》推演：根据《易经·损》卦中的"损下益上"和"损阳益阴"的逻辑去推演。

【译文】

敌人已经明确，而盟友（泛指第三方力量）的态度尚在犹豫之中，这时应极力设法诱使盟友去攻打敌人，而不必自己亲自出马。这是根据《易经·损》卦推演出来的计谋。

【计谋典故】

春秋末期，齐简公派国书为大将，兴兵伐鲁。鲁国实力远远不及齐国，形势危急。孔子的弟子子贡认为只有吴国的力量才可与齐国抗衡，可借吴国兵力挫败齐国军队。于是，子贡先来到齐国，游说齐相田常。

田常当时蓄谋篡位，急欲铲除异己。子贡以"忧在外者攻其弱，忧在内者攻其强"的道理，劝田常不应让异己在攻弱鲁中获得主动，扩大势力，而应让其攻打吴国，以借强国之手铲除异己。田常心动，但因齐国已作好攻鲁的部署，转而攻吴怕师出无名。子贡说："这好办。我马上去劝说吴国救鲁伐齐，这不就有了攻吴的理由了。"田常听后，便高兴地同意了。

子贡又赶到吴国游说吴王夫差说："如果齐国攻下鲁国，势力就会变强大，必将伐吴。大王不如先下手为强，联鲁攻齐，成就自己的霸业。"接着，子贡又想到吴国战胜齐国之后，定会要挟鲁国，使鲁国不能真正解危。于是，他偷偷跑到晋国，向晋定公陈述利害关系：吴国伏鲁成功，必定转而攻晋，争霸中原。劝晋国加紧备战，以防吴国进犯。就这样一场战争在子贡的精心谋划之下爆发了，面对齐国夫差大获全胜。之后，骄傲狂妄的夫差，立即移师攻打晋国。然而，晋国因早有防备，而得以击退吴军。

子贡在整个事件中所使用的就是"借刀杀人"之计，即先借吴国之"刀"，击败齐国；再借晋国之"刀"，灭了吴国的威风。

【计谋解析】

"借刀杀人"是借他人之手或他人之力来铲除异己或达到自己目的的一种计谋。在环境受到限制，自身没有能力，或者不愿直接抛头露面的情况下，有计划地利用别人达到自己的目的。这样即使失败，自己也不用承担任何风险。因此，此计策被后人广泛应用。在商战中，为了争夺产品市场，"借刀杀人"的手段并不少见。

解 读

楚大夫郤宛之死

春秋时期，楚昭王即位，以囊瓦为相国，与郤宛、鄢将师及费无极同执国政。

一次，郤宛率军出征吴国，大获全胜，俘获了许多兵甲，昭王大喜，把所俘获兵甲赐了一半给他，而且对他十分信任，遇事就和他商量。

费无极见此十分妒忌，就和鄢将师串通好设计陷害郤宛。

一天，费无极对相国囊瓦说："郤宛有意请客，托我来转报，不知相国是否赏光？"

囊瓦立即回答："既然相请，哪有不去之理！"

接着，费无极又去对郤宛说："相国早有意想在贵府饮杯酒，大家欢聚一下，不知你肯做东道主否？现在托我来问一问。"

郤宛见是好事，随口答应："难得相国肯赏脸。真是荣幸之至！明天我就摆桌恭候，烦你先去报告！"费无极说："不忙，既然相国要来，你准备送他什么礼物？"

"你想得真周到。"郤宛说："不知相国喜欢什么?"

费无极沉思了一下说:"他身为相国,金钱美女不稀罕了,唯有坚甲利兵,他最感兴趣,平日也提起过,对皇上赐给你的吴国兵甲十分感兴趣,来你家赴宴,无非是想参观一下你的战利品罢了。"

"这个很容易。"郤宛说罢,便叫人拿出战利品来,费无极帮着挑选出其中的 100 件,告诉郤宛:"这些够了,你把这些放在门边,相国来时,必问此事,到时你就拿给他看,乘机献给他。"

郤宛信以为真,就将那百件兵器和被俘吴兵安排在门内,用布帐围起来。次日,郤宛大摆筵席,宴请囊瓦等人。正当囊瓦要启程赴宴时,费无极却说:"郤宛近来态度十分傲慢,这次设宴又不知其中有何缘故,人心不可测,待我先去探听一下,再去也不迟。"

相国同意让费无极先去探测一番。

不一会儿,费无极急匆匆地跑回来,气急败坏地说:"事情不好,郤宛这次设宴,不怀好意。我见他暗藏兵甲,杀气腾腾,相国若往,一定凶多吉少。"

囊瓦一听,犹豫不决,说:"我和郤宛平日并无仇恨,想必不会这样吧?"

费无极乘机挑拨说:"郤宛自以为征吴有功,又深得昭王宠幸,早有对相国取而代之的野心了。此次伐吴,本可一举灭吴,但由于受到吴国贿赂,半途班师回朝,想在本国打主意。"

他的这一番话把囊瓦的主意打乱了，但囊瓦还不太相信，又派心腹去郤宛家探个明白。

心腹回来报告说："真有其事。"囊瓦气坏了，派人把鄢将师叫来，告诉他这件事，并问他如何处置。

鄢将师是早与费无极串通好的，见机会来了，就添油加醋地说："郤宛想造反，正想篡夺国政，幸亏今日发觉得快，再迟就后悔莫及了。"

"太可恶了也，"囊瓦刷地把剑抽了出来，狠狠地说："我要宰了他！"

当即奏请楚昭王，命令鄢将师率兵包围郤宛的家。

这时，郤宛才知自己中了费无极设计的圈套，欲诉无门，含冤引刀自刎而死。

胡雪岩借鸡生蛋

随着社会的发展，借刀杀人在商业活动中，则被发展成了"借鸡生蛋"。在商务运作过程中，最基础的工作就是资金的筹措。所谓"巧妇难为无米之炊"，因此做生意一定先要有本钱，生意越大，所要的本钱也就越大，这是众所周知的道理。就商务运作的实际情况来看，当然是有多大本钱做多大的生意，或者想做多大的生意就先尽量筹集多大的本钱。在一般人看来，手上分文没有，一上手就要做大生意，而且居然就做成了，这一定是个神话。

然而，晚清"红顶商人"胡雪岩却给大家留下了这样一个神话。

胡雪岩在赚得"第一桶金"后，便开始准备建立自己的钱庄，并对外宣称自己拥有本钱20万两银子。其实，此时的胡雪岩身上并没有多少钱。虽然，胡雪岩的好友王有龄已回浙江任海运局坐办，但除了让胡雪岩有了一点官场势力之外，在银钱方面事实上并不能帮他多少。然而，胡雪岩的钱庄要开办得有点样子，至少需要五万两银子。但是，在胡雪岩看来，眼前只要先弄几千两银子，把场面撑起来，那么钱庄的本钱就不成问题。胡雪岩有如此把握，是因为此时他心中已有了自己的"成算"，而这"成算"也就是所谓的"借鸡生蛋"。

"借鸡生蛋"就是拿别人的银子，来做自己的生意。此时的胡雪岩想到了两条"借鸡"的渠道。他的第一条渠道是信和钱庄垫支给浙江海运局支付漕米的二十万两银子。王有龄一上任，就遇到了解运漕米的麻烦，要顺利完成这一桩公事，就需要二十万两银子。胡雪岩与王有龄商议，建议让信和先垫支这二十万两银子，并由自己去和信和相商。当然，这样做在信和自然也是求之不得。一来由于王有龄回到杭州，为胡雪岩洗刷了名声，因此信和的掌柜张胖子正巴结着胡雪岩；二来信和也正希望与海运局接上关系。有这两条，这笔借款自然一谈就成。本来海运局借支这二十万两银子只是短期应急，但胡雪岩要办成长期的，他预备移花接木，借信和的本钱，开自己的钱庄。

胡雪岩"借鸡生蛋"的第二个渠道则是一个更加长远的渠道，那就是借助王有龄的官场势力，代理公库。胡雪岩料定王有龄不会长期待在浙江海运局坐办的位置上，一定会外赴州县。到时候他可以代理王有龄所任州县的公库，按惯例，道库、县库公款往来不付利息，等于白借公家的银子开自己的钱庄。他把自己的钱庄先开起来，现在虽然大体只是一个空架子，但一旦

王有龄外赴州县，州县公库一定由自己的钱庄来代理，那时解省公款源源而来，空的也就变成了实的。

就这样，胡雪岩先借助王有龄的关系，先从海运局公款中挪借了五千两银子。并且，在与王有龄商量开钱庄事宜的第二天，就着手招揽人才、租买铺面，把自己的钱庄轰轰烈烈地开起来了。胡雪岩这一招"借鸡生蛋"，真如变戏法一般。不过，生意场上的戏法如何去"变"以及"变"得好坏与否，又的确显示着经营者的眼光、胆略及技巧的高低。而生意场上，许多时候也确实需要利用一切可以利用的条件，并在不损害他人利益的前提下，变出别人变不出的"戏法"。当然，生意场上的"戏法"，说到底也只是一种必要的经营技巧，而不是去欺骗他人。因此，胡雪岩也曾说过，"戏法总是假的，偶尔变一两套可以，变多了就不值钱了，而值钱的还是要有真东西拿出来。"

资本问题是生产经营所要面临的最大的问题。为解决这一问题，"借鸡生蛋"不失为一条精妙之策。然而，施此妙策必须以胆略和智谋为前提，审时度势、把握全局，方能使妙策真正转化为利益。

在现代商业竞争中，对时机的选择与把握是至关重要的，可以说是商家借势的灵魂。如果能借得恰当的时机，并且做到乘势而发，那么必然能得到意想不到的收获。

巧借外力，坐享其利

有一位聪明的旅馆老板，根据自己旅馆的实际情况，想出了一条奇特的发财之道，结果使自己的生意红火起来。

当时这个旅馆面临旅客日益增多，可该旅馆又没有充足的空间供他们休闲活动的难题。聪明的旅馆老板发现就在自己的旅馆后面有一大片山地尚未被开发利用。可是，要全面开发再种植树木，又得花费许多资金。怎么办？

老板想出了一条妙计：派人在旅馆内张贴出海报，"亲爱的旅客：您好！本旅馆后山有一片土地，宽阔而又幽静，特意留作各位栽种树木以做纪念。如果哪位感兴趣的话，可在那里亲手栽种一棵树，本旅馆将派专人为您拍照留念，在树旁可立牌写上您的尊姓大名及植树时间。当您再次光临本旅馆时，您看到自己亲手栽种的小树长成大树时，一定会特别高兴，并会产生一种特殊的感觉。此项活动，只收树苗费二百元。"海报刚一贴出，便有许多到这里度蜜月或是纪念结婚周年的夫妇，或者毕业结伴而来旅游的青年学生纷纷参加这一举动。人人都想亲手栽种一棵属于自己的树，作为永久的纪念。

没过多久，后山空地植满了小树，而这不仅改善了旅馆的环境，而且旅客回家后一传十、十传百，并且，有的旅客为看自己亲手栽种的纪念树，而反复来此旅馆。这不仅使该旅馆的生意越来越兴旺，而且还带动了这个地区的旅游观光事业。

这位聪明的旅馆老板，就是运用了"借刀杀人"之计，即借旅客的"手"开发尚未利用的荒山，而自己源源不断地获取收益。

第四计　以逸待劳

【计谋原典】

困敌之势①，不以战。损刚益柔②。

【注释】

①势：情势、趋势，这里主要是指军事态势。

②损刚益柔：语出《易经·损》。"刚"、"柔"是两个相对的事物现象，在一定的条件下相对的两方可以相互转化。"损"卦为兑下艮上，是由"泰"卦乾下坤上变来的。"泰"卦的九三变为"损"卦的上九，而"泰"卦的上六则变为"损"卦的六三，说明由"泰"卦变为"损"卦是损乾益坤、损刚益柔的结果。

【译文】

使敌人处于困难的局面，不一定采取直接进攻的手段，可以采取消耗敌人有生力量的手段，使之由强变弱，以改变自己被动的局面，从而获得胜利。

【计谋典故】

战国末期，秦国少年将军李信率二十万军队攻打楚国。

开始时，秦军连克数城，锐不可当。但不久，李信中了楚将项燕伏兵之计，秦军大败。

后来，秦王又起用王翦。王翦率领六十万秦军，屯兵于楚国边境。随后，楚军便立即发重兵抗敌，而王翦却毫无进攻之意，只是专心修筑城池，摆出一派坚壁固守的姿态。两军对垒，相持年余。在此期间，王翦在军中鼓励将士养精蓄锐、休养生息。

一年后，秦军将士人人身强力壮、精力充沛，而楚军早已疲惫不堪、斗志全无，认为秦军只是防守自保，便决定东撤。王翦见时机一到，便立即下令追击正在撤退的楚军。秦军将士如猛虎下山，只杀得楚军节节败退。此后，秦军乘胜追击，势不可挡，公元前223年秦灭楚。

秦军打败楚军所用的正是"以逸待劳"之计。

【计谋解析】

"以逸待劳"是指在敌人气势正盛时，自己先采取守势，养精蓄锐，并想办法让敌人在战场上四处折腾；待其疲惫不堪时，再一举歼灭。

解 读

以守为攻，耗敌斗志

凡是攻击对手，自己首先要有足够的力量，在自己的力量不足以击败对手时，就要避免过早地同对手直接交战，而应主动退守，并抓紧时机来扩充力量，由弱变强，变不利为有利，变劣势为优势。

春秋时，齐王拜鲍叔牙为大将，率兵攻打鲁国。

鲁庄公曾吃过齐国的败仗，因此一听到齐军又来犯，很是惊慌失措。这时，鲁国大臣施伯不仅劝鲁庄公不必惊慌，还举荐曹刿为随军参谋并说其有破敌之良策。于是，鲁庄公问他怎样才能打退齐国人，曹刿回答说："鲁国遭人欺侮，全国上下齐心，定能打退敌人。至于仗怎么打要随机应变，不能墨守成规、一成不变。只有让我到了战场，才能决定如何作战。"

两军对峙于长勺。齐将鲍叔牙视鲁庄公为手下败将，有轻敌之心，便下令全面攻击，想一下子把鲁庄公活捉。鲁庄公一见这阵势，便有些发慌，急忙下令擂鼓迎击。然而，曹刿立即出面制止说："敌人的锐气正旺盛，只可以严阵以待，急躁不得。"随即要鲁庄公传令偃旗息鼓、坚守阵地，不准惊扰喧

哗、轻举妄动。齐军冲不动，只得退了下去。过了一会儿，齐军再次擂鼓冲锋，鲁军依然不动，齐军又未攻进。鲍叔牙以为鲁军害怕自己，很是得意。于是，他又下达了第三次冲锋的命令。这时，齐军的战鼓虽然擂得很响，但由于前两次冲锋没有进展，其士兵的斗志已经松懈下去。曹刿听到齐军的第三次鼓响，便对鲁庄公说："是出击的时候了!"鲁庄公一声令下，鲁军如猛虎搏食，冲向齐军阵营，齐兵被鲁军突如其来的攻击弄得措手不及，被杀得七零八落，大败而逃。此时，鲁庄公正要下令全线出击，曹刿却说："且慢，让我看看。"他跳下车，查看了一会儿车辙印，又跳上车，手扶横栏向远方张望，然后才请鲁庄公下令追击，鲁军大获全胜。

在庆功宴上，鲁庄公问曹刿："你为什么要等敌军三通鼓罢才肯擂鼓出击?"曹刿答道："士兵打仗全凭一股勇气，擂鼓就是冲锋的信号。第一次鼓响，是士气最旺盛的时候，好比一群猛虎下山，有着锐不可当的气势；第二次鼓响，又碰不到对手时，士兵的士气就会开始松懈，斗志也逐渐下降；到了第三次鼓响，士兵已到了疲惫状态，其战斗力减了一大半。然而，我军以逸待之，乘敌人三通鼓后，出其不意、一鼓作气，自然会打胜仗。"

"一鼓作气，再而衰，三而竭"，曹刿避开斗志激昂的敌人，待其精疲力竭之际，再以精锐之师击之，从而获得了战斗的胜利。

拖雷风雪困敌

"劳"与"逸"是两种截然对立的临战状态，自古兵家皆于此深致其心。又由于两种状态对双方战斗力的影响，具有至关重要的作用，因此善用兵者多善于利用间接手段，陷敌于疲惫状态，以削弱其实力，从而为自己创造"逸"机，并且战而胜之。

1231 年秋，蒙古军兵分三路，会攻金国都城汴京。拖雷与速不台率领的右路军经宝鸡入关，假道宋境入唐、邓两州，与已经聚结于邓州以西的金将完颜合达的大军相遇。

当时，完颜合达统步兵二十五万，骑兵二万人，而拖雷仅有三万多兵马，众寡悬殊。速不台对拖雷说："金军将士习惯生活于城市之中，不耐劳苦，不善野战，我军要不断地挑战，诱使敌人奔波于山野之间，待其疲惫不堪之时，再与之决战，定能取胜。"

此时，金军已在邓州西南的禹山占据了有利地形，严阵以待。拖雷与速不台与金军短兵相接后，便诈败诱敌，金兵不敢追击，坚守不动。几天后，蒙古军用伏兵打败了入邓州运粮的金军，进而围攻邓州。为了诱敌出城，达到在运动中歼灭敌人的目的，三日后蒙古军便撤围北进，摆出一副要深入金国内地，进攻汴京的姿态，并且连续攻克所过的州县。这次，完颜合达不敢怠慢，急忙率步骑十五万尾随其后。

拖雷按速不台的计策，派三千骑兵绕到敌军背后，伺机袭扰，而蒙古军在前面有计划地行进。金军欲战，蒙古军则退。金军虽穷追不舍，怎奈步兵行动迟缓，无法追上蒙古军，与蒙古军始终保持一定的距离。入夜，速不台又令小股蒙古军骚扰金军营盘，让他们彻夜不得安宁。

金军由于连日行军，并且昼夜受到蒙古骑兵骚扰，再加上天寒地冻、粮草不继，因此其战斗力锐减。

1232 年正月，拖雷与口温不花（成吉思汗异母弟别里古台次子）亲王统率的万余骑兵会合，在钩州以西的三峰山待机迎敌。

时逢雨雪交加，看不见前方 500 米，金军行至三峰山，距钩州仅十余里，发现蒙古军已在前方不远的地方布阵，遂匆忙列阵近战。战斗开始后，蒙古军佯败，退却诱敌，金军万余骑自山上向下攻击，遇到蒙古军的猛烈反击。由于山地狭窄，金军十几万人马无法展开，一部分军队在前面作战，另一部分只好在后面观看，而蒙古军却充分展开兵力，将金军团团围住，四面进攻。战斗正酣时，天空忽降大雨，战地内积水盈尺，加上人马践踏，从而致使泥沼没胫。被困于山野的金军将士，披甲僵立雨中，许多军士已二三日没有进食，疲劳饥寒，难以支持，无心恋战。蒙古军则轮番休息吃饭。战斗过一段时间，速不台料敌人已完全丧失了斗志，便下令在包围圈的东北方留出一个缺口，有意放敌人逃往钩州。求生心切的金军将士立即夺路而逃，喧哗之声如山崩地裂，顷刻间全线崩溃，蒙古骑兵则在逃命的金军两侧猛烈追杀，如同猛虎驱羊群一样。在金军奔逃的十几里路途上，尸横遍野，败逃的金兵中途又遭蒙古伏兵的截杀，完颜合达仅率数百骑进入钧州。几天后，蒙古军又迅速攻破钧州，完颜合达被俘。此战致使金国的十几万精锐部队全军覆没。蒙古军以少胜多，创造了战争史上的又一个奇迹。1233 年，速不台率军攻克汴京。翌年春，金哀宗自焚，金灭亡。

以静制动，不战而胜

以逸待劳，并不是坐享其成，也绝非是件轻松的事情。在激烈的商业竞争中，经营者要认真考查市场需求，审慎地制订自己的经营策略，并善于利用竞争对手的漏洞。在经营中，盈亏皆是常有之事，胜不骄，败不馁，方能指挥若定，出师而捷。

安氏公司和吉远公司是香港两家著名的房地产开发公司，两家本为一体。吉远公司的老板陆吉远精通房地产业，在银行的支持下，从安氏公司中独立出来，并带走了安氏公司的一些项目。因此，两家公司的关系一直很紧张。安氏公司视吉远公司为"叛逆"，一直想以雄厚的实力来挤垮吉远公司。可是，由于吉远公司的老板陆吉远经营有方，而且还有银行的支持，因此它非但没有被挤垮，反而一天天壮大起来。

虽然安氏公司暂时失利，但公司老板安邦并没有灰心。他苦心经营着公司内外事务，等待时机，东山再起。

我国实行改革开放后，安邦凭着他敏锐的商业意识，觉得这是发展安氏公司的大好时机。于是，他赴内地考察，不久就揽下了几个大项目。就在安氏公司想在内地大展宏图时，情况却发生了变化。

就在安邦准备到内地签合同的前一天，电视新闻中播出了一则消息："建筑业新霸主陆吉远，为求迅速发展，将于近期展开攻势，收购其'老家'安氏公司。陆先生称，他正调集足够资金，准备从明天起大规模收购安氏公司股票。社会上零散的安氏股票很多，如果收购顺利，不愁做不了'安氏'的

最大股东。金融界认为，陆先生此举定会引起股市的波动。"

安邦听完这条新闻报道后，大吃一惊，心想：吉远公司这几年发展迅速，又有银行的支持，如果他这次收购成功的话，自己大半生的辛劳岂不是白费了吗？不行，不能让他得手。他想收购，我就来个反收购！

但是，当安邦把吉远公司的全部资料找来，从头到尾仔仔细细地看完一遍后，心中顿起疑窦。这是因为资料表明，吉远公司尚不具备收购安氏公司的实力。如果安氏公司组织反收购，吉远公司不仅不会成功，而且还会积压不少资金。陆吉远不可能干这样的蠢事，银行也不会同意他做傻事。再说，即使他真想收购安氏公司股票，又怎么可能把消息透露给兴风作浪的新闻机构呢？

其中，必定有诈。安邦想到这里，已经猜到了八九分：陆吉远"醉翁之意不在酒"，他是想借此破坏我在内地的投资计划。

想到这里，安邦便找来助手，交代了对策，然后就到内地签订合同去了。

新闻播出后，第二天股市一开盘，吉远公司果然开始大量收购安氏公司股票，"安氏"股票价格直线上升。持股市民争相抛售，吉远公司的收购工作非常顺利。下午，安氏公司开始出来回收股票，但只收购了一会儿就停止了。第三天早上，"安氏"股票价格进一步攀升，吉远公司照旧大规模收购，有多少吃多少。安氏公司却没有在股市上露面。新闻媒体纷纷报道："吉远公司攻势凌厉，安氏公司无招架之力，不敢应战。'安氏'可望易姓。"

又一天过去了，安氏公司的股票持续大幅度上升，吉远公司开始力不从心，宣布停止收购。当天晚报刊出一条消息："'安氏'老板在大陆签订大宗工程合同，'安氏'安然无恙。"到了第4天，"安氏"股票价格大幅度下跌，安氏公司开始低价回收本公司股票。吉远公司收购安氏公司的阴谋不攻自破了。

原来，当吉远公司第一天开始大规模收购"安氏"股票时，安邦的助手在股市秘密抛售了部分股票，下午又故作姿态回收少量股票后就撤出了，造成"无力反收购"的假象，刺激股价持续上升。吉远公司本来就无心收购安氏公司的股票，只不过想激怒安氏公司来进行反收购，借此破坏对手去内地签约的计划。谁知安邦并没有上钩，吉远公司自讨没趣，又没钱继续高价收购，只好急忙停止收购。吉远公司高价购进股票，股价下跌使它赔了一大笔钱，而安氏公司利用吉远公司收购"安氏"股票的时间，去内地谈成了几笔大生意。回港后，又趁着股价下跌，大规模低价收购了自己公司的股票，又赚了一大笔。

安氏公司老板安邦在这场收购战中，采取了"以逸待劳"的策略，置吉远公司的进攻于不顾，在内地谈成了几笔大生意。等吉远公司筋疲力尽撤退后，安氏公司乘机大举反攻，不但自己未损一根毫毛，而且获利不少，同时还重创了吉远公司，可谓"一箭三雕"。如果安氏公司轻信吉远公司的谣言，进行反收购，那么它非但失去了进军内地的大好机会，而且还会损失一大笔宝贵的资金。

冷静分析眼前形势，避敌于锐不可当之时，以逸待劳，然后乘其懈怠，一举击破，就能获得胜利。

第五计　趁火打劫

【计谋原典】

敌之害大①，就势取利，刚决柔也②。

【注释】

①敌之害大：害，这里是指遇到严重的困难，而处于危险的境地。

②刚决柔也：决，冲开、去掉，这里引申为摈弃、战胜。王夫之《周易内传》卷三说："夫之为言决也，绝而摈之于外，如决水者不停储之。决而任其所往。"

【译文】

当敌人遭遇困难时，我方就要乘此机会，给予敌人坚决、果断的打击，以取得胜利。

【计谋典故】

春秋时期，吴国和越国相互争霸，战事频繁。起初是吴国战胜越国，但越王勾践，十年卧薪尝胆。表面上对吴王夫差百般逢迎，暗地里却对夫差不服，发誓要报复。在骗取夫差的信任回国之后，表面上仍然继续向吴国进贡，而暗地里却在国内采取了一系列富国强兵的措施，等待时机进攻吴国。吴王夫差被表面的假象所迷惑，过着骄奢淫逸的生活。时机终于来了，公元前473年，吴国颗粒无收，民怨沸腾。越王勾践趁吴王夫差北上和中原诸侯在黄池会盟的时机，大举进兵吴国，吴国国内空虚，无力还击，很快就被越国击破灭亡。

越王勾践的胜利，正是乘敌之危、借势取胜的典型战例。

【计谋解析】

当敌人方面发生严重困难而穷于应付、自顾不暇的时候，正是其防卫能力最弱的时候，我们要充分利用这个有利时机，向敌人发起突然进攻，从而夺取胜利。当然，我们还要弄清楚敌方所遇之"害"究竟大到何种程度，只有当其自顾不暇的时候，才能主动出击；否则贸然发动进攻，非但不能获利，反而会遇到致命的危险。

解读

乘敌之危，明助暗夺

孙子语曰："敌害在内，则劫其地；敌害在外，则劫其民；内外交害，则劫其国。"意思是敌人有内乱，就可攻占它的领土；敌人有外患，就可乘机笼络它的民众；如果敌人内忧外患同时存在，岌岌可危，就赶快兼并它。领导者就要有这种眼光，分析形势，审时度势，并迅速出击，才能稳操胜券。

明朝末年，李自成领导的起义军攻陷北京，崇祯帝在景山自缢，明王朝覆灭。起义军一进入北京，便在京城内到处抄没明朝大臣的宅院，抢掠富贵人家的财宝，搜刮皇亲国戚及其余党的财产，搞得人心惶惶，鸡犬不宁。

李自成称帝后，把明将吴三桂的爱妾陈圆圆抢去，而后又将吴三桂的老父吴骧关押起来，并以此来胁迫吴三桂投降。

吴三桂乃明朝名将，统领数十万人马镇守山海关，抵御后金的入侵，此时接到父亲发来的劝降书，得知李自成已在京都称帝，定国号为"顺"，自知大势已去，意欲归降。正在回信写降书之时，逃难的家僮从京城赶来，吴三桂问："家里的情形怎样？"

家僮大哭说道："老主人已经被关押大牢。"

吴三桂听后，不以为然地说："这无妨，我这一封书信过去，老人家立刻就会出狱的。"

吴三桂又淡淡地问："夫人呢，她现在何处？"

家僮顿时禁住了哭声，嗫嚅着说不出话来。

吴三桂一见此情，便知夫人已出事。果然，家僮说："夫人早已被叛军抢去，押在闯王宫中。"

吴三桂听罢，怒发冲冠、拍案而起，怒吼道："夺妻之仇，押父之恨，此仇、此恨不报，枉活人世。不杀李自成誓不为人！"

吴三桂将原本已写好的降书撕得粉碎，然后重新铺开纸张，他在给吴骧的信中写道："父既不能为忠臣，儿安能为孝子？……"

此时的吴三桂已经把国家大业弃置脑后，心里头想的都是如何报一家之私仇了。

他一面操练人马，准备回师讨伐；另一面暗地进行部署和谋划。他想：闯王有雄兵40余万，猛将如云，谋士如雨，而自己只有10余万军队，兵力单薄，未必是闯王的对手，怎么办？

被仇恨之火煎熬得失去理智的吴三桂，把目光瞄向了昔日的死对头，自己领兵为将以来一直与之死战的清朝军队。

那时顺治帝即位，因年方 7 岁，一切军机大事皆由摄政王多尔衮做主。多尔衮见中原烽火不断，明王朝与大顺军正在火拼，早就想趁火打劫了，只是慑于吴三桂镇守边关的 10 万精兵，而一直未敢轻举妄动。

这一天，多尔衮听说吴三桂来访，对他的来意也早已略知一二。不由心中大喜，立刻传令以嘉宾之礼召见。

多尔衮见吴三桂眉头紧锁，便明知故问道："吴将军驾临，不知有何见教？"

吴三桂经过一番痛苦的思想斗争后，终于横下一条心：宁可落个万世骂名，也要先解心头之恨。于是，便直截了当地说："明清两国，世通修好，当年清国内部自相侵扰，我大明也曾发兵相助过。今日大明不幸，盗贼横行，京都沦陷，君王晏驾，百姓涂炭，此仇此恨，不共戴天。勤王起师，原是我辈本分，怎乃本将兵微将寡，难当乌合之众。全国如尚念邻邦之谊，亦应举国发兵，助我一臂之力。"

多尔衮久欲入侵中原，只是苦于边关有精兵悍将当道。如今，非但面前关隘皆除，且自己竟成堂堂正义之师，内心不免狂喜。但是，脸上却故现难色，推搪拒绝地说："贵国内乱，按说应尽邻邦救援之宜，只是我国国小兵弱，恐救助不成，于事无补，将来反自受其累，落得千古骂名。此事本军乃力所不及，实难如愿，请将军多多谅解。"

吴三桂苦苦哀求着说："贼虽然人数很多，但都是乌合之众，只要贵国肯出兵相助，无不奏凯之理。"

但是，多尔衮就是不轻易松口。

这样反复的谈判，转眼已是半月，多尔衮虽然嘴上一直未说出兵，但暗地里却早已开始进行作战的准备了。

待一切都已备妥之后，多尔衮才假惺惺地说："既然将军连番数次恳求，本帅亦被将军忠心所感动，不管我国有多大困难，都会以邻国之难为己难，决定出兵相助。"

吴三桂闻言大喜，立即回来收拾兵马，与多尔衮的清军合兵一处，浩浩荡荡穿过山海关，向着中原大举杀来。

行至一片石积如山的地方，清军与大顺军相遇，双方进行了激烈的搏杀。战斗结果，大顺军大败，清军乘胜追击，几天之间便直捣北京，李自成只好弃城西遁。清兵占据了北京后，便把当初相助的许诺抛到一边，从此中原大好河山，尽归满人之手。

李自成领导的大顺军被平定之后，清军又挥戈向着南明的官兵杀来，血屠扬州十日，杀得满城老幼无存。再血洗嘉定，将一城男女全部屠戮，明朝的遗臣或被收买，或被杀害。中原人民罹难之惨，牺牲之多，死伤之重，均为史所罕见。

至此，吴三桂见大罪铸成，悔之晚矣，他也只好为虎作伥，成为清军的一个马前卒。当大好河山尽归清兵之后，清王朝怕他谋反，给他封了个平西王，以让他偏安一隅。

多尔衮审时度势、观时而动的谋略颇有借鉴作用。

形退实进，趁火打劫

"趁火打劫"在商场上是经营高手的惯用之计。当经营者认定对方有求于自己时，便可逼其接受自己的苛刻条件，从而使自己赚得巨大的利润。

众所周知，巴拿马运河自从 1914 年通航之日起，一直到 1979 年都是由美国独自掌控的。在此期间，美国每年都会从这条运河上赚得一大笔钱，而且这条河的战略地位非常重要。可是，巴拿马运河最早却并非由美国开凿的。19 世纪末，法国洋际运河工程国际公民协会和当时的哥伦比亚政府签订了一项协议，打算在哥伦比亚的巴拿马省内①开凿一条连通大西洋和太平洋的运河。

为顺利开凿巴拿马运河，法国成立了洋际运河工程公司，而主持这项工程的总工程师就是因开凿苏伊士运河而闻名世界的法国人雷赛布。凭着过去的成功经验，他认为完成这项任务不在话下。但是，工程一开始就遇到了麻烦。原来，巴拿马的环境和苏伊士有很大的不同，工程进度相当缓慢，而且公司的资金也开始短缺，公司陷入了困境。

美国政府得到这个消息后，决定购买法国运河公司，由美国开凿巴拿马运河。因为，美国对开凿这条运河也早有打算，只因法国下手太早，抢先与哥伦比亚政府签订了协议，才使美国不得不暂时放弃这一打算。然而，机会终于来了。

虽然法国政府并不想卖掉公司，但是洋际运河工程公司目前面临困境无法经营。不得已，法国洋际运河工程公司的代理人布里略访问了美国，提出要出卖运河公司，开价是 1 亿美元。法国政府认为美国政府一定会很高兴地将公司买下。

---

①当时巴拿马共和国尚未建立。

尽管美国政府早就对运河垂涎三尺，得悉法国洋际运河工程公司要出售更是欣喜若狂，但其表面上却显得并不怎么热情。美国政府故作姿态，并委派美国海峡运河委员会提出一份调查报告，以证明在尼加拉瓜开运河省钱。报告煞有介事地称："在尼加拉瓜开运河的全部费用不到2亿美元。虽然在巴拿马开运河直接费用只有1亿美元，但并不合算，因为需要另外付出一笔收购法国公司的费用。这样加起来，开巴拿马运河全部费用就将达到2.5亿多美元。"这份报告自然要让法国洋际运河工程公司的代理人布里略先生过目。

这份报告使布里略吓了一跳，心想：如果美国不在巴拿马开运河，法国不是一分钱也收不回来了吗？于是，他马上展开游说，声称法国政府愿意降价出售洋际运河工程公司，只要4000万美元就行了。美国政府一听，便立即用4000万美元买下了运河公司。仅此一项美国就少花了6000万美元，然而法国人还以为挺幸运，总算收回了4000万美元成本，殊不料却上了美国政府的当。

买下公司后，美国政府又对哥伦比亚政府故伎重演。美国国会通过一项法案，规定：如果美国政府能在适当的时间内和哥伦比亚政府达成协议，那么美国政府将考虑开凿巴拿马运河。不然的话，美国政府还将选择开凿尼加拉瓜运河。

这么一来，该轮到哥伦比亚政府坐不住了，马上指使驻美国大使找到美国国务卿海约翰协商，并签订了一项条约，同意以1000万美元加每年25万美元的代价长期租给美国一条两岸各宽3英里的运河区。

时任美国总统的西奥多·罗斯福不愧是老谋深算，他形退实进，既网开一面叫法国人、哥伦比亚人有"甜头"可吃，又趁火打劫，为美国捞得了大便宜。

第六计　声东击西

【计谋原典】

敌志乱萃①，不虞②，坤下兑上之象③。利其不自主而取之④。

【注释】

①敌志乱萃：萃，即悴，憔悴。这句话是指敌人情况混乱、疲惫不堪。

②不虞：未意料到，未预料到。

③坤下兑上之象：《易经》中的"萃"卦下卦为坤，上卦为兑。此卦三阴聚于下，二阳聚于上，各依其类以相保，群阴虽处致用之地，高居最上之位，都为了保阳，所以"萃"卦六爻都说"无咎"。如果使这种群阴保阳的局面受到扰乱，就将祸乱丛集，有意料不到的困难与危险。

④利其不自主而取之：不自主，不能自主把握自己的前进方向或攻击目标。

【译文】

敌人神志慌乱，不能正确预料和应付突变事情的发生，这就像是坤下兑上的"萃"卦受到干扰一样。我们应当利用敌人不能自控的时机，对其发起猛烈进攻，从而获得胜利。

【计谋典故】

东汉时期，班超出使西域，目的是团结西域诸国共同对抗匈奴。但是，地处大漠西缘的莎车国，煽动周边小国，归附匈奴，反对汉朝。为此，班超决定先平定莎车国。莎车国王闻讯便向北边的龟兹国求援。龟兹国王亲率五万人马，援救莎车国。班超联合于阗等国，兵力只有二万五千人，显然是敌众我寡，难以力克，只能智取。

于是，班超决定采用"声东击西"之计，来应对敌人。他先派人在军中制造打不赢龟兹的言论，并有撤退的迹象。并且，特别让莎车国的俘虏听得一清二楚。然后，在一天黄昏，班超命于阗大军向东撤退，而自己率部向西撤退，表面上显得慌乱，并故意让俘虏趁机脱逃。龟兹国王听说汉军撤退，赶紧下令兵分两路，趁机追杀逃敌。同时，他亲自率一万精兵向西追杀班超。班超胸有成竹，趁夜幕笼罩大漠，撤退仅十里地，部队即就地隐蔽。然而，龟兹国王并没有察觉，率领追兵从班超隐蔽处飞驰而过。待龟兹国王过去后，班超立即集合部队，与事先约定的东路于阗国军队，迅速回师杀向莎车国。莎车国王逃走不及，只得请降。龟兹国王气势汹汹，追赶一夜，未见班超部队踪影，又听得莎车国已被平定、人马伤亡惨重的报告，见大势已去，只得收拾残部，悻悻地返回龟兹国去了。

班超之所以在敌众我寡的情况下打赢这场战争，这主要是得力于他所采用的"声东击西"故意迷惑敌人的策略。

【计谋解析】

"声东击西"是忽东忽西、即打

即离，从而制造假象，引诱敌人作出错误判断，然后乘机歼敌的策略。通常采用灵活机动的行动，本不打算进攻甲地，却佯装进攻；本来决定进攻乙地，却不显出任何进攻的迹象。巧妙地制造假象，促使对方被假象迷惑，作出错误判断。需要说明的是，在使用"声东击西"之计时，必须先充分摸清对方的情况。

解 读

巧言迷惑，逃离虎口

语言的力量是无穷的，人们在社交中常常会为了让自己更顺利、更隐秘地达到目的，而采用"声东击西"的策略。

比如，刘邦被项羽困在咸阳时，就是采用陈平的声东击西之计逃离项羽的软禁。

秦朝末年，楚怀王命令项羽和刘邦分路进攻咸阳，并当众宣谕"先入关者为王"。

虽然刘邦先入咸阳，但权力都尽归项羽。刘邦反受项羽的控制，并被改封为汉中王，驻节南郑（今陕西）。项羽的谋臣范增认为刘邦在将来会与项羽争天下，屡次建议把他杀掉。但是，项羽不忍杀刘邦，便使之不能上任，留在咸阳，名为辅助，实则软禁。

刘邦急欲逃脱虎口，便向张良问计。张良拿不定主意，便去拜访陈平。陈平思考了一会儿后，附耳对张良说了几句话，使得张良拍掌大笑，连称妙计。

不久，由于项羽尊楚怀王为义帝，并让其离开彭城，因此就得让范增去处理相关事宜。范增临行的时候，向项羽提出约法三章：一、不得离开咸阳；二、重用韩信，若不用则杀之，避免为他人所用；三、不得使刘邦归汉中。项羽应允，范增才启程。

待范增走了许久后，陈平便再次上表，言及国家经济首在节流。目前，几十万军队驻扎在咸阳，坐吃山空。不如将各诸侯遣回驻地，以减少开支……

项羽准奏，立即命令新封各诸侯限期在五天之内返回各自封地，唯独不准刘邦行动。

刘邦大惊，害怕项羽有加害之意，急忙与张良商量计策。张良眉头一皱，计上心来，让刘邦上表，跟项羽请假，说是要回乡丰邑省亲。

项羽看阅了刘邦的表章后，思考了一阵，便对刘邦说："你要回乡接取父母，也是一片孝子之情。但是，这恐怕不是出自于你的本意，而是因为我让你留在咸阳，才提出这个要求的吧！"

刘邦假装悲伤地说："我父亲年事已高，无人侍奉。我日夜挂念，时刻放心不下。往日见陛下初即位，事务繁忙，所以不敢开口提省亲之事；今见各诸侯均返回驻地，能享天伦之乐。只有我留在这里，又不知何时才能见到老父！"说着，刘邦便哭了起来。

就在这时，张良故意唱起了双簧，出班启奏道："虽不能让汉中王回乡去接取家眷，但可以让他回驻汉中。同时，派人去他老家把他的家眷接到这里来作抵押，以使他规规矩矩地做人，莫生妄念！"

听罢此言，项羽点了点头，说："你说得虽然有道理，但我不放他回汉中，就是怕他生异心。"

陈平又趁机启奏道："陛下封刘邦为汉中王，已布告天下，臣民共知。不让他上任，但恐不足取信于天下。有人会说陛下一登位就说假话，他们对以后的法令不是也会阳奉阴违吗？还不如听张良的话，拿刘邦的家眷作为人质，留在咸阳，遣他回汉中去。这样，既可保全信誉，又能约束刘邦，岂不两全其美。"

沉思良久后，项羽才无可奈何地对刘邦说："既然大家这样说了，也在情在理，那么我现只准你去汉中赴任，但不得回丰邑。明日就启程吧。"

听了项羽这番言语，刘邦心中无限欢喜。但外表上却装出一副可怜的样子，拜伏不起，继续请求允许回乡省亲。

项羽也有些心中不忍，便安慰他说："你还是好好地去汉中赴任吧，我会把你的家眷接到这里来抚养。等你到了汉中，把事情安排妥当之后，再派人来接，也不失奉养孝敬之意!"

这时,刘邦才勉强起身,感谢项羽的大恩大德。

刘邦回营后,立即下令部队,火速启程,众将士便浩浩荡荡地奔往汉中去了。

至此,刘邦终于得救回汉中。

刘邦故作姿态,声东而击西,使项羽在错误的表象影响下作出了错误的判断。

在人际交往中,有时不想使自己陷入被动的局面,或者避免尴尬,都可以采用声东击西的方法,来达到自己的目的。当然,施用此计还要熟悉并巧妙利用对方的心理。

谋此击彼

虚张声势,让真正的战斗目标隐而不宣,在发动战斗命令后突然向真目标奔袭,让敌人惊慌失措,这种指东打西的战术在市场竞争上也是一种策略。

1982 年,英国与阿根廷为争夺马尔维纳斯群岛(简称为马岛)的主权而爆发了一场战争。马岛的海岸线曲折,总长 1287 公里,有许多避风海湾和自然港。在战争中,英军选择在圣卡洛斯水域的海滩登陆。这片水域有着优越的自然条件,这就是入口处水深达 36 米,可供大型船只停靠。另外,岸上的地域开阔,利于部队登岸后展开,并且可避免被集中的炮火击中。但是,其地势也有不利的一面,这就是海湾狭长,其宽度仅为 6 ~ 16 公里,严重限制了舰队活动空间,无法建立大纵深的防空警戒,易遭对方飞机集中攻击。同时,这里的交通也很不便利,只有一条小道与马岛首府斯坦利港相通,并且沼泽密布、道路泥泞,交通困难,不利于登陆部队向斯坦利港运动。由于以上这些不利的自然地理条件,阿军认为英军决不会由此登陆,因此只派了很少的警戒部队,而将防御重点部署在海面较为开阔、道路条件较好的斯坦利港、达尔文港及古斯格林。针对阿军的部署，英国应该如何来迷惑阿军，顺利登陆呢？

为了迷惑对方，以假乱真，英军在 1982 年 5 月初采取了多方面声东击西的措施，以掩盖在圣卡洛斯水域登陆这一真实目的。首先，英国各报刊大量登载假预测、假分析，谎称英国将在西岛或东岛南部登陆。就在发起登陆作战前不久，国防部的官员仍向报界佯称：英国军队目前只是采用小股作战部队对阿军袭扰，以使阿军疲惫、消耗，不准备大规模登陆。就在登陆前两天，英军又用飞机连续轰击西、东岛南部，对北部却不闻不问。就是到了 5 月 20 日的午夜，登陆已迫在眉睫，登陆舰船向圣卡洛斯水域进发之际，英特遣舰队的两艘航空母舰仍在自东北方向驶往马岛南端海域，佯示向马岛南部发起进攻。就在英军在圣卡洛斯港登陆时，英国军队仍不断用飞机、军舰对斯坦利港、古斯格林、豪沃拉港、路易港和狐狸湾进行轰炸和炮击。突击队还煞有介事地在达尔文港、狐狸湾和路易港强行登陆，并发起牵制性攻击。

英军做了上述的"声东"措施，还感觉不够充足，又在登陆作战步骤上精心安排。英军先把阿军的一切通信设施全部摧毁，使阿军无从得到消息，不能及时空援。同时，为了使"击西"的意图绝对保密，又采取了无线电静默，中断向美国提供英、阿双方舰位的情报。

　　由于英军采取了上述措施，使得阿军一直被蒙在鼓里，迫使其不断加强对斯坦利港和南部达尔文港的警戒与防守，放松了对北部圣卡洛斯水域的警惕。结果 5 月 21 日凌晨，英军在猛烈的炮火掩护下，没费吹灰之力，成功登陆。直到天亮后，阿军才醒悟过来，可是为时晚矣，英军已在圣卡洛斯水域的岸上建立了稳固的滩头阵地，从而使整个战局发生了关键性的转折。

　　尽管以后阿军对英军展开了猛烈的轰击，但始终没能扭转战局。英国在圣卡洛斯水域登陆的成功，为其后来的胜利打下了坚实的基础。

接下议题，旁敲侧击

　　"声东击西"的计策不仅被应用在战场上，而且在谈判中也被广泛应用。在谈判中，运用"声东击西"的计谋，将自己的真正目标隐蔽起来，而把一些次要的问题渲染成很重要的问题，使谈判对手产生疑惑和动摇。

　　20 世纪 80 年代，我国某公司与日本商人洽谈购买国内急需的农业加工设备。由于日本商人有着丰富的谈判经验，其谈判手法多变，谋略高超，因此我方不敢掉以轻心，组织了精干的谈判班子，并对该类农业加工设备的国际行情做了充分了解和细致分析，制订了谈判方案，对各种可能发生的情况都做了预测性估计。虽然我方做了各种可能性预测，但在具体方法和步骤上还缺少主导方法，对谈判的取胜没有十分把握。

谈判开始，按国际惯例，由卖方首先报价。报价不是一个简单的技术问题，它有很深的学问，甚至是一门艺术。这是因为报价过高会吓跑对方，而报价过低又会使己方无利可图。在一般情况下，一位报价老手会在科学分析价值构成的基础上，在协议区内报高价。日方对报价极为精通，首次报价为1000万日元，比国际行情高出了许多。日方这样报价，如我方不了解国际行情，就会以此高价作为谈判基础。但是，由于日方曾卖过此高价，因此，即使我方了解国际行情，不接受此价，他们也有辞可辩，有台阶可下。

我方通过事先的准备，已充分了解国际行情，知道日方在放试探性的气球，因此果断拒绝了日方的报价。于是，日方采取迂回策略，不再谈报价，转而介绍产品性能的优越性，想用这种手法支持自己的报价。

我方不动声色，旁敲侧击地提出问题：贵国生产此种产品的公司有几家？贵国产品优于 A 国、C 国的依据是什么？用提问来点破对方，说明我方已了解产品的生产情况，即日本国内有几家公司生产，并且其他国家的厂商也有同类产品，而我方则有充分的选择权。

日方谈判负责人充分领会了我方提问的含义，故意问他的助手说："我们公司的报价是什么时候定的？"这位助手是演双簧的老手，不假思索地回答："是以前定的。"日方谈判负责人听罢，便笑着说："时间太久了，不知道价格有没有变动，只好回去请示总经理了。"我方也知道此轮谈判不会有结果，于是宣布休会，给对方以让步的余地。奇迹果然发生了，日方以为我方是有备而来，在这种用自己造成的竞争态势下，不得不作出了退让。

谈判时为了互通信息、加强了解，双方都会通过旁敲侧击、良谋生花，从对方的口中套出对自己有利的信息，因此，在谈判时，一定要既防又攻，并做好两方面的准备。

"声东击西"在对待对方的高压手段时，可称得上是一个有效的反击策略。但是，由于这一策略自古以来就被人们广泛应用，易被人识破，因此在应用这一策略时，一定要注意运用得体、巧妙周到，不要让对方看出破绽。

第二套　敌战计

敌战计包括无中生有、暗渡陈仓、隔岸观火、笑里藏刀、李代桃僵及顺手牵羊共六计。敌战计是在敌我双方势均力敌的情况下，所使用的计策。由于在现实战争中，不管双方兵力如何，都要与敌人面对面作战，因此在与敌人对阵时，既要有胆识，又要审时度势。战争是敌我双方战斗力的较量，要想取得胜利，不仅要提高己方的战斗力，还要削弱敌方的战斗力。本套计策是分别从诳之、藏之、观之、安之、舍之、积之六方面来展开介绍的。

第七计　无中生有

【计谋原典】

诳也，非诳也①，实其所诳也②。少阴，太阴，太阳③。

【注释】

①诳也，非诳也：诳，欺骗，迷惑。《武经三书·孙子·用间》即把"诳事"作为"虚假之事"。

②实其所诳也：实，实在，真实。这句话的意思是说把真实的东西充实到假象之中。

③少阴，太阴，太阳：原指《易经》中的"兑"卦（少阴）、"巽"卦（太阴）、"震"卦（太阳）。少阴，这里是指稍微隐蔽的军事行动；太阴，这里是指大的秘密军事行动；太阳，这里是指大的、公开的军事行动。

【译文】

用虚假情况迷惑敌人，但又不完全是虚假情况，因为在虚假情况中又有真实的情况。在隐蔽的军事行动中，隐藏着大的军事行动；秘密军事行动，又常常在公开的军事行动中进行。

【计谋典故】

唐朝安史之乱时，许多地方官吏纷纷投靠安禄山、史思明，而唐将张巡却不肯投敌。他率领两三千人的军队守孤城雍丘（今河南杞县）。安禄山派降将令狐潮率四万人马围攻雍丘城。敌众我寡，张巡虽取得几次小胜，但无奈城中箭只越来越少，眼看就要抵挡不住敌军攻城。这时，张巡想起三国时诸葛亮草船借箭的故事，心生一计。于是，他急命部队收集秸草，扎成千余个草人，并将草人披上黑衣，然后在夜晚用绳子慢慢往城下吊。

夜幕之中，令狐潮误把草人当成士兵，以为张巡夜袭，急命部队万箭齐发，急如骤雨。张巡轻而易举获敌箭数十万支。天亮之后，令狐潮才知自己中计，后悔不迭。第二天夜晚，张巡又从城上往下吊草人。这次令狐潮并没有上当，依然稳坐军中。张巡见敌人已被麻痹，就迅速吊下五百名勇士，令狐潮仍不在意。五百勇士在夜幕掩护下，迅速潜入敌营，杀得令狐潮措手不及，营中大乱。张巡乘此机会，率部冲出城来，杀得令狐潮大败而逃，损兵折将，只得退守陈留（今开封东南）。

张巡巧用无中生有之计取得了胜利，保住了雍丘城。

【计谋解析】

"无中生有"指用"无"来迷惑敌人，来掩盖"有"的真实目的。此计的关键在于真假要有变化，虚实必须结合，一假到底，易被敌人发觉，难以制敌。因此，先假必后真，先虚必后实，无中必生有。使用此计时，有两点应加

注意。

第一，此计对于那些生性多疑、过于谨慎的敌人，特别奏效。

第二，当敌方思想已乱、深感迷惑不解时，必须迅速变虚为实，变假为真，变无为有，出其不意地攻击敌方。

解 读

凭空捏造，无事生非

无中生有之计，"无"是迷惑对手的假象，"有"则是假象掩盖下的真实目的。

战国时，张仪以"连横"政策的创立者身份活跃在各国间的政治舞台上，他巧舌如簧，纵横捭阖，着实施展了自己的才华。

最初，张仪来到楚国游说，但受到了楚怀王的冷遇，从而在楚国极为潦倒。

张仪想改变这种困窘局面，便心生一计。

那时候，楚怀王正宠爱着两个美人：一个是南后，另一个是郑袖。

一天，张仪见到楚怀王，便对他说："大王，我到这里已经很久了，却一直没有什么作为。因此，大王请准我离开这里，前往晋国，也许会碰上好运。"

"好吧，你只管去吧！"楚怀王正巴不得他赶快离开，便一口答应。

张仪说："虽然我是去晋国，但我还会回来一次。请问大王，需要从晋国带些什么？譬如那边的土特产，您若喜欢我可以顺便捎些回来，献给大王。"

楚怀王漫不经心地说："金银珠宝楚国有的是，晋国的东西没什么可稀罕的。"

"大王就不喜欢那边的美女吗？"

这话像电流一样，使楚怀王情绪一下子高涨起来，眼睛一亮，问："你说的是什么?"

"我说的是晋国的美女。"张仪一本正经地解释,"晋国的女人,哪一个不像仙女一样?白皙的肌肤,粉红的脸蛋,杨柳般的细腰。"

这一番话把楚怀王的色欲完全勾起来了,高兴地说:"你马上给我去办,要多带些这样名贵的'土特产'回来!"

"不过,大王……"

"那还用说,货款是需要的。"楚怀王立即命人给了张仪很多钱,叫他火速去办。

张仪出宫后马上把这消息传开,直传到南后和郑袖的耳里。两人听了,大为恐慌。连忙派人去向张仪疏通,告诉他说:"我们听说先生奉楚王之命,到晋国去办'土特产',特送上盘缠,望先生笑纳!"这样,张仪又捞了一把。

过了几天,张仪向楚怀王辞行了,装出依依不舍的样子,说:"这次去晋国,路途遥远,不知哪一天可以返回,请大王赐酒给我壮胆吧。"

"行!"楚怀王亲自赐酒给张仪。

张仪饮了几杯,脸红起来,又下跪拜请楚怀王,说:"这里没有外人,敢请大王特别开恩,请王后和贵妃再赐我几杯,给我更大的鼓励和勇气。"

楚怀王看在张仪要采办"土特产"的份上,把最宠爱的南后和郑袖请了出来,让她们轮流给张仪敬酒。

这时,张仪扑通一声跪在楚怀王面前,说:"请大王把我杀了吧,我欺骗大王了。"

楚怀王见状连忙问:"为什么?"

张仪说:"我走遍天下,从未遇见有哪个女人长得比大王这两位贵妃漂亮的。过去我对大王说过我找'土特产',那是没有见过贵妃之故,如今见了,方知把大王欺骗了,真是罪该万死!"

楚怀王松了口气,对张仪说:"这没什么,你也不必启程了。我知道天下间根本没有谁能比得上我的爱妃。"

南后和郑袖听到楚王这样称赞她们,不由得露出了得意的笑容,同时,也向张仪投去了赞许的目光。

从此，楚怀王改变了对张仪的态度，而张仪在楚国的待遇也逐渐好了起来。

张仪活用"无中生有"之计，白手撑开局面，达到自己的既定目的，这一策略值得借鉴。

"从无到有，从虚到实"的转换，是无中生有之计成功的重点，同样适用于当今商战之中。

无中生有，妙而嫁祸

无中生有被后人广泛应用在官场之上。在一般情况下，想采取不正当手段升官发财的人，或是制造一些无中生有的新闻来给自己造势，或者嫁祸于人排除异己，总之是想尽一切办法来使自己显达于众人之中。因此，我们就应该多了解此计，以防被险恶之人蒙蔽或陷害。

楚汉彭城之战后，刘邦败逃荥阳。项羽乘胜追击，紧逼城下，并断了汉军的外援和粮道。刘邦十分忧虑，郦食其献计分封六国，以求天下拥戴，被张良否定了，刘邦将郦食其大骂了一顿而告终。

汉王销毁了分封六国的王印，虽然是明智之举，但却无法使项羽退兵。并且，随着时间的推移，项羽围城越来越急，刘邦忧心如焚，便召集张良、陈平诸谋士商议说："项羽乘我兵力分散，城内空虚，率兵围攻，有何办法退敌？"

陈平说："项羽的骨干部下不外范增、钟离眜、龙且、季节这几个人。如果能够离间他们，就可以瓦解项羽的核心组织，削弱他的进攻力量了。"

"何以离间诸将？"刘邦急问。

陈平答："项羽为人猜忌，易信谣言，只要大王肯捐弃大量黄金，我就有办法去收拾他们。"

"黄金有什么稀罕的，你就拿四万两黄金去吧。"刘邦说，并且还说了一句："你爱怎么花，就怎么花。"

陈平受金四万，提出数成，交与心腹。心腹扮成楚兵模样，怀金出城，混入楚营，贿赂项羽左右，散布谣言。

不过三日工夫，楚军内已是传说纷纷，无非是说钟离眛等将功多赏少，不得分封，将要联汉灭楚云云。项羽有勇无谋，素好猜疑，一闻讹传，便信以为真，竟把钟离眛等视作贰臣，不加信任，只对范增信任如故。

项羽疏远了钟离眛，却对荥阳的攻势一点也没有放松，仍然率军把荥阳围得水泄不通。但是，由于汉军坚壁固垒，楚兵终不能越雷池一步，因此项羽心情十分烦躁。

陈平抓住时机，又向刘邦献计道："项羽攻城不下，正好派人去向他诈降。他必然应允，遣人来讨论条件，到时我们便借此来离间范增，等到项羽军心浮动时再行突围。"

刘邦心领神会，遂命陈平、张良依计而行。

陈平、张良派使者往楚营游说，奉上厚礼甘言，说刘邦不敢与楚王分庭抗礼，愿各守封疆、共保富贵，并划荥阳以东为楚界，荥阳以西为汉界。

项羽想到刘邦势力日益增大，韩信又善于用兵，继续打下去，亦不知鹿死谁手，不如趁早讲和，休养生息，等候机会，东山再起，便招范增前来商量。范增分析道："这是刘邦的缓兵之计，和谈不是本意，是要把战局拖住，坐等韩信的救兵。今日正当猛攻快打，把刘邦消灭在这里，再去对付韩信。"

项羽犹豫起来，汉使料定是范增从中作梗，乃对项羽说："大王自应圣裁，左右的话，怕有私弊。因为，胜也好，败也罢，别人一样可以不当楚官当汉官，但大王将怎样处理？况且汉王尚未势穷力尽，韩信的几十万大兵很快就会到来，内外夹攻，大王师疲粮尽，那时欲退不得，欲进不能，不是后悔莫及吗？依臣鄙见，倒不如及时讲和，化干戈为玉帛。这样，不独汉王感恩戴德，老百姓也会讴歌大王的仁义呢！臣虽身在汉营，仍是天下一介贱民，望大王三思，为天下着想，不要被左右暗中出卖了！"

汉使的话掷地有声。项羽一时难以回复，便道："你先回营，我即派人入城讲和。"

陈平心花怒放，暗想：范增，你也死到临头了！

项羽不听范增的劝谏，派虞子期等人为和谈大使进入荥阳城。

刘邦谎称夜饮大醉，命陈平前来接待。陈平把楚使引到客房，楚使见客房布置得非常阔气，招待的人又都那么殷勤、周到，心里便有几分得意。陈平设了丰盛筵席，请虞子期上坐，顺便问起范增的起居近况，大赞范增，并附耳问："亚父范增有什么吩咐？"虞子期道："我们是楚王差使，不是亚父差来的。"陈平一听，故作吃惊，说："我以为你是亚父差来！"便叫几名小卒撤去上等酒席，随后把楚使领至另一间简陋客房，改用粗茶淡饭招待。陈平满脸愠色，拂袖而去。

众楚使如坠云里雾中，乃整衣求见刘邦。刘邦传话说还未梳洗。侍从引着楚使在密室休息，奉陪一会儿，托辞起身，说："虞大使请稍候，小臣去帮汉王梳洗。"遂离开密室而去。

虞子期受此怠慢，大为不快，在密室里走来走去，见桌上有几份秘密文件，随即走过去翻阅，找到一纸首尾不写名的信。

内云："霸王提兵远来，人心不附，天下离叛，兵不过二十万，势渐孤弱。大王切不可出降，急唤韩信回荥阳，老臣与钟离眜等为内应，指日破楚必矣。

黄金不敢拜领，破楚后愿裂土封于故国，子孙绵延百世，臣之愿也……"

虞子期大惊，暗思这信必是范增的了。近闻亚父与刘邦私通，尚不相信，今见此信，相信真的假不了，假的也真不了。于是，将信揣入怀中，准备回去告诉楚王邀功。

虞子期回营后，不胜其愤，把自己所受的冷遇，在项王前渲染了一通。然后，将从密室里偷来的匿名信呈给项羽。

项羽看罢密信，怒发冲冠，招来范增大骂；"老匹夫居然起心要出卖我，今天决不饶你！"

范增丈二和尚摸不着头脑。他深知项羽一向尊敬他，但今天却这么待他，分明早已不信任自己了，便对项羽说："天下大局已经定了，愿大王好自为之。"

范增解甲归田，一路上怨恨不已，叹气道："刘邦是个假仁假义、刁钻刻薄的小人，一个亭长怎么能做君王？项羽可是个又能干又豪爽的英雄，将门之子，确实有君王气魄，只可惜……"

范增边走边想，边想边叹气。一路上，吃不下，睡不好，犹如风前残烛，气息奄奄。将至彭城，忽然背上生了一个毒疮，凄凄惨惨、冷冷清清地合上了眼。

范增死后，项羽方才醒悟过来，大喊上当，但悔之晚矣。

用挑拨离间之计，来破坏敌方内部的团结，往往是战胜敌方的绝妙手段。同时，这也警示我们：内部离心离德，必会使自己不攻自破；只有团结一心，方能成事。

虚则虚之，示敌以假

最高明的诈术，莫过于在敌人的眼皮底下欺骗敌人。

阿拉曼战役于 1942 年 10 月底至 11 月初，在北部非洲沙漠地带上进行。

对手分别是纳粹德意联军的"沙漠之狐"隆美尔和刚刚上任的英国第 8 集团军司令蒙哥马利。战役打响前，对垒两军在埃及阿拉曼地区以西一条由北至南、长约六七十公里的防线上形成相互对峙的局面。

在这次战役以前，隆美尔曾大败英军。这一次，新司令蒙哥马利为制服这只奸猾的"狐狸"，同高级参谋们经过审慎研究，最后确定了"指南打北"的军事战略。在狡猾的"狐狸"面前要搞小动作，不是那么简单的，因为"狐狸"的嗅觉特别灵敏，那么怎么样执行这一战略部署呢？

这一战略的实施关键，是要在沙石裸露、草木不生的荒滩沙漠上进行大规模的伪装行动，代号为"伯伦特行动"。整个行动分两部分进行，即第一部分是掩饰北线的进攻意图，第二部分是诱敌南移。

在北线，实际要进行的大规模军事行动，需要储备大批的军械物资。如何将这些物资伪装起来，的确是个大难题。英军经过多次试验，找出了解决问题的办法——把这些物资伪装成汽车运输队。一箱箱的食物被叠成货车状，然后再盖上伪装网。"汽车"旁又撑起一个个司机住宿的帐篷，里面放的也是物资。同时，还安排了一些真的货车时常出入，更增加了真是那么一回事的错觉。也有一些物资被码成小丘一样，然后蒙上苦布，再盖上层沙土，使其像真沙丘。这样一来，这一带就好像没有什么物资了，可以造成不会有大规模军事行动的错误判断。用来进攻的坦克，则是在发起进攻的前三天才趁黑夜开到前线，并且也用各种办法隐蔽起来。在这些坦克原先停驻的后方，则换上假的坦克模型，使敌人根本看不出坦克调动的迹象。

在南线，同样也制造了各种伪装和假象，以使敌人确信进攻将在南线进行。首先，盟军建造了假输水管，把伸向南方的真水管接长。工程进度也像真的一样，沿途还设有假泵房、假水池等。其次，是制造了进攻大军所需物资的堆放场，堆放假的粮油和弹药。再次，在南线还布置了假阵地、假火力点及假火炮等。这些假的军事设施所表现出的军事行动规模达到了三个半军团。蒙哥马利先用"实者虚之"的手法，故意示敌以假。一个星期里，阵地毫无动静，等到敌军怀疑这是假阵地之后，又在夜里换上真炮，再"虚者实之"。当战役打响时，这里的大炮也响起来，使德军更相信英军的主攻点在南线。

战役开始后，"伯伦特行动"大获成功，德意联军惨败收兵，其效果连蒙哥马利自己都出乎意料。后来，英军从敌人的文件中看到，由于德意联军根本未发现英军在北线集结部队，只发觉南线在增兵，因此只在南线配置了重兵，等待英军进攻。并且，直至英军在北线进攻打响四天后，南线的德国装甲师也没有移动。

第八计 暗渡陈仓

【计谋原典】

示之以动①，利其静而有主②。益动而巽③。

【注释】

①示之以动：动，行动，这里是指用来迷惑敌方的正面佯攻、佯动等军事行动。

②利其静而有主：静，平静；主、主张。

③益动而巽：益和巽，都是《易经》的卦名。《易经·益·彖》说："益：动而巽，日进无疆。"是说益卦下卦为震、为动，上卦为巽、为风、为顺。益，收益；巽，动、前进。联系本计，此句意为：表面上，努力使行动合乎常情；暗地里，主动迂回进攻敌人，必能有所收益。

【译文】

采取正面佯攻的行动，利用敌人被蒙骗决定固守时，暗地里迂回到敌后，乘虚而入，出奇制胜。

【计谋典故】

秦朝末年，各路豪杰纷纷举起了反秦的大旗。刘邦的部队首先进入关中，攻进咸阳。但是，西楚霸王项羽在巨鹿之战后，便携胜利之师进入关中，逼迫刘邦退出关中。由于实力上的差距，刘邦只得率部退驻汉中。为了麻痹项羽，刘邦退走时，将汉中通往关中的栈道全部烧毁，表示不再返回关中。事实上，刘邦是在等待时机击败项羽，夺取天下。

公元前206年，已逐步强大起来的刘邦，派大将军韩信出兵东征。出征之前，韩信派了许多士兵去修复已被烧毁的栈道，摆出要从原路杀回的架势。关中守军闻讯，密切注视修复栈道的进展情况，并派主力部队在要塞加紧防范，阻拦汉军进攻。韩信"明修栈道"的行动，果然奏效，敌军把主力派到了栈道一线，韩信立即派大军绕道到陈仓（今陕西宝鸡县东）发动突然袭击，一举打败雍王章邯、塞王司马欣及翟王董翳，平定"三秦"，为刘邦统一中原迈出了决定性的一步。

【计谋解析】

"暗渡陈仓"一般是指用正面佯攻的迷惑手段，来伪装自己真实攻击路线的计策。它的特点是将自己真实的意图隐藏在让人想不到的行动背后。"暗渡陈仓"和"声东击西"两者都是虚张声势，制造一种假象来迷惑敌人，并在假象的掩盖下，采取真实行动。但不同之处是声东击西，隐蔽的是攻击点；而暗渡陈仓，隐蔽的是攻击路线。如果混淆两个计谋的作用与操作方法，定会招致灾祸。为此，大家一定要认真分析，以防混淆。

解读

孙休以明掩暗灭敌手

谋略是智者的棋局，要设法采用正面的，常规的方法牵制对手，然后再悄悄另辟蹊径迂回到对手弱处，给其致命一击。

此计通过正面佯攻，迷惑对方，并以此来掩护其真实意图，使其目标和路线不为人知。一明一暗相互配合，创造出有利战机，从而一举歼敌。

　　孙休是由权臣孙綝拥立的吴王，他一直假表心愿同孙綝交好，可暗地里却一直寻找着诛杀他的时机。公元258年9月，吴国权臣孙綝兵围吴国王宫，夺吴王玺绶，逼群臣同意废吴王孙亮，并降其为会稽王。然后，接受典正施正的建议，迎立琅琊王孙休为吴主，于是派人送书孙休，指斥废帝孙亮，亲近刘丞、全尚等佞臣，沉湎美色，搜取民女，不听劝谏，滥杀无辜大臣，为此自己推案旧典，运集大王，且百官立于道侧"迎候王即帝王"。

　　10月18日，孙休将到建邺，孙綝的弟弟孙恩代执丞相职事，奉上玉玺，孙休再三辞让，始终未接受皇帝玺绶。孙綝率士兵千人迎至建邺城郊外，拜于道旁，孙休也立即下车答拜。当天车驾朝廷正殿，宣布大赦天下，改吴国年号为永安。这时，孙綝又上殿交上印绶，自称草莽臣，诣阙上书，说："臣自省才非国家干臣，虽位极人臣，不过因缘肺腑，伤锦败驾，罪负彰霸。陛下以圣德承大统，宜得良辅，但自思无益于朝政，故承上印绶，退还故也，以求避让进贤之路。"吴王孙休赶快引进于殿，以好言慰解，下诏明示：大将军孙綝忠计内发，扶危定倾，为安康社稷，立有赫赫功勋，今以孙綝为丞相、荆州牧，增加封邑五县；孙綝兄弟孙恩为御史大夫、卫将军、中军督，封县侯；孙据为右将军，封县侯；孙幹、孙均授将军职，封亭侯。

　　孙休由会稽王被拥为吴王，是在吴王孙亮被黜废，大臣全尚等人遭逐杀，权臣孙綝因为顾及非议，暂时采取的权宜之计。孙休上台后，心里也非常清楚，东吴自孙权晚年以来，朝政人事更迭频繁，互相倾轧残杀从来没有停止，要想稳固自己的皇位，非除去强臣孙綝不可。但是，自己在建邺城中力量不强，硬对硬的拼斗，只会重蹈孙亮覆辙。所以，登台伊始，他为稳住孙綝，极力予以笼络。孙綝一门，五人被封侯，且都是典掌禁兵，成为东吴以来，朝臣中罕见享受的荣耀，即是作为一项安置措施。接着他又对外明示无久居皇位之心松懈孙綝等人的警惕性。当朝臣奏称请立皇太后、皇太子时，孙休明确下诏，"我以微薄之力，继承东吴大业，继位初始，并没有广施恩泽，后妃名号，嗣子之位，并非紧要之事"，一再拒绝朝臣奏请。

孙綝拥立吴王，并非出于真心，他一直对帝位跃跃欲试，就是在已经遣人迎立孙休的时候，他还想占据帝位。当时孙休正在驰往建邺的路上，孙綝打算搬进宫廷居住，且召集京城百官商议，群臣见状，大惊失色，但畏惧孙綝手握兵权，都一味地沉默，不肯公开表态。只有选曹郎虞汜，挺身而出，说："明公现在是东吴的伊尹、周公，担当将相重任，执掌吴王废立的大权，居上安定宗庙社稷，下施恩惠于平民百姓，上上下下，大大小小，都为您欢呼雀跃，把您看作是商朝的伊尹，汉代的霍光再现于世。现在琅琊王还未来，您却想入宫，这样群臣百姓之心将为之动摇，人们会疑惑不解，此举非发扬忠孝、扬名后世的做法啊！"虞汜明褒暗贬的劝谏，群臣的沉默态度，孙綝虽然心中不满，但不便公开抗对，入宫打算只好暂时作罢。孙休即位不久，孙綝就带着牛和酒进奉吴王，吴王以群臣送礼一律不收为由婉拒，孙綝干脆转送到左将军张布府里，张布赶紧设宴款待，酒酣意浓时，孙綝大声抱怨："当初废掉少主时，不少人劝我自立为君，我以为皇上贤明，故此迎立。皇上没有我，哪能有今天。现在，我给皇上送礼，都遭拒绝，这是把我与其他大臣同样看待，无所区别，我应当再立他人才是。"张布听其言，赶紧报告皇上孙休。

孙休见孙綝已萌发政变之意，急思对策，于是决定施行暗渡陈仓之计，佯攻偷袭。先是屡次赏赐孙綝，表示对孙綝宠信有加，一次，有人上朝密告，说孙綝心怀怨恨，欲图谋反，请吴王注意。孙休听到后，不仅不予奖赏，反而把他拘起来送给孙綝处理，以示对孙綝坚信不疑。孙綝这时，又通过别人，要求带兵外出驻屯武昌，吴王立即答应，结果孙綝令自己率领中军万人，乘吴王有旨，尽取京都武库中的兵器，一齐装船驰往武昌。孙綝还要求把朝中中书两郎带走典领荆州军事，当时主管者声言中书郎官不应离京外出，但孙休特赦孙綝，允许带走。

吴王以上措施，削弱了孙綝在朝中的力量，执告密者送孙綝处理，表面上显示对孙綝的相信，又是佯攻，暗示孙綝在京谋反不会成功，吴王孙休早有警惕，不可造次。果然，孙綝心虚，把自己的亲信精兵，赶紧运往荆州，甚至要破例带走中书两郎。在吴王孙休看来，孙綝把亲信带走，当然是越多越好，而强留在京，只是增加孙綝的羽翼势力。因此，孙綝此类请求，孙休也痛快地答应。

暗渡陈仓之计，离不开明修栈道，而修栈道的目的，是为了削弱敌人的力量，减少自己行动的损失，孙休以上举措，达到了这个目的。

迂远曲折，以正隐奇

暗渡陈仓之计，应用于商战，可引申为：故意暴露自己的行动，用以迷惑、麻痹竞争对手，然后暗中准备另一种行动，从而战胜对手或赢得顾客。

美国泰德·特纳广播公司向电视广播行业的挑战，就是采用了暗渡陈仓之计，而跻身于电视广播事业，并成为电视巨子的。

目前，在美国，强大的电视网络覆盖着全国的每一个角落，人们从中愉悦身心、了解社会、获取信息，并将自己与社会融为一体。

因为电视，每个人都不再是孤独的个体，人们的思维视野也不再受到时间和空间的局限。由此可见，电视对于人们的生活是何等的至关重要。因此，电视网络自然是商业巨子们激烈竞争的又一舞台。

特纳在亚特兰大拥有一个小型超高频电视台，通过 17 频道播送电视节目。但是，它的信号非常微弱，有时甚至在亚特兰大本地也接收不到。

特纳意外地发现，广播电视领域中还有一片尚未被三大电视公司控制的绿地，那就是有线电视台。

特纳深知，以他目前的力量和三大电视公司挑战必会碰得头破血流，在那个战场上，他几乎连招架的工夫都没有。

他为自己制定了"暗渡陈仓"的进攻策略，以求出奇制胜。一方面要给对手造成一种假象和错觉，即特纳广播公司实力弱小，只能在不起眼的行当里维持生存，不敢涉足三大电视公司所垄断的行业，从而使三大电视公司无视他的存在；另一方面则要不动声色地积蓄力量和资金，要知道，维持一家大型有线电视台的费用几乎是一个天文数字。

他找到了一件"外衣"——亚特兰大电视台，其公开的经营方针是不涉足新闻制作，只制作和传递生活娱乐节目。

这个策略意味着亚特兰大电视台的地位很低，经济实力也很弱小，更无意与谁一决雌雄。

任何一家大型电视广播公司都是靠新闻制作来显示公司实力的。这是因为新闻制作耗资巨大，并与广告收益相辅相成。同时，还能显示其节目的覆盖率。

在美国，区域性的小型电视台有很多，多数也都采用这种办法保护自己。至于三大电视广播公司，则认为只要牢牢把握新闻制作的权威便可无后顾之忧，而经营那些小型娱乐节目不过是小打小闹，成不了大气候。

1973 年，特纳以获得勇士棒球赛的转播权为契机，建立起以有线电视为传播方式的亚特兰大勇士网络，开发和占据这一片颇有潜力的空白地带。为了资金，他把手伸向了电缆经营者的口袋。因为，无线电视台通过电波向广大用户转送节目，有线电视台则通过电缆。

通过和电缆经营者的多方接触，特纳发现他们非常欢迎使用自己的有线频道。因为在许多时候，有线频道都有球赛实况，同时他们还希望能收看到丰富多彩的生活节目和电影。为此，他们很愿意提供转播费用。

这对于特纳来说，简直是个福音，通过转播棒球赛，使他经营的娱乐节目有了观众，有了市场。现今，费用又有所分担，如此一来，建立"全国性"的有线电视服务市场大有希望，特纳真是喜不胜收。时隔不久，特纳就凭借有线电视终于成为广播电视业的"新巨头"，变美国电视业的"三分天下"

为"四分天下"。

在开始时，三家实力雄厚的电视广播公司联合一致对外，"三分天下"的局势已定。此时，特纳若介入电视广播业，其阻力可想而知。然而，特纳却"明修栈道"——声称只制作和传递生活娱乐节目，不涉足新闻制作，背地里"暗渡陈仓"——把目光投向有线电视，积极运作。最终，他躲过了强敌的排挤，跻身于广播电视业巨头行列。

迷惑对方，静而不露

嘉靖三十七年（1558 年）刑部给事中吴时来、刑部主事张翀及董传策在同一天上疏弹劾奸臣严嵩。张翀和吴时来都是徐阶的门生，而董传策则是徐阶的同乡。严嵩很容易地怀疑到他们上书是徐阶所主使的，所以把他们下狱严刑拷问，想让他们说出背后是徐阶在指使，但三人最终也没有这样说。此后，徐阶对严嵩就更加小心谦恭，以称病、与世无争的假象来迷惑他。然而，对明世宗所喜爱的东西加倍用心制作，希望以此进一步讨得明世宗的欢心。后来因为明世宗建宫之事，徐阶得到了明世宗皇帝的信任，而严嵩却因此事开始失宠。然而，此时刚刚得到明世宗信任的徐阶仍事事谨慎小心，以防有变。

徐阶看出明世宗皇帝虽然开始转移了对严嵩的宠信，但毕竟对严嵩还有旧情。因此，他还需要秘而不露才行。于是，他一方面荐蓝道行入宫，以伪装的"神仙"降临来告诫明世宗皇帝驱逐严嵩父子，支持邹应龙上疏弹劾；而另一方面，他又假装什么也不知道似的到严府表演了一出好戏，百般安慰严氏父子。徐阶的种种作为，足见其韬光之术非同一般。

事实上，明世宗皇帝在严嵩罢相后，的确曾流露过反悔之意，因为毕竟严嵩是他信任了二十多年的宠臣。他曾下令："敢有再言者，同邹应龙一起俱斩。"意思表达得很含蓄，而徐阶却对明世宗矛盾的心态多有领悟。他抓住严嵩罢相，自己升为内阁首辅的机会，清除朝中的严党分子，一反严嵩的所作所为，收买人心，并以此得到了名相之誉。

徐阶在严嵩罢相还乡以后，仍旧与他有书信往还，不时问候。这样一来，使得老谋深算的严嵩信以为真，同时，阴险狡诈的严嵩之子严世蕃竟也被他骗过，认为"徐阁老不会害自己"，而更肆意妄行起来。这也是徐阶韬光养晦之术的一部分，他在等待着时机的到来，好置严氏父子于死地。当这个机会终于到来的时候，徐阶才从幕后走到了台前，用他亲手拟定的奏疏置严世蕃于死地。

徐阶不愧是官场之争的老手，他的韬晦功夫非常到家。难怪严世蕃在狱中说："先取徐阶首，当无今日。"徐阶终于使恶贯满盈的严氏父子，得到了应有的惩罚。

故作声势，实施计谋

假如不能按常规原则办事，达到目的时，这时就要灵活地转正为奇，从另一条途径"渡过陈仓"达到目的，但要顺利地"暗渡陈仓"，必须"明修栈道"，即用明的一手，掩护暗的一手，明的是假，暗的是真。在运用此计时应注意，明的一手应做得吸引对方，力求逼真，不能有丝毫疏忽，在渡过陈仓之前不能让对手察觉到你的真实的一面，但或者有时也可为双方心知肚明，只是做给外人看，为自己的言行举止找个合理的借口。

英国中东战区总司令韦维尔，在第二次世界大战爆发之前就以其敏锐的头脑和超人的记忆力和对战术问题的研究而蜚声英伦。

1939年9月1日，德军入侵波兰后，希特勒在欧洲大陆连连得手，英法自顾不暇。辽阔的非洲大陆则成为墨索里尼的猎物，意大利以阿比西尼亚为根据地陆续吞并了利比亚、厄立特里亚及索马里，墨索里尼心目中的"非洲帝国"已具雏形。

韦维尔将军奉丘吉尔首相之命，要以铁拳击碎墨索里尼的"非洲帝国"。然而，严峻的现实是意大利在北非拥兵40万众，而韦维尔手中仅有36000人，外加一个编制不完整的坦克师，部队装备和素质均不佳。意大利对英法宣战后，格拉齐亚尼元帅指挥意军从利比亚出发进攻英国，兵锋进入埃及境内，韦维尔深知强敌当前不能力拼，只能智取。那么如何才能智取强敌呢？

韦维尔认为：每一名司令官，都应当经常考虑如何使对手误入歧途，并利用对手的恐惧而使他们心慌意乱。而一切欺骗的基本原则是把敌人的注意力引向你想要它注意的地方。高明的魔术师用的就是这些方法。这样做的目的就是迫使敌人做些有利于我方行动的事。比如，把他的后备队调到错误的地方，或者不调到应该调去的地方，或者诱使敌人浪费精力。

韦维尔命令克拉克准将带领数个小分队，专门从事欺诈意军的活动。他们人工制造出一支规模庞大的军队，数百个橡皮做的巡逻坦克，它们能够装进板球袋里，随时取出充气使用；野炮可装进饼干盒内；"两吨重"的载重卡车和发动机，放出空气后还没有弹药箱大。

在首次进行的战术欺诈活动中，英军工程兵修建假公路和坦克履带印迹，公路一直修到西迪巴拉尼以南靠近意军驻地的地方。随后，英军为了增加真实性，用成群的骆驼和马拖着耙形装置，在沙漠中带回驰奔以掀起滚滚烟尘，使意大利空中侦察机和野外观测哨误以为是英国的庞大坦克部队在行进。意军飞机想低空侦察又被英军高射炮部队赶跑，根本无法看清地面的真实情况。

格拉齐亚尼从侦察机所得情报分析，认为意军右翼有英军强大的坦克部队运动，而且英军的坦克、大炮数量已远远超过了意大利军队。因此，格拉齐亚尼决定意军不能贸然进攻，应原地坚守。

韦维尔的欺诈战术成功了，它减缓了意军的攻击速度，为英军调兵遣将赢得了宝贵的时间。

2 个月后，即 1940 年 12 月 9 日，韦维尔下令英军分南北两路向意大利军队发动积极进攻，格拉齐亚尼早已被韦维尔的虚张声势战术吓破了胆，其部队不战而溃。英军一下子跃进 650 公里进入利比亚境内。东部非洲的战事仅进行了 2 个月，英军就俘获了 13 万意军、400 辆坦克及 1290 门大炮。

暗渡陈仓之计在战争中，有时候看起来跟小孩捉迷藏差不多，只要能瞒过敌人的眼睛，所用的手段和道具都不用考虑它是否太儿戏了，因为敌人跟我们玩的也是一场抓人的游戏，我们的目的是打败敌人，其他的只是途径或手段而已。

第九计　隔岸观火

【计谋原典】

阳乖序乱，阴以待逆①。暴戾恣睢②，其势自毙。顺以动豫，豫顺以动③。

【注释】

①阳乖序乱，阴以待逆：阳，指公开的；阴，指暗中的。阳、阴，在句

中泛指敌我双方两种势力。乖，违背，不协调。逆，混乱。

②暴戾恣睢：残暴凶狠，胡作非为。

③顺以动豫，豫顺以动：语出《易经·豫·象》，"豫，刚应而志行，顺以动，豫。豫顺以动，故天地如之，而况建侯行师乎?"豫，卦名，本卦为坤下震上。

【译文】

当敌方内部矛盾激化，以致公开地发生内乱时，我方应在暗中静观，坐待其局面进一步恶化。敌方互相残杀，必然自取灭亡。我方则必须顺时而动，且勿操之过急，这样就能像《易经·豫》卦上说的那样，达到胜利的目的。

【计谋典故】

东汉末年，袁绍兵败身亡，几个儿子为争夺权力互相争斗。曹操见状，决定击败袁氏兄弟。袁氏兄弟投奔乌桓，曹操向乌桓进兵，袁氏兄弟仍大败，又不得已投奔辽东太守公孙康。曹操闻讯哈哈大笑说："你等勿动，公孙康自会将二袁的头送上门来的。"于是，下令班师，返回许昌，静观辽东局势。

公孙康见二袁归降，心想袁家父子一向都有夺取辽东的野心，现在二袁兵败，如丧家之犬，无处存身，投奔自己实为迫不得已。若收留二袁，必有后患；但若曹操进攻辽东，则可用二袁抵御之。

当公孙康探听到曹操已经转回许昌，并无进攻辽东之意时，认为收容二袁有害无益。于是，公孙康设伏兵将二袁兄弟一举擒拿，割下首级，并派人送到许昌。曹操笑着对众将说："公孙康向来俱怕袁氏吞并他，二袁上门，必定猜疑。如果我们急于用兵，反会促成他们合力抗拒。我们退兵，他们肯定会自相残杀。看看结果，果然不出我料。"

【计谋解析】

"隔岸观火"是当敌方内部分裂，矛盾激化，相互残杀，势不两立时，我方静观其势，坐收渔利。然而，我方切不可操之过急，免得反而促成他们暂时联手。这时，我方的正确做法应该是坐山静观，让敌手互相残杀，力量削弱。隔岸观火之计，观火不是目的，观火是为了取利，所以我方要把握好时机。要善于放"火"，激化敌方内部的矛盾，以便坐收渔翁之利。

解读

坐山观虎斗

"隔岸观火"通常也被视为"坐山观虎斗"，即理解为先不急于取胜，"隔岸"观察"火"的动向，以确保自身的安全，等待有利的时机到来之时，再采取行动，定能一举成功。

战国时期，魏国经过改革后，国力日渐强盛，成为当时最强大的国家之一。于是，魏国将国都从安邑迁到大梁，不断地向外扩张，与赵、齐等国发生了尖锐的矛盾冲突。

公元前354年，赵国向依附于魏国的卫国发动进攻，迫使卫国屈服称臣。魏国以此为借口，出兵包围了赵国国都邯郸。赵与齐是盟国，眼看邯郸形势危急，赵国国王急忙派使者向齐国求援。

齐王召集大臣商议救赵事宜。齐将段干朋分析利弊，指出："从当前的战略形势考虑，如果把军队直接开往邯郸去救赵，不但会造成将士伤亡，而且赵国既不会受到太大的损失，魏军也没有消耗实力，这对齐国的长远利益不利。如何才能既削弱两国，又信守盟约呢？"

段干朋主张实施先让魏、赵相互削弱，然后趁魏军疲惫之时再出兵攻击的战略方针。具体地说，就是先派一部分兵力南攻襄陵，以牵制魏军，待魏军攻打邯郸疲惫不堪后，再予以正面的攻击。他的这一谋略，有着"一石三鸟"的用意：其一，南攻襄陵，可使魏国陷于两面作战的困境；其二，向赵国表示援助的姿态，信守盟约，保持两国的友好关系，以坚定赵国抗击魏国的决心；其三，让魏、赵继续互相残杀，最后造成赵国受到重创，而魏国实力大幅削弱的结果，从而为齐国战胜魏国和以后称霸中原创造有利条件。

齐王采纳了段干朋的建议，以少量兵力联合宋国与卫国南攻襄陵，主力则按兵不动，静观势态发展，准备伺机出动。魏军攻打邯郸一年之后，赵、魏两国均已疲惫之极，齐王认为出兵的时机已经成熟，于是就命令田忌为主将，孙膑为军师，统率大军救援赵国。

田忌打算率军直奔邯郸，与魏军主力交战。孙膑不同意这种硬碰硬的打法，提出了"批亢捣虚，疾走大梁"的正确策略。他说："要解开乱成一团的丝线，不能用手硬拉硬扯；要排解别人打架，自己不能直接参加进去打。派兵解围的道理也是这样，不能以硬碰硬，而应该采取'批亢捣虚'的办法，就是撇开强敌，攻击弱点，避实击虚，攻其要害，使敌人感到形势不利，出现后顾之忧，围自然就会解开了。现在魏、赵两国长时间交战，魏国的精锐部队都在赵国，留在自己国内的都是一些老弱残兵，您应该迅速向魏国的都城大梁进军，切断魏军的后路，攻击它防备空虚的地方。这样一来，魏军必然被迫回师自救，我们就可以一举而解赵国之围。同时，这样又能使魏军疲于回师，从而便于我们击败它。"

田忌采取了孙膑的建议，统率大军进逼魏都大梁。大梁危急的消息传来，魏军不得不以少数兵力控制历尽艰辛刚攻下的邯郸，而以主力回救大梁。这

时，齐军已在桂陵等候多时，设下了埋伏圈。魏军由于长期攻赵，兵力消耗很大，加上长途急行军回师大梁，士兵疲惫不堪，面对占有地利、休整良好、士气旺盛的齐军的攻击，完全陷入了被动挨打的困境，终于遭到惨重的失败。同时，刚占领的邯郸等地，也全都被赵军收复了。

齐王由于听取了大臣们的意见，正确地采用了不与魏军主力正面作战的策略，掌握了战争的主动权。后来，孙膑又用"批亢捣虚"的战术，调魏军匆忙回师救大梁，使齐国获得战争的胜利基本上已成定局，桂陵之战不过是把这种必然性转变为现实而已。因此，可以说，齐国对魏国是不战而胜的。

总而言之，在应战时，应该懂得如何借机削弱竞争对手的实力，然后凭借自己的优势迫使对手屈服，从而达到不战而胜的目的。

妃子争宠，宦官得利

东汉宦官专权始于汉桓帝。宦官的社会地位原本是很卑贱的，但因为其工作的关系而"口含天宪，手握王权"，在权力斗争中，深居简出的皇帝常利用他们来制约出身高贵的豪族官僚。汉桓帝延熹九年（166年），豪族官僚200多人被宦官诬陷下狱，后来虽由豪族政治代表窦太后从中周旋，才大多被释放出来，但终身不许为官。汉灵帝刘宏即位不久，外戚窦武等人谋诛宦官却反为宦官所诛。从此，东汉王朝便成为宦官的天下，灵帝宋皇后也冤死于阉宦之手。

宋氏是东汉最后一位出身豪族世家的皇后。她本是汉章帝宋资人本家的后代，扶风平陵人（今陕西咸阳）。父亲宋酆（音 fēng 丰）官拜执金吾（掌京城地区治安）。姑姑宋氏是汉桓帝之弟勃海王刘悝的正妻。汉灵帝建宁二年（169年），宋氏被选入掖庭，先封为贵人，后又正式册立为皇后。与此同时，汉灵帝进封宋酆为不其乡侯，邑食之地在今天山东即墨一带。

宋皇后入宫之时，正值第二次"党锢"之祸，宦官挟持汉灵帝先后杀死、流徙和囚禁豪族官僚、士人六七百人之多。

挑头的宦官头目是曹节和王甫。曹节是老资格的宦官，汉顺帝时为小黄门（低级宦官），汉桓帝时受宠，任中常侍（掌诏令传达等）奉东都尉。后因迎立汉灵帝有功，又封侯食邑，为氏乐卫尉，执掌宫卫大权。王甫在桓帝时不过是个长乐宫的食监，因曹节谋诛窦武时，他是带兵抓人的急先锋，事后便升为中常侍等，权重一时。

汉桓帝建和元年（147年）中历七月，宋皇后的姑父受封为渤海王（治所在今河北南皮具）。延熹八年（165年），有人告发他们不守王法，大臣们提出将他们废为庶人，但汉桓帝不忍心这样做，只将刘悝贬为瘿（音 yǐng 影）陶王，食邑仅限于今天河北赵县一地。

刘悝夫妇不甘心贬削，便到处活动，希望能恢复封国。他们也曾找过中常侍王甫，托王甫为他们在宫中"走门子"，答应事成之后酬谢王甫 5000 万钱。王甫为人奸诈，他嘴上虽答应此事，但根本没为刘悝夫妇出力。元康元年（167年）中历十二月，汉桓帝临死前几天，自己为弟弟恢复了封国。

五年之后，也正是宋氏做汉灵帝皇后的第二年，王甫却向刘悝夫妇索要

5000万酬金。由于刘悝知道自己恢复封国与王甫无关，因此不给他钱。王甫就诬告刘悝夫妇谋逆，遂令冀州刺史将其收捕入狱，迫令自杀。同时，还把宋皇后的姑姑等亲属100多人也害死狱中。事后，王甫却因此立功封侯。

宋皇后自册立以来，一向小心慎敬，德行贤良，没有任何"过恶"之处，但由于姿色平平，加上七八年无子，也就渐渐失去汉灵帝的宠爱。然而，后宫中汉灵帝宠爱的妃子很多。她们看宋皇后"无宠而居正位"（《后汉书·皇后纪》，虽然已得不到皇帝的宠幸，却又偏偏稳坐在皇后的位子上不动），不免产生嫉恨。于是，她们联合起来，常常在汉灵帝面前谮毁宋皇后，使其非常孤立。

自从害死了宋皇后的姑姑一家，宦官王甫做贼心虚，总疑心宋皇后会报复他。王甫深知，宋皇后是东汉望族，现在父兄在朝，一旦势力壮大，说不定就会像当年窦武那样来个抄斩宦官的动作。不如趁现在大权在手，干脆彻底害死宋氏一家人。

王甫勾结中大夫（宦官）程阿等人，利用后宫群姬妒恨宋皇后的心理，凭空捏造谣言。说宋皇后在后宫搞巫蛊之术，诅咒汉灵帝。谣言传开，后宫群姬果然纷纷依附王甫，并添油加醋地"证明"此事。宋皇后一人难辩众口，只好暗自哭泣。汉灵帝信以为真，便于光和元年（178年）中历十月下诏废斥宋皇后。王甫等人把宋皇后关进暴室，折磨致死。同时，又无辜诛杀了宋皇后的父母兄弟。从此之后，曾风光一时的宋氏豪族便绝迹于后宫。

皇帝内宫妃嫔为取宠于皇帝，便相互算计、迫害，而站在一旁"隔岸观火"的宦官却因此而得到不少好处。

积蓄力量，以待时机

在当今激烈的职场竞争中，采取静观其变的态度，等待有利时机的出现，并且，在机会出现之时，迅速将自己推到最显著的位置来展现能力，才有可能被迅速提升。

劳伦斯现在是美国一家制片公司的总经理，而他在刚开始的时候，只是公司的一名小职员。

劳伦斯刚被录用时就发现公司内部的问题层出不穷，并且各种迹象表明：公司缺少强有力的负责人，领导层整体力量非常薄弱。从那时起，他就打定主意要改变公司的现状。

由于他所在部门的经理是个典型的官僚，因此劳伦斯便经常迎合这位上司的意向，同时，劳伦斯工作勤快、精力充沛，不久就赢得这位经理的欢心。

在日常工作中，劳伦斯还注意扩充自己的知识领域，对部门内的各项业务也比别人研究得清楚。于是，他很快便被提拔为部门的第一副经理。

上任后，他留意观察周围同事们的言谈举止，发现了几个颇有才华但得不到重用的人。于是，他便加强同这些人的感情沟通，并鼓动他们要维护对公司高级管理人员的尊重，等待机会，干一番大事。

劳伦斯所在的部门管理很混乱，缺乏有效的管理制度，于是他便经常思考解决此问题的办法，并且还在私下里研究了一套制度备用。后来，这个部门的管理混乱已经影响到经营业务，他便乘机毛遂自荐抓了一下制度整顿，结果使部门业务蒸蒸日上，工作成绩可观。董事会发现他是个人才，有意提拔他为公司副总经理。但是，他却对此毫不动心，反而表示愿意去当总经理的助理。这份差事历来不好做，没人去争取，董事会批准了他的请求。劳伦斯之所以愿意干这份差事，是因为他认为名分职位的高低是无所谓的，关键是能否掌握实权。

在总经理助理的岗位工作了一段时间后，劳伦斯逐渐有了影响总经理抉择的分量，并且使他那些"志同道合"的同事们逐步提升到了具有与其实力相当的职位，从而为自己今后执掌公司打下了干部基础。在其他方面，他也得到了很大的锻炼，为前程铺下了坚定的基石。一切准备基本停当后，他便开始等待合适机会。最后，机会终于来临。

一次，公司投入2000万元摄制一部电影，但拍片进度缓慢。同时，由于管理不善，导演换了一个又一个，主要演员不是病了就是花边新闻满天飞，费用支出大大超过预算。公司的股东们一看苗头不对，再这样下去他们的投资就要付诸东流，于是决定要撤换公司行政领导。

这时的形势很明显，公司到了存亡之际，再不彻底改革，除倒闭之外别无他路。在这个关键时刻，谁有能力率先引领，战果必归于他。紧要关头，机会稍纵即逝，劳伦斯抓住机会，倾全力孤注一掷。

股东们来公司开了一系列会议，探讨解决危机的办法，而当权的管理者却提不出任何良策，这使董事会大失所望。正当无路可走时，劳伦斯站了出来，他简单明了地提出了自己的分析和解决问题的思路，并自荐由他来接手管理公司一切行政事务。由于当时他没有任何现任头衔，使他与公司危机祸根扯不上关系。当股东们有意大砍公司管理层时，各部门管理者都在被考虑裁减的范围，谁也不敢多说一句得罪人的话，而劳伦斯却是个圈外人物，没有丝毫顾虑。

他的发言博得股东们一致好评，打消了失望，最后决定任命他为公司总经理。至此，他平步青云，由总经理助理跃登总经理宝座。

接管公司后，劳伦斯不负众望，拿出准备多年的有效措施，力挽狂澜，迅速摆脱了危机，一扫公司多年积存的萎靡风气，经营走上正轨，拍片任务也顺利完成，并使公司一步步发展壮大。

志存高远是成大事者的先决条件，懂得积蓄力量、壮大实力、看准时机是成大事者的必备条件，目光长远及不为眼前利益所动则是成大事者的前提条件。"隔岸观光"虽能决胜于千里之外，但千万别忘了，选择好出手的时机才是关键。

第十计 笑里藏刀

【计谋原典】

信而安之[1]，阴以图之[2]；备而后动，勿使有变[3]。刚中柔外也[4]。

【注释】

①信而安之：信，使之信；安，使之安。此二字指使对方不生疑心。

②阴以图之：阴，暗地里；图，图谋。

③备而后动，勿使有变：备，这里是指充分准备；变，这里是指发生意外的变化。

④刚中柔外也：表面上软弱，内里却很强硬，表里不相一致。

【译文】

表面上要做得使敌方深信不疑，从而使其安下心来、丧失警惕，然而在暗地里却另有图谋。要做好充分准备，然后再采取行动，不要引起敌方发生意外的变故。这就是外表上柔和，内里却很强硬的谋略。

【计谋典故】

战国时期，秦国为了对外扩张，必须夺取地势险要的黄河崤山一带。于是，秦王派公孙鞅率兵攻打魏国。公孙鞅大军直抵魏国吴城城下，却发现吴城地势险要、工事坚固，从正面进攻恐难取得胜利。于是，他苦苦思索攻城之计。

后来，公孙鞅探到魏国守将公子卬原是自己的旧交，心中大喜，马上修书言和。他还建议约定时间会谈议和大事，并主动撤兵以表自己的诚意。公子卬看罢来信，又见秦军退兵，非常高兴，马上回信约定会谈日期。公孙鞅见公子卬已钻入了圈套，暗地在会谈之地设下埋伏。会谈那天，公子卬带了三百名随从到达约定地点，见公孙鞅带的随从更少，而且全部没带兵器，更加相信对方的诚意。会谈气氛十分融洽，两人重叙昔日友情，表达双方交好的诚意。可是，还未等公子卬坐稳，忽听一声号令，伏兵从四面包围过来，公子卬和三百随从反应不及，全部被擒。公孙鞅利用被俘的随从，骗开吴城城门，占领吴城。魏国只得割让西河一带，向秦求和。

公孙鞅用"笑里藏刀"之计轻而易举地夺取了崤山一带，虽然有些过分，但为了各自利益，也是必然的选择。

【计谋解析】

"笑"是一种伪装，更是一种武器。运用此计的关键在于"笑"必须真实自然、适度，让敌人感觉不出来。"笑"是为了"藏刀"，为此"刀"千万不能暴露出来，这点做得越逼真，则成功概率越高。在商战的谈判桌上，由于"笑里藏刀"是常用的计策，因此聪明的经营者不仅要用好这一计策，还要提防对手也用这一计策。

解读

横刀夺爱，笑里藏刀

在处事方略上，表面上表示对人友好，以取悦于对手，让其不生疑心，疏于防范；暗中却策划着一场悄无声息的争斗，在背后给他一刀。

郑袖是楚怀王的夫人，长得漂亮，又聪明机智，很得楚王宠爱。有一次，魏王赠送给楚王一位美人，姿色艳丽，热情大方，一下子把楚怀王给迷住了。

郑袖非常伤心，眼见被人横刀夺爱，而自己却有被打入冷宫之险。但是，她表面上却装出若无其事的样子，并且对那位新夫人表示特别好感。新夫人爱好什么衣服，喜欢什么玩物，郑袖一定给她办到；她要想把房子怎样布置，郑袖也很快给弄好，对新夫人的关怀，甚至比楚王还周到，像婢女服侍主人一样，无微不至，还在楚王面前，大赞新夫人的好处。

新夫人对这位老姐也非常感激，一时间交往甚密，凡事都要找她商量，亲昵地以姐妹相称呼。

"姐姐！"新夫人说："我非常感激你对我这么好！"

郑袖说："这算什么，咱们姐妹共事一个丈夫，正所谓骨肉相连，不分彼此。再说楚王为一国之王，日理万机，我们做妻子的，应该多方体贴他，使他有一个轻松的时候。如果我们不把家事处理得和谐，不是在折磨楚王吗？妹妹，你能够这样给楚王快乐，我也很快乐，我得感谢你才对。"

新夫人听了这番话，感动得眼泪都掉下来了，说："姐姐的话过重了，妹妹实在担当不起，还请姐姐经常教训我，指导我怎样去增加楚王的快乐。"

"何必客气，看在楚王分上，我们凡事要有商有量，那楚王就没有什么不

快乐的了。"楚王见这一对如花似玉的夫人相处得这么好，心里也十分高兴，说："女人大多凭美貌去博取丈夫欢心，且酸劲十足。但我的郑袖不会这样，她真能体贴我，晓得我喜欢新夫人，她竟比我更喜欢。"

郑袖知道楚王绝不怀疑自己吃醋后，暗自高兴。有一次，和新大人闲谈的时候，似无意地告诉新夫人："大王在我面前说你可爱极了，又漂亮又聪明，又温柔体贴。只有一点，大王嫌你的鼻子略尖了点儿。"

"姐姐，那可怎么办啊？"新夫人摸一摸鼻子问。

"这也没有什么了不起的。"郑袖依然若无其事地回答："你以后见到大王时，轻轻把鼻尖掩一掩不就行了吗？"

新夫人认为这个办法很好，以后每次见楚王时就把鼻子掩起来，楚王觉得很奇怪，又不便当面相问，便问郑袖："为什么新夫人每次见到我时，就把鼻子掩起来？"

郑袖诚恳地说："我也听她说过，可是……"

"你说吧！"楚王追问道："夫妻间有还什么不可以直说的吗？就算说错

了，我也不会怪你。"

郑袖装出害怕的样子，低声说："她说你身上有一种恶心的臭味。"

"啊！我身为国王，身上竟有臭味？她会讨厌我？岂有此理？"这位喜怒无常的楚王发怒了，猛力把桌子一拍，狠狠地咆哮起来："来人哪！快去把那个贱人的鼻子割下来。"

新夫人的容貌被毁了，郑袖的情敌被打倒了。

明里给予甜头，处处作出宽宏大度之状，甚至与对方交往甚密，从而博取其信任。然后，再利用可乘之机，巧妙地向对手进攻，从而达到制胜的目的。

假亲假和，惑上除敌

北宋自神宗起用王安石变法始，变法派和保守派的斗争就很激烈，这种斗争一直持续到北宋灭亡。其间有两次大规模的变动，即神宗死，高太后亲政起用司马光等，守旧派大臣尽废新法，变法派受挫；高太后死，哲宗亲政，提出要继承神宗的变法事业，重新起用变法派，守旧派失势。在这大起大落的政治斗争中，各类人物都露出其本来面目。被《宋史》列在奸臣传中的章淳就是在这样的社会背景下陷害忠臣吕大防的。

吕大防字微仲，"身长七尺，眉目秀发，声音如钟。自少持重无嗜好，过市不左右游目，燕居如对宾客。每朝会威仪翼如，神宗常目送之"。他年轻时曾任永寿县令，当时县境中没有水井，人们饮水需到很远的山涧去担。他行近县境时发现两个泉眼，便找来工匠，将此泉眼流出的水导入县内，使县内居民得以饮用，而此泉也被县内居民称为"吕公泉"。由此可见，吕大防是位忠正朴直、体恤民艰的有为官吏。

在政治倾向上，吕大防属于保守派。哲宗初立，高太后听政的元和年间，他和范纯仁继司马光执掌朝政。吕大防"立朝挺挺，进退百官，不可干以私，

不市恩嫁怨以邀声誉。凡八年，始终如一"。可见他在元和年间为稳定大局作出了很大贡献，曾深受哲宗的信任。

高太后死，哲宗亲政后，变法派重新上台。但此时，王安石已死，变法派缺乏高瞻远瞩能统全局的领袖人物，从而使章淳、蔡京等一批佞臣窃取了朝政。吕大防毕竟是保守派的骨干，受到这些人的攻击是理所当然的。哲宗为平衡局面，只得将他暂放外任。他进宫向哲宗告别的时候，哲宗非常亲热地安慰他说："爱卿暂时归故乡，过一段时间就召你回朝。"然而，正因为吕大防离开朝廷，离开了哲宗，便给了章淳等人进一步陷害他提供了机会。

章淳等人得势后，想要彻底打击元老重臣。但是，元老重臣都是受过太皇太后高氏（即宣仁太后，神宗生母，哲宗祖母）重用过的，不是轻易可以动摇得了的。要想否定这些人，否定这段历史，就得先想办法否定太皇太后。

为了寻找突破口，章淳等人便在哲宗的皇后孟氏身上打主意。

孟皇后虽然品德好，但她容貌不出众。哲宗年轻好色，宠爱一位叫刘婕好的妃子。刘婕好恃宠而骄，瞧不起孟后，自然有些矛盾。而且，孟后是太皇太后高氏做主所立，如果把孟后扳倒，那么就可以既直接破坏高太皇太后和哲宗的感情，又能为否定元祐政治打开突破口。因此，章淳等人千方百计地罗织罪状。终于，他们以莫须有的罪名废去孟皇后，立刘婕妤为后。此后，围绕孟后的废立一直存在着尖锐的斗争。

章淳等人扳倒孟皇后后，索性一不做二不休，想进一步追废太皇太后高氏。为扩大打击面，他们再度罗织元祐旧臣的罪名，对司马光等已故之人皆加以追贬，对活着的人更不放过，在这样的政治气候下，哲宗当然无法调回吕大防，但他始终也未忘怀这位忠直憨厚的老臣。一天，吕大防的哥哥吕大忠从渭州任所进朝，哲宗召见他，在谈完其他工作后，哲宗询问道："执政欲迁诸岭南，朕独令处安陆。为联寄声问之，大防朴直，为人所卖，三二年可复相见也。"大忠心中很感动，叩谢出门。

章淳听说吕大忠进见哲宗，就在朝门外等候，见吕大忠出来，忙过去亲热地打招呼，寒暄后问圣上有无要谕，大忠与大防一样，也是心直口快、肚子里装不住事的人，便把哲宗的话原原本本说了一遍。章淳听后，暗暗吃惊，表面却非常热情地说："我也正待令弟入京，好与他共议国是，难得上意如此，我可有一位好助手了，您静听好消息吧。"

章淳回府，立即找来在御史台及三省中的心腹，分别上奏章，罗织吕大防及其他几位元老重臣的罪名，并奏称司马光罪大恶极，死有余辜。同党吕大防等罪与光同，尚存人世，处罚太轻，不足以示后世，应继续加贬。

由于三省及御史台各方面交相上奏，而且同时上奏的还有其他几人，哲宗也不知吕大忠泄露自己语言之事、引发章淳报复的内情，便同时批复。在继续加贬刘挚、苏辙、范纯仁等元祐重臣的同时，吕大防也被再贬为舒州团练副使。此后，吕大防再也没能回到朝廷，71岁时老死贬所。

吕大忠轻泄哲宗之语，使章淳等人了解了哲宗对吕大防依然有留恋之情，于是就组织在各要害部门的心腹群起而攻之，好像吕大防真是罪大恶极。然而，更阴毒的是他并不单弹劾吕大防一人，而是连同其他元祐党人一并劾之，造成并非纯属公报私仇的假象，既瞒过了吕大忠又迷惑了哲宗。如单劾吕大防一个，则容易被吕大忠知觉，如果吕大忠再向哲宗说明泄语之事，章淳的奸计就会露出来。哲宗不知大忠泄语之事，见章惇等人所劾又是一批人，并非单独针对吕大防，自然无法察觉是针对吕大防来的。待批复后，造成既成事实，等于是哲宗钦定之案，自然不好出尔反尔再调回吕大防了。

假亲近套出哲宗之语，假关心稳住吕大忠，组织人力弹劾旧臣，集体迷惑哲宗，终于彻底堵住吕大防返朝执政的道路，这便是章惇奸计的全部内容。

把握顾客心理，出奇制胜

陈庭儒是一位善于出奇制胜的咖啡馆老板。

为了一鸣惊人、震动社会，达到招徕顾客、扬名天下的目的，陈庭儒甘冒天下之大不韪，有意哗众取宠，推出了5000元一杯的特高价咖啡。消息一出，果然社会大哗，闻者无不为之变色，甚至那些挥金如土的大富豪们也纷纷指责他的价格："太离谱了！简直是公开抢劫！"

然而，当今世界光怪陆离，即便是再荒唐无稽的生意，只要有人做，便会有人如飞蛾扑火一样自投罗网。为什么？其实，不过是好奇心的驱使。因此，消费者一边"大骂"陈庭儒"必定是个疯子！"一边又情不自禁地蜂拥而来，要品尝一下5000元一杯的咖啡到底是什么味道，以致咖啡馆竟一时兴隆得服务员忙不过来。

不尝不知道，一尝又是吓一跳！原来，陈庭儒虽然想法子"哗众"，但却不真刀"宰客"：5000元一杯咖啡，实际上一点都不贵，原因是他的咖啡杯绝顶豪华而名贵，是一流的正宗法国进口杯子，每只杯子的市场价格就高达4000元，每位顾客享用咖啡之后，杯子便洗净包好随赠给顾客；而他的咖啡也是由著名技师现场烹煮，味道纯正精美；店堂装潢豪华气派，胜似皇宫，扮成皇宫侍女的服务员，把顾客当作"帝王"一样细心服务。

如此这般，每位抱定豁出吃亏一次的好奇心理而来的顾客都发现自己不仅没有吃亏，而且享受了最有面子、最增身份的豪华优质服务，以至顾客一下子就喜欢这里了，而且往往还要呼朋引友再来光顾。

这位老板的招数看似简单，实际上是笑里藏刀在商战中的灵活运用，有一举三得之妙。一则多卖了咖啡；二则做了两层生意兼卖了法国咖啡具，同时，还使店里的饮具常用常新，每次都用最光洁、最新的、最卫生的咖啡杯招待顾客，给人以格外礼遇的绝对新鲜感觉；三则这些咖啡杯散发出去，都做成了摆进家庭的实物广告，也使每位顾客都不自觉地成了为他招徕顾客的生动"口碑"。

人们似乎都是这样，对新奇的事物十分关注，陈庭儒正是利用人们的猎奇心理吸引顾客，又凭借优质的服务抓住顾客，这招"笑里藏刀"用得可谓绝妙。

在许多商店，门口的礼仪小姐没等你进门，"欢迎光临，请多多关照"，继而鞠躬，诚心致意，让你觉得欠下情义，这种方法使顾客走了进去总是买些商品还情，不但扩大了业务，而且培养了感情。就人的感情来说，对外界的诚恳和热情是很敏感的，当心理上有了亏欠感觉时，就会想办法来弥补。产生亏欠心理，心理抵抗力就会减弱或消失。

伪装顺从，等待时机

笑里藏刀可以引申为伪装顺从，就是一方面对别人表示诚心服从，按别人的意愿办事，另一方面却心怀异志，等待时机。

1944 年的一天，从柏林希特勒的元首大本营会议室里，传出一声惊天动地的巨响。刹那间，会议室里一百多块玻璃震碎，浓密的黄色烟雾笼罩了会议室的上空，正在会议室主持军事会议的法西斯头子希特勒及其参加会议的二十四名高级德国军官，全部被炸弹爆炸的气流掀翻在地上。这是第二次世界大战后期，最惊险的一次刺杀希特勒行动。

这次谋杀行动的策划和实施者不是别人，而是一名积极为希特勒"效力"的 37 岁军官——希特勒的柏林陆军部办公室参谋长施滔芬贝格。

1944 年，随着盟军诺曼底战役的胜利，希特勒败局已定。德军内部厌战、反战情绪急剧蔓延，就连为希特勒立过汗马功劳的"沙漠之狐"隆美尔元帅也主张早日结束战争，以免无谓牺牲。可是，希特勒一意孤行，妄想挽回败局。

这时，在战争中失去了一只眼睛和一只胳膊的施滔芬贝格，利用职务之便，联络了一批渴望早日结束战争的军官，决心刺杀希特勒，并准备接管德国政府。

希特勒一向奸诈多疑，他所居住的元首山庄，平时总是戒备森严，岗哨林立，根本就没有办法下手行刺。要达到谋杀希特勒的目的，关键是：怎样接近希特勒，并能够得到下手的机会。施滔芬贝格设想了许多办法，但都未能得手。最后，他决定，投其所好，取得希特勒的信任后，再图谋行刺。

机会终于来了，关在集中营里的成千上万的"犯人"，举行大暴动，对此希特勒束手无策，大伤脑筋。施滔芬贝格认为这是接近希特勒的大好时机。于是，就连夜拟订了一个用以镇压"犯人"的庞大计划纲要，代号为"女武神"，并立即报告给希特勒。他相信，为了这个重要的计划，希特勒定会召见他。

果然不出所料，不久后的一天，元首山庄打来电话，要他立即进见。

"元首万岁！"施滔芬贝格一进门就用他那仅剩的一只胳膊向希特勒敬了一个标准的纳粹礼。"请坐。"希特勒向他胸前的勋章和那只空袖管瞥了一眼。接着说："我的勇士，你对镇压那些蚂蚁似的'犯人'有何高见？"

"元首阁下，全部计划纲要都在这里，我相信按我的计划办理，那些'犯人'个个都会变得比绵羊还老实。"施滔芬贝格急忙递上他的"杰作"。

"啊，非常出色，非常出色。"希特勒一边用放大镜看着，一边禁不住激动起来。

见此情景，施滔芬贝格立即接上话题说："元首阁下，这个计划还不大完善，请允许我进一步修改后再向您汇报。我是没有完全想好，究竟怎么处罚那些参加暴动的"犯

人"，要是统统枪毙，人数太多，恐怕会使我们的军工生产受到影响，另外……"

"很好，你尽快去修改，必须在一个月之内，拿出具体方案。"希特勒看着这个为他的战争献出了一只眼睛和一只胳膊的年轻军官，现在又在为他分忧解难了，心中不免产生了几分喜欢。临走时，还很关心地询问了他原来所在的部队及受伤的情况。

出师顺利，施滔芬贝格加紧了谋杀计划的实施。

一个月之后，他再次向希特勒汇报工作。这一次，他的公文包里，除了装有"女武神"计划详细方案之外，还装了一枚英国制造的定时炸弹。希特勒非常热情地接待了他，再一次肯定他的方案"特别出色"。他装出受宠若惊的样子，一再谦虚地说："请元首指正，再进行修改。"正当他准备引爆炸弹时，一个偶然的因素，使他放弃了行动。原来，希特勒的两个死党戈林和希姆莱都是十足的战争贩子，希特勒之所以顽固坚持不结束战争，多半由于这两个"铁杆"给他打气，而这三个人又经常在一起策划战争阴谋。施滔芬贝格一直想把他们三人同时炸死，以彻底铲除希特勒的主战派势力。很不凑巧，当时，另外两个人却不在场，施滔芬贝格这次就没有引爆炸弹，给希特勒留下了一次活命的机会。

又过了半个月，机会再一次来了。这次是希特勒召见"女武神"计划的全体设计人。可惜，因为会议时间太短，前后总计只有半个小时，他还没有机会打开引线，会议就结束了。

不久后的一天，他被通知参加元首大本营由希特勒主持的军事会议。这次他做好了充分的准备。他先到厕所，从事先等候在那里的他的副官手中取回装有炸弹的公文包。然后，对一位副官说："我的衬衣脏了，你知道，元首阁下是不愿意见到他的部下仪表不整的，请你带我找个地方，换换衬衣。"副官把他领到一间舒适的卧室，他从容地打开炸弹引信，同一名上校一边谈笑着，一边并排走进会议室，门口的卫兵不仅没有检查他的公文包，反而还向他这位独眼独臂的军官立正敬礼。

一进会议室，希特勒正在听取一位军官的汇报，见他进来，看了他一眼，并很客气地回答了他的问候。他立即坐在向希特勒汇报情况的那位军官身边，同时，很自然地把公文包放在了桌子下，并顺势向希特勒一边推了推。炸弹距希特勒最多只有两米。此时，距爆炸时间还有五分钟。眼看大功就要告成，施滔芬贝格强压住内心的紧张和激动，趁希特勒专心听汇报而不注意他的时候，悄悄地离开了会议室，按照事先预定的路线，顺利地撤出了大本营。

五分钟后，一声巨响，炸弹按时爆炸。遗憾的是没有炸死希特勒，但他的双腿却被炸伤。原因是那位汇报情况的军官，无意中把公文包挪到了桌子的另一边，才使希特勒再一次免遭一死。

施滔芬贝格投其所好，取其信任，诱敌上钩。一次又一次地获得暗杀希特勒的机会，虽然最终因为偶然的因素没能达到预计目的，但这次行动的本身无疑是"笑里藏刀"之计的成功体现。而且，在希特勒被炸之后，仍然不相信炸弹是"忠心耿耿"为他"效力"的施滔芬贝格放的，却以为是外国特工干的，可见这一计谋的威力所在。

第十一计　李代桃僵

【计谋原典】

势必有损①，损阴以益阳②。

【注释】

①势必有损：势，局势；损，损失。

②损阴以益阳：阴，这里是指局部利益；阳，这里是指全局利益。

【译文】

当局势发展到损失已不可避免的时候，要舍弃局部的利益，以求得全局更大的增益。

【计谋典故】

战国后期，越国北部经常受到匈奴蟾褴国等少数民族小国的骚扰，边境不宁。赵王派大将李牧镇守北部门户雁门。李牧上任后，先是没有大举进攻匈奴而是日日杀牛宰羊，犒赏将士。匈奴摸不清底细，也不敢贸然进犯。李牧加紧训练部队，养精蓄锐，几年后，兵强马壮，士气高昂。公元前250年，李牧准备出击匈奴。他施一小计以保护边寨牧民放牧为由先派少数士兵与敌骑交手，李牧的士兵与敌骑交手，假装败退，丢下一些人和牲畜。匈奴人占得便宜，得胜而归。匈奴单于心想，李牧从来不敢出城征战，果然是一个不堪一击的胆小之徒。于是亲率大军直逼雁门。李牧已料到敌骑已经上当，于是严阵以待，兵分三路，给匈奴单于准备了一个大口袋。匈奴军轻敌冒进，被李牧分割几处，逐个围歼。单于兵败，落荒而逃，蟾褴国灭亡。

李牧用小小的损失，换得了全局的胜利，真可谓是"李代桃僵"。

【计谋解析】

在两方对峙时，在政治舞台上，在商业竞争中，获得全胜往往很难，有时我方不得不遵循："两利相权取其重，两害相权取其轻"的原则，牺牲局部以保全大局。

总而言之，"李代桃僵"是一种舍小保大的计谋。此计的"李"是"桃"的牺牲品，为此它们之间必定存在着一定的联系，否则无法完成替代任务。但是，"李"轻"桃"重，不能互换角色。因此，"李"带有一定的悲剧色彩，有时会充当替罪羊的角色。

解读

高瞻远瞩，舍小成大

春秋末年，齐国大夫田成子独揽大权，建立了田氏齐国。但是，由于他上台的名系不正，故国内外议论纷纷。

终于，越国借口田成子谋逆篡权，出兵伐齐。田成子急召幕僚们商议，大家各抒己见。有的说："越国是欺人太甚，我国要全民动员，共同抗敌。"有的则说："时下国内人心不齐，如果倾城出动，恐怕难以服众。"有的说："大王何不效仿他国，割让几个城池给越国，从而免动干戈。"

田成子觉得这些建议并非破敌良策，因此陷入苦恼之中。正在这时，他的兄长田完子献计说："我愿率领一批贤良之士出城迎敌，但我们最后必须战死沙场。唯有如此，才能退越兵，保住齐国。"此语一出，满座皆惊，大家都为田完子的话所感动了。田成子迷惑不解地问道："你为什么要带一批贤良之士出城迎敌？"

田完子回答道："王弟刚刚拥有齐国，老百姓还不知道你的治国本领，甚至有人说你是窃国大盗、无能之辈，所以老百姓不一定为你卖力气。只有那些蒙受了耻辱的贤良之士，才愿意冒死迎敌。"

田成子又问："为什么要战死呢?"

田完子继续答道："越国出兵无非是想在诸侯面前抖抖威风，捞个'正义'的名声。我带贤良之士，出兵迎敌，战死杀场。越国见杀死了大王的兄长，'教训'的目的也就达到了。况且，越国看见齐国尚有这样一批视死如归的勇士，心生畏惧。所以，越国军队在我们死后定会班师回国。"

田成子边听边流泪，深深为兄长的牺牲精神所感动。为挽救齐国，他别无选择，只好听从了兄长的意见。结果正如田完子所料。在越国军队杀死包括田完子在内的一批贤良之士之后，立即撤走，齐国终于转危为安。

在这个故事里，田完子能以国家大局为重，果断地使用"李代桃僵"之计，以身殉国，从而使齐国逃过了一场灾难。

忍痛割爱，代人受过

佛语云"舍得"，舍在前，得在后，有舍才有得。大家在做事时，必须要以大局为重，在危急关头即使是有"义"和"情爱"挡在前面，也应当机立断，行李代桃僵之事。

春秋时代，晋国有个谀臣屠岸贾，本是晋灵公宠臣，灵公被赵家的人刺杀后，景公即位，升屠岸贾为大司寇，他要为灵公报仇，并阴谋发动政变，夺赵氏之权，灭其族。

三军司马韩厥将屠岸贾的阴谋告诉赵盾的儿子赵朔，让他躲避，赵朔不肯，说："事到如今，跑也跑不了，如你能为我赵家保存一点血脉，我就是死了也没有什么遗憾！因为我妻子现正怀孕，她是公主，是景公的姐姐。"

于是，韩厥说："那赶快送她入宫躲避吧，迟了怕来不及。"

韩厥立即秘密告诉其门客程婴，叫他护送公主进宫。并嘱咐道："将来生女叫文，生男叫武，文人无用，武可报仇！"

第二天清早，屠岸贾亲自率兵把赵府围住，不问情由，将赵氏家族男女老少统统杀掉，检查尸体，独少了赵朔的妻子庄姬公主一人。

有人告密说公主入宫去了，屠岸贾便入宫奏知景公，要杀庄姬公主。景公说怕伤母后的心，屠岸贾又说公主已怀孕，一旦生下男孩，留下逆种，后患无穷，景公说待生产男孩后把他杀掉就是了。

屠岸贾于是派人探听公主生产的消息，隔不多久，公主果然生下一男孩。屠岸贾得知这个消息，马上带人进宫要孩子。公主慌了，忙把小孩藏在隐秘之处，屠岸贾搜不出什么，认为有人已抱孩子运出宫去了，便到处悬赏缉拿。

赵盾生前有一位忠实门客叫公孙杵臼的，在当日赵府被围之时，便约同门客程婴一齐殉难，程婴说："赵夫人已怀孕，若生下男孩，我还得把他好好养大；如果是女，那时再死未迟。"公孙杵臼非常同意程婴的见解。过了一段时间，他们打听得知公主生一男孩，而且屠岸贾已带人前去搜宫，但没有抓到小孩。

面对这种情况，程婴对公孙杵臼说："这次他们虽搜不出来，以后必定还会再搜，必须想办法把孩子偷出宫去，藏在远方才保安全。"

公孙杵臼想了好久才说："只要找到一个最近出世的婴儿，冒称是赵氏孤

儿，由我抱往首阳山躲起来，你去告密，屠贼搜着了假的，真的就不会再受威胁了。"

程婴说："我妻子刚好才生下一个男孩，和孤儿的生日相近，可以代替。可是，你犯了藏孤之罪，必定处斩……"

公孙杵臼说："为国尽忠是好事，你立即去抱儿子过来，然后我们一同去找韩厥将军，把孤儿设法安置好！"

程婴收泪回去，半夜里悄悄把儿子交给公孙杵臼带往首阳山，又去见韩厥，把公孙杵臼的计划告诉了他。韩厥听完大喜，对程婴说："刚巧赵夫人有病，叫我去请医生，你只要能把屠贼骗到首阳山去，我就设法把孤儿转移出来。"

一切安排停当，程婴就来到屠岸贾处告发，承认自己和公孙杵臼是赵家门客，受赵夫人委托，秘密带走赵氏孤儿，逃匿深山。恐日后事情败露，满门遭斩，因此先行检举，以保全家性命，并且还可得到重金奖赏。

"孤儿现在什么地方？"屠岸贾问。

程婴叫左右退去，然后告诉他："现藏在首阳山深处，要尽快捉拿，否则将逃往秦国去了。还要大夫亲往，别人多与赵氏有交情，信赖不得！"

屠岸贾听罢大喜，亲率兵马由程婴带路，直奔首阳山去。在深山处见有一草房，程婴说："就在这里。"说罢敲门，公孙杵臼出迎，一见情形，回身便走。程婴大声喝道："不要跑，屠大人已经知道了，快把孤儿献出来吧！"

士兵把公孙杵臼绑起来，见屠岸贾。屠岸贾厉声道："快把孤儿交出来！"公孙杵臼气愤地说："没有！"屠岸贾下令搜查。不一会在阴暗的壁室里搜到了用锦绣裹住的小孩。

公孙杵臼一见，想扑过去抢，但被士兵揪住。他指着程婴大骂："你这个王八蛋，我和你同受赵氏之托，藏匿遗孤，想不到你这个小人，居然贪图小利，出卖我们，断绝赵氏血脉，真是丧尽天良！"把程婴骂得狗血淋头，羞惭满面。

屠岸贾见此急忙下令把公孙杵臼杀了，然后亲手把孤儿往地上狠狠一摔，咬牙切齿地说："你赵家也有今日！"把孩子摔死之后，屠岸贾得意扬扬地回都城了。

正当屠岸贾往首阳山搜孤的时候，京城里的检查也松懈了。韩厥乘机托心腹假扮成医生，入宫给赵夫人治病，在药箱上贴一"武"字，赵夫人会意。诊脉完毕，乃将孩子暗藏在药箱内，带出宫去。韩厥把赵氏孤儿藏于密室，命人精心哺养。

过了 15 年，赵武长大了。悼公要恢复赵氏声誉，韩厥趁机将冤情经过说出来，悼公大怒，为赵武雪冤，于是屠岸贾全家又被赵武杀尽。

程婴和公孙杵臼以对主人的赤胆忠心和过人的智谋，以程婴的儿子顶替赵氏孤儿，李代桃僵，骗过了凶恶残忍的屠岸贾，终于保住了赵家血脉。

改天换地获生机

在 20 世纪 60 年代，美国各州之间的旅行有 36% 是通过公共汽车完成的。全国范围有数十家公共汽车运输公司，但是灰犬客运公司是唯一一家拥有全国路线系统的公司。由于州际公共汽车业的主要竞争对手是私人汽车，因此灰犬公司的家喻户晓的广告标语说："请将开车的事交给我们"。然而，到了 20 世纪 80 年代，市场条件发生了巨大的变化。州际公路系统已经完成，几乎每个家庭都拥有了至少一部汽车。又由于放松管制，飞机票价也迅速降了下来，客运航空公司在 80 年代中期以 35% 的年增长率不断发展，其运输网点到达许多原来只有公共汽车是唯一公交工具的地方。到 20 世纪 90 年代初，通过公共汽车进行的州际旅行已经不到 6% 了。

灰犬公司与特瑞尔韦斯公司一样，在 50 年代与 60 年代通过不断兼并地方性运输公司成长壮大，此时市场也正处于拓展之中。但是，在 70 年代后期，公交乘客开始逐渐减少，这一趋势一直持续到 90 年代。这个行业也进入了一个分化组合与重划疆界的时代。灰犬公司在 1987 年收购了特瑞尔韦斯公司，两家公司合并，新的管理层大幅精简，员工与资产剥离重组，管理运营

合并，原来的计划表也大大缩小。到 1989 年，这家合并起来的联合舰队拥有的公共汽车从 6000 多辆下降到不到 900 辆。

在 1990 年，管理层与工会在期望的工作制度上发生了严重的对立，一场残酷的劳资大战开始了。随着混乱的继续，公司乘客逐渐减少，亏损越来越大。劳资双方都各执己见，互不让步。

公司被逼上了绝境，在 1991 年年初开始濒临破产。随后，公司高层发生重大人事变动。到 1991 年 10 月，灰犬公司在一个新的管理层的经营下，却开始从破产的危机中摆脱出来。首席执行官弗兰克·施迈德尔以前是一个投资银行家，公司财务总管 J·麦克尔·多伊尔以前是一家石油公司的财务经理。在他们眼中，灰犬公司的问题在于公共汽车业的旧运作模式已经不再适用。重新启动成为大势所趋，解决的办法也很明显，即采用一种新的行业运营模式，并且重新开始，那么，应该采用什么模式呢？他们所选择的就是航空业的运营模式。两个行业之间的相同之处是显而易见的。航空业与公共汽车业都是客运行业，并且都是资本密集型行业，它们的运营成本中的大部分都是固定的，收入都是周期性和季节性的，而且资本的运用是盈利与否的关键。航空公司通过建立中枢—辐条型的路线结构，以及复杂的计算机化订票与收入管理系统，部分地解决了自己的问题。

他们在 1991 年后期提出了彻底改天换地的计划，这一计划受到了华尔街的欢迎。从缩小规模开始——公共汽车的数量削减了 35%；到 1992 年年底维修设施减少一半，雇员与售票点削减 25%。大量的原有线路的汽车公司经理与车站雇员被解雇；兼职员工与薪水低廉的"乘客服务联系员"取代了他们中的一部分。施迈德尔与多伊卡调整了路线结构，通过取消小镇站点而将运输能力缩减了 25%，砍掉了一些不盈利的路线。

收入仍在不断减少，但是一个新的雄心勃勃的市场计划已被提上了议事日程以扭转这种趋势。这一计划的基础就是一个新的价值 600 万美元的计算机化订票系统，被称为"TRIPS"，由一家计算机项目公司来建立。这个计划在 1993 年中期开始全国性投入使用的新系统，使公司能更好地利用其资本，增强客运能力，并且增加收入。通过使用有保证的订票系统、提前买票的折扣、地方性促销以及"常规乘客"计划以吸引新乘客等措施，达到重建公共交通的效果，而所有这些措施都是在模仿航空公司的市场开发手段。

一种成功的管理模式能使一个奄奄一息的企业重获生机。可见管理模式对企业生存和发展的重要性，不过管理模式是人创造出来的，千万不要千篇一律，照抄别人的，一定要讲究适合自己的条件。

为何推新不如就旧

美国可口可乐公司花九牛二虎之力，配制新型可乐，还未热销，便被众人打回了生产线，可谓损失惨重。两个月后，可口可乐公司恢复旧配方的生产并起名为"古典可乐"，与新型可乐同时出售，这才平息了一场危机。尽管可口可乐公司把新型可乐视为"旗舰"，但销售结果则表明这是"单恋"，消费者并不买账。1985 年年底，古典可乐与新型可乐在超级市场的销量是2：1；1987 年，新型可乐只占到2%的市场份额。原本想以新型可乐把百事可乐压下去，结果事与愿违，可口与百事的销量差距不仅没有扩大，反而由 20 世纪 60 年代的2.5：1 缩小到 1985 年的 1.15：1。

几百万美元，几年心血，却落得"洒向人间都是怨"。这不仅值得可口可乐公司深思，更值得所有人深思。

雄踞碳酸饮料市场霸主地位百年之久的可口可乐，在20世纪80年代面临百事可乐的严峻挑战。百事可乐销量节节上升，而可口可乐却呈衰减态势。问题出在哪里呢？测试表明，两种可乐并没有实质性差别，许多人喜欢百事可乐是因为它比可口可乐的味道甜一些。

于是，财大气粗的可口可乐公司决定突破百年陈规，改变配方，研制新型可乐。他们费时两年半，耗资400万美元，开展了规模空前的口味测试。第一次测试的样本规模竟然多达20万人。新配方的最终测试样本仍有三四万之众。在"盲目测试"（不标明品牌）的情况下，人们从品尝过的三四种饮料中挑选出自己所喜爱的一种。结果表明，调查对象中有60%偏爱新配方，而不喜欢旧配方；52%偏爱新型可乐而不是百事可乐。这似乎意味着推广新型可乐，胜券在握。1985年，可口可乐公司信心十足地把新型可乐推上市场。在广告中，"天才老爹"向人们强调："Cokeisit！"（"这就是可口可乐！"）

新型可乐较甜，辛辣味没有那么浓，刚推出时，人们还觉得有点新鲜。但是，过不多久就销量锐减。可口可乐公司像捅了马蜂窝，公司总部每天接到1500多个电话和成袋成袋的信件，消费者抗议再也喝不到正宗的可口可乐了。更令人震惊的是，一个名叫"旧 Coke 饮用者"的组织，走上大街游行示威。他们挥舞着 T 恤衫，声扬除非可口可乐公司恢复旧配方，不然就将集体上诉，控告公司违反消费者的意愿，强迫他们接受新配方的行径。

对美国人而言，不论他在北非沙漠还是在赤道丛林，不论在东欧诸国还是在第三世界国家，只要看到可口可乐的招牌、广告，就好像看到了美国。一位叫 W. 怀特的美国报纸编辑说："可口可乐代表美国所有的精华，喝一瓶可口可乐就等于把这些美国精神灌注于体内，可乐瓶中装的是美国人的梦。"改变可口可乐的"正宗"口味，就意味着惊醒美国人的梦，能不遭到反对吗？

百事可乐，则抓住美国新生代与其父辈的"代沟"，以"新生代的选择"为号召，在营销传播中迎合、讨好新生代，并以辛辣、刺激的比较型广告，攻击可口可乐守旧、老迈，而没有在口味上做文章。20 世纪 80 年代中期，百事可乐终于成了可口可乐的劲敌。百事可乐能与可口可乐分庭抗礼，其功不在口味，而在抓住了一代人的思想、情感。回顾可口可乐闯入中国市场的情形，就能更深刻地体会这个道理。当时，那带点"洗锅水"似的味儿，虽不合中国消费者的习惯，但年轻人却仍趋之若鹜，为的就是赶时髦。往深里说，就是希望换一种生活方式。

由此可见，当一种商品成为某种文化符号时，它的销售力是不可估量的。中国的广告主与广告人，是否能在这方面多花点心思呢？

历史长河滔滔不息，新旧更迭反反复复，然而在浪涛更迭的感性迷雾面前，需要倾听各种声音，用清醒的理性，对之逻辑以及情感的判断，才是成功使用"李代桃僵"之计的基本立足点。

第十二计　顺手牵羊

【计谋原典】

微隙在所必乘，微利在所必得①。少阴，少阳②。

【注释】

①微隙、微利：指微不足道的间隙，微小的利益。

②少阴，少阳：阴，这里指疏忽、过失；阳，这里指胜利、成就。

【译文】

敌人出现微小的漏洞，必须及时利用；发现微小的利益，也一定要争取到。我方要善于捕捉时机，伺隙捣虚，变敌方的小疏漏而为我方小的得利。

【计谋典故】

公元前354年，魏惠王打算进攻北面的赵国。他派遣庞涓率领一支精锐部队向赵国杀去，而庞涓不费吹灰之力便包围了赵国都城邯郸。此时，赵国无力应战，只好派使者向实力雄厚的楚国求救。

楚王在得知赵国危在旦夕后，却对要不要出兵援救赵国而犹豫不决。这时，楚臣景舍提出以救赵为名来削弱赵魏两国的实力，并顺手牵羊，为楚国谋利的计划。并且，因此而受到楚王的赞赏。

楚王任景舍为帅，带领一支人数不多的军队，打着援救赵国的旗号，跨越赵、楚之间的国界，进入赵国，但这一切没能阻止庞涓的进攻。在围城七个月后，邯郸被攻克了。这时，传来齐国派一支军队直趋魏国都城大梁的消息。庞涓闻讯后马上从赵国撤兵回国。半路上，齐军"以逸待劳"，把庞涓率领的魏军打得大败，从而使魏赵两国在战争中均受到重创。

景舍正是抓住赵国向楚国求救的机会，派兵进入了赵国，而且在魏军撤退之后，不费吹灰之力便"顺手牵羊"，占领了部分赵国领土，胜利实现了为楚国谋利的计谋。

【计谋解析】

"顺手牵羊"是看准敌方的疏忽或是漏洞，抓住薄弱点，乘虚而入而获取利益的计谋。运用此计时，必须注意两点。

第一，必须是在"顺手"的情况下，如果不顺手，不仅徒劳无功，而且还会影响原有的目的。

第二，在牵"羊"之前，必须仔细斟酌一下，这"羊"是不是让你牵，是不是诱惑你上钩的诱饵。

总而言之，一定要在不影响主要目标的前提下采用"顺手牵羊"之计。

解　读

微利必得

羊是一种温驯的动物，只要稍稍牵它一下，它就会随你而来。但是，并不是见"羊"（意外的小利）就牵。大家在牵之前，要先观察它是不是诱饵，因为对手常常会留下饵食诱你上钩。同时，大家还应深深懂得小利终归是小利，不能代替自己的主要目的，只要在不影响主要目的实现的前提下，才能顺手去取意外之利。

顺手牵羊的意义，是叫人们不要把全部注意力都集中在一件事情上，而要把视野放得宽一些，这样就能充分了解并利用客观反映出来的获利可能性。

三十六计 全鉴 珍藏版

顺手牵羊在商战中可以引申为竞争对手有微小的漏洞，或者市场出现微小的机会时，必须乘机利用，从而变对方微小的疏忽或市场微小的机会，为我方点滴的成功。

自从旧金山发现了金矿的消息传出之后，便掀起了一股"淘金热"，世界各地希望一夜暴富的人都朝圣般向这里涌来。

在川流不息的人群中，有一位名叫李维·斯特劳斯的德国青年。他是跟随几位老乡一起远渡重洋到美国发财来的。然而，在淘金工地苦干了一段时间后，李威觉得这条生财之道太难，想另找出路。

随着越来越多的人群来到淘金工地，这里自然形成了一个巨大的消费市场。众所周知，犹太人向来善于经商，李维作为其中的一员也不例外。极具经营眼光的他很快就发现了这一点：他认为自己如果为淘金者提供商品，那么就会比直接淘金赚钱更稳当。于是，他说干就干，将自己带来的路费和伙食费作为资本，开了一家小商店，专卖一些日用品，包括露营用的帐篷、做马车篷的帆布等。生意果然不错。

有位淘金者来到李维的商店买东西，大发感慨地说："我们整天爬山搬石，这些棉布衣服烂得太快，要是用你的帐篷布做衣服，就会耐用多了！"

说者无心，听者有意。一句话把李维点醒了。他突发奇想：如果打破常规用帆布做成服装，说不定真会受到淘金者欢迎的。如果真是这样，那这千千万万的淘金者每人买一套这样的服装，生意就会好得不得了。于是，他用自己的帆布帐篷试制成几套服装出售，果然有淘金者愿出较高价购买，没多久就全卖完了，首战告捷，让李维信心大增。很快，他从帆布商处购入大量帆布，请服装厂按他的设计缝制成服装。这些大批生产的优良帆布服装还增加了几个口袋，便于淘金者放些锤子、钳子等工具和存放金矿石。

由于这种帆布服装耐磨耐穿，并有各种便于存放工具和矿石的口袋，比棉布工作服优越得多，果然大受欢迎。尽管李维不断扩大生产也满足不了需求，几年下来，就把李维的钱袋子胀得鼓鼓的。

成大事者是不会满足于现状的。李维乘胜前进，他在旧金山开设了专门缝制淘金者穿戴的服装厂和零售店，并成立了"李维·史特劳公司"。服装厂成立后，李维组织一批技术人员对矿工的劳动特点进行调查研究，然后不断改进裤子的样式。比如，臀部的裤袋，在原来线缝的基础上，四角各钉上一颗铜钉，使口袋更牢固，这是因为矿工经常把样品矿石放进裤袋，用线缝易于裂开；扣子则用铜与锌合金制成，重要的部位还用皮革镶边。后来，又将帆布改用同样耐磨但质地柔软的法国尼姆产的哔叽布作原料，使裤子更紧身和柔软。

经过反复的革新改进，李维的矿工服不仅矿工爱穿，还受到了美国年轻人的青睐。随着式样的基本定型，它也有了一个特定的名字——牛仔裤。李维的牛仔装生意越做越大，逐步风行世界，年营业额高达数亿美元。本来，抱着"淘金发财"美梦而来到旧金山的李维，从一个矿工的感慨中突发奇想，打开了财富之门，从而改变了自己的一生。

俗话说：“海不辞水，故能成其大，山不辞土石，故能成其高。”从小处着眼，不开金矿而开小日用商店，从一点一滴做起，不辞微利、积微成多，最后汇成财富的大海，叠起了事业的高山。

“莫以利小而不为”应成为每一位商界人士的座右铭。只有不嫌弃每一分硬币，经过一个积累的过程才能获得更多。

不抬扛，顺应人情

在社会交往学中，“顺手牵羊”可以被引申为“顺应他人之情，而达己之目的”。这是因为如果不了解对方的意愿，光想自己认为怎样就怎样的话，那么难免会导致社交的失败。

你如果要劝说一个人做某件事，那么在开口之前，最好先问问自己：“我怎样才能使他愿意去做这件事呢？”

在这个方面，成功学大师卡耐基堪称高手，他讲过这样一件事：他每个季度都要在纽约的某家大旅馆租用大礼堂20个晚上，用以讲授社交训练课程。

有一个季度，他刚开始授课时，忽然接到通知，这家旅馆经理要他付比原来多三倍的租金。而这个消息到来以前，入场券已经印好，而且早已发出去了。同时，其他准备开课的事宜都已办妥。

很自然，他要去交涉。然而，怎样才能交涉成功呢？

旅馆经理们感兴趣的是他们想要的东西。两天以后，卡耐基去找经理。

“我接到你们的通知时，有点震惊。”卡耐基说，“不过这不怪你。假如我处在你的位置，或许也会写出同样的通知。你是这家旅馆的经理，你的责任是让旅馆尽可能地多盈利。你不这么做的话，你的经理职位难得保住，也不应该保得住。假如你坚持要增加租金，那么让我们来合计一下，这样对你有利还是不利。"

"先讲有利的一方面。"卡耐基说，"大礼堂不出租给讲课的而是租给举办舞会、晚会的，那你可以获大利了。因为，举行这一类活动的时间不长，他们能一次付出很高的租金，比我这租金当然要多得多。租给我，显然你吃大亏了。"

"现在，再考虑一下，'不利'的一面。首先，你增加我的租金，却是降低了收入，因为，实际上等于你把我撵跑了。由于我付不起你所要的租金，因此我势必再找别的地方举办培训班。"

"还有一个对你不利的事实。这个培训班将吸引成千的有文化、受过教育的中上层管理人员到你的旅馆来听课，对你来说，这难道不是起了不花钱的活广告作用了吗？事实上，你花5000美元在报纸上登广告，你也不可能邀请这么多人亲自到你的旅馆来参观。可是，我的培训班给你邀请来了，而这难道不合算吗？"

讲完后，卡耐基告辞了："请您仔细考虑后再答复我。"当然，最后经理让步了。

在卡耐基获得成功的过程中，没有谈到一句关于他要什么的话，他是站在对方的角度想问题的。

可以设想，如果他气势汹汹地跑进经理办公室，提高嗓门叫道："这是什么意思！你知道我把入场券印好了，而且都已发出了，开课的准备也已全部就绪了，你却要增加三倍的租金，你不是存心整人吗？三倍！好大的口气！你疯了！我才不付哩！"

想想，那该又是怎样的局面呢？争吵的必然结果：即使他能够辩得过对方，但旅馆经理的自尊心也很难使他认错而收回原意。

因此，请大家记住：假如有什么成功的秘诀的话，就是设身处地替别人想想，了解别人的态度和观点；而一味地为自己的观点和主张作争辩，则只会陷于"顶牛、抬杠"的境地。

　　人性其实都是脆弱的，易被击垮但也易抚平。在关键时，你的一两句话也可以起到使人心理平衡的作用。

　　由此可知，在与人发生争执时，大家最好先站在对方的立场上想问题，顺迎其意，提出自己的主张。

第三套　攻战计

　　攻战计包括打草惊蛇、借尸还魂、调虎离山、欲擒故纵、抛砖引玉及擒贼擒王共六计。攻战计是专门用于策划进攻的，其核心就是"攻"，即攻心为上，攻城为下；心战为上，兵战为下，以求得战而胜之。本套计策是分别从佯之、换之、调之、纵之、引之五个方面来展开介绍的。

第十三计　打草惊蛇

【计谋原典】

疑以叩实①，察而后动。复者②，阴之媒也③。

【注释】

①叩实：问清楚，查明真相。

②复：反复、一次又一次地。

③阴之媒：阴，这里指的是隐藏着的、暂时尚不明显或未暴露的事物、情况；媒，媒介。

【译文】

发现了疑点就应查究清楚，并且在查明实情之后再采取行动；如此反复，是发现隐藏之敌的重要手段。

【计谋典故】

公元前 627 年，秦穆公发兵攻打郑国，大夫蹇叔建议秦穆公和安插在郑国的奸细里应外合，夺取郑国都城。可秦穆公不听，派孟明视等三将率部出征。临行之前，蹇叔痛哭说："恐怕你们这次袭郑不成，反会遭到晋国的埋伏，我们只有到崤山去给士兵收尸了。"果然不出蹇叔所料，郑国得知秦国要进攻后，便赶走了秦国安插在郑国的奸细，并且还做好了迎战的准备。秦军见袭郑不成，只得回师，但部队经过长途跋涉后，十分疲惫。部队在经过崤山时，真的像蹇叔所说的那样，遭到晋军小股部队的突然袭击。孟明视十分恼怒，便下令追击。但当追到山隘险要处时，晋军突然不见踪影。孟明视一见此地山高路窄、草深林密，便知不妙。这时鼓声震天、杀声四起，晋军伏兵蜂拥而上，大败秦军，生擒孟明视等三将。

秦军不察敌情，轻举妄动，"打草惊蛇"，终于遭到惨败。当然，军事上有时也可故意"打草惊蛇"而诱敌暴露，从而取得战斗的胜利。

【计谋解析】

"打草惊蛇"原是借用了一句民间俗语，即"一旦草丛被搅动，那么里面的蛇便会受惊而走"。后来，此词喻指在敌情不明或敌情可疑时，应先进行试探性的佯攻，以诱使敌人将真实的情况暴露出来。但是，在用此计策时，务必在反复侦察之后，方可采取行动，以防掉入敌人设置的陷阱。

解 读

另辟蹊径，巧妙战斗

"打草惊蛇"之计用在战争上，一般是通过侦察性的佯动，逼迫隐藏着的对手显露原形的谋略。它的诀窍是对可疑的地方要侦察实情，并在完全掌握情况之后采取行动。其中，反复查明情况，是发现隐秘敌情的重要手段。

第二次世界大战时斯大林格勒保卫战正在激烈进行。德军几乎调集了东线所有兵力围攻斯大林格勒，大有不拿下该城誓不收兵的架势。

这时，处在距斯大林格勒400公里之外的著名苏联将领瓦杜丁的部队，在外围顽强地阻止了德军进攻后，赢得了暂时休整时机。德军没有能够突破瓦杜丁的防线，原地驻扎，开始整修工事，丝毫没有继续进攻的意思。和斯大林格勒相比，这里的战斗远不是那么激烈。这种不正常的反差，很快引起了瓦杜丁将军的注意，他意识到，也许正是德军的缓兵之计，目的是为了拖住他的部队，不能去增援斯大林格勒。

瓦杜丁将军感到问题十分严重。如果调部队去救斯大林格勒，那么对面的德军势必从背后追击，这样反而等于把敌人引进了斯大林格勒。要是自己按兵不动，只看住眼前的敌人，那又正中了德军的诡计。怎么办才好呢？眼看德军成批成批往斯大林格勒调动，该城危在旦夕。瓦杜丁将军果然采用了"打草惊蛇"之计，迫使进攻斯大林格勒的德军抽调了兵力。

他先派飞机每天夜里向德军扔炸弹，白天在德军上空盘旋，进行骚扰，开始没有引起德军多大的反应。几天之后，德军就被搅得惶惶不安。晚上睡不好，白天也不敢出来，整天缩在掩体里不敢动弹。然而，德军还是没有大规模的兵力调动。

瓦杜丁一看德军不见棺材不掉泪，索性组织了一次真正的进攻。他派部队绕到德军背后，在一个晚上突然向敌人发起了进攻，并占领了德军的后方阵地。这样的进攻，使得德军搞不清苏军的战略意图，再加上连日来红军飞机不断进行轰炸，以为苏军要从他们的后方阵地实施战略总攻。于是，立即报告前线总指挥部说："苏军要从后方实施反攻，请火速调兵增援。"总指挥部依照"种种迹象"判定，苏军真的要从背后反攻，于是急忙从斯大林格勒抽调大量兵力前来应战。守卫斯大林格勒的苏军部队乘机发起了真正的反攻，从而取得了斯大林格勒保卫战的胜利。

战场上常常会面临这样的抉择：你可以这么做，也可以那么做，可是这么做和那么做都会有利有弊，高明的将军则会既不这么做，也不那么做，却能取得出人意料的胜利。在商场的竞争中也是如此，采用"打草惊蛇"之计，可另辟蹊径、巧妙战斗。

观彼动静而后举

在战场上，为摸清敌情，需用"打草惊蛇"之计谋。在商战中，面对变幻莫测的市场，有时也同样需要"打草惊蛇"。在企业经营中，产品销售是影响企业生存和发展的关键。一般情况下，新产品在投放市场前，都要有一个试销的过程，"试销"便是"打草惊蛇"的商业运用。

1982 年，濒临破产倒闭的美国第三大汽车制造公司——克莱斯勒汽车公司，在李·艾科卡的领导下，终于走出了连续四年亏损的低谷，但如何重振雄风仍是李·艾科卡苦苦思索的课题。

企业家常用的方法是提高企业的知名度和产品的市场占有率，而出奇制胜、价廉质优又是重要手段。李·艾科卡根据克莱斯勒当时的情况，决定首先出奇制胜。他把"赌注"押在敞篷轿车上。

美国汽车制造业停止生产敞篷轿车已经十年了，原因是由于时髦的空气调节器和立体声收录机对于没有车顶的敞篷轿车来说是毫无意义的，再加上其他原因，敞篷轿车销声匿迹了。

虽然预计敞篷轿车的重新出现会激起老一辈驾车人对它的怀念，也会引起年轻一代驾车人的好奇，但是克莱斯勒汽车公司在大病初愈后，再经不起大折腾，为了保险起见，李·艾科卡采取了"打草惊蛇"的策略。

李·艾科卡先让工人用手工的办法制造了一辆色彩新颖、造型奇特的敞篷轿车。当时正值夏天，李·艾科卡亲自驾驶着这辆敞篷轿车在繁华的汽车主干道上行驶。

在形形色色的有顶轿车洪流中，敞篷轿车仿佛是来自外星球的怪物，立即吸引了一长串汽车紧随其后。几辆高级有顶轿车利用其速度高的优势，终于把李·艾科卡的敞篷轿车逼停在路旁。这正是李·艾科卡所希望的。

追随者下车便围住了坐在敞篷轿车里的李·艾科卡，并提出了一连串的问题。

"这是什么牌子的轿车？"

"这车是哪家公司制造的？"

"这种轿车一辆多少钱？"

……

李·艾科卡面带微笑地一一回答，心里满意极了，看来情况良好，自己的预计是对的。

为了进一步验证，李·艾科卡又把敞篷轿车开到购物中心、超级市场及娱乐中心等地。每到一处，都吸引了一大群人的围观，道路旁的情景在那里又一次次重现。

经过几次"打草"，李·艾科卡掌握了市场的情况。不久，克莱斯勒汽车公司正式宣布将男爵型敞篷轿车推向市场，美国各地都有大量的爱好者预付了定金，其中还有一些女骑手。结果，第一年敞篷轿车就销售了两万三千辆，是原来预计的七倍多。

敞篷轿车能不能被汽车市场接受？能接受多少？对这些，李·艾科卡没有十分把握。并且，刚喘过气来的克莱斯勒汽车公司决不能冒险。于是，李·艾科卡亲自驾车"打草"，了解市场的接受程度，确定无疑后，才正式推出产品，结果成绩显著，"打草惊蛇"之计帮助克莱斯勒汽车公司重新起飞。

李·艾科卡利用"打草惊蛇"的策略，获得了巨大的成功。相反，如果没有经过试探，而冒然生产敞篷轿车，也许会成功，但会冒失败的风险。所以，这种"打草惊蛇"的试销，可谓是万全之策。

新产品的开发是一个企业生存发展的命脉，但新产品的开发也是风险极大的投资。为了降低风险，产品在上市之前，一定要先试销，以试销来了解消费者对该产品的接受程度，并作为修正、改善或放弃的参考。试销就是"打草惊蛇"，不过它是以消费者的意见和反映为主。

第十四计　借尸还魂

【计谋原典】

有用者，不可借①；不能用者，求借②。借不能用者而用之，匪我求童蒙，童蒙求我③。

【注释】

①有用者，不可借：意为凡自身可以有所作为的人，就不会甘愿受别人利用。

②不能用者，求借：意为那些自身难以有所作为的人，却往往有可能被人借以达到某种目的。

③匪我求童蒙，童蒙求我：语出《易经·蒙》。在这里，蒙字本义是昧，

指物在初生之时，蒙昧而不明白。"蒙"卦的卦象是下坎上艮。艮象山，坎象水；山下有水，是险的象征；人处险地而不知避，便是蒙昧了。童蒙，这里是指幼稚无知。

【译文】

凡是自身可以有作为的人，往往很难驾驭和控制，从而不能加以利用；而自身难以有什么作为的人，则往往可以被人利用，以达到某种目的。这就如同幼稚蒙昧的人需要求助于足智多谋的人，而不是足智多谋的人需要求助于幼稚蒙昧的人。

【计谋典故】

"借尸还魂"来源于神话传说。

从前，有个人叫李玄，因长得相貌不凡、博学多才被太上老君看中，收为徒弟，并授之长生不老的法术。

有一天，太上老君要带他到天上走一遭。但是，肉身是不能上天的，于是他把自己的肉身留下来，灵魂跟随太上老君遨游天际去了。临走之前，李玄对他的小徒弟说："我的肉身就留在这里，你一定要好好守护，在七天之内，我肯定就回来。如果过了七天我还未回来，那么就证明我已在天上成仙了，到那时你才可以将我的肉身体火化。"

小徒弟道："请师父放心，徒弟牢记在心。"徒弟日夜守在师父的肉身前，不敢有丝毫马虎，可是到第六天，忽然传来母亲病危的消息。这让徒弟很是为难，若要回家，为母送终，师父的肉身就会没人看管；若要留在这里，则不能尽儿子之孝。后来，有人劝他说："你看你师父已经到第六天没回来了，多半是成仙了。在师父和亲生父母之间作出选择时，应首先考虑亲生父母。"于是，小徒弟只好伤心地把师父的肉身给火化了。到了第七日，李玄的灵魂回来了。可是到处找都没有找到自己的肉身，在情急之下，路边正好有一个刚刚饿死的乞丐，李玄也顾不了那么多了，赶忙把自己的灵魂附在其上面。借尸还魂之后的李玄完全换了一个人，和那乞丐一样蓬头垢面、袒胸露乳，而且还有一只脚是跛的。这就是所谓的"借尸还魂"，带有浓厚的民间神话传说色彩。

【计谋解析】

"借尸还魂"作为一种计策，指假借外力或其他条件来恢复自身生机，从而达到东山再起的目的。此计一般用在被动或是其他一些不利的被动局面之中，名为"借尸"实为"还魂"。

当自己的力量不足以转败为胜时，就要借助一切可以利用的力量，以壮大自己的力量；借助一切可以利用的形式，以实现自己的意图；另外，也可以假借他人名义，实现自己的战略计划。

解读

借人之力为己力

陆俟，北魏高宗时期人，机智过人，办事干练。

陆俟年轻时被任命为内都下大夫，善于为人处世，对上谦恭，对下平和，小心谨慎，左右逢源。他与人交往行事时，先要细细观察，揣摩对方的心思，心中有了数，因此讲话自然十分得体，办事自然灵活、顺利。同僚们与他共事都非常融洽，愿与他往来。

北魏高宗文成帝兴安初年，陆俟被赐爵为聊城侯，先后出任散骑常侍、安南将军、相州刺史，代为长广公。在他主持州政期间，扶正压邪，敢于打击横行乡里的豪强恶徒，扶助正直善良贫弱者，为他们撑腰做主。经过陆俟的治理，一向为非作歹的恶徒渐渐收敛，社会秩序大为改善，百姓们终于有了一个比较安定的生活环境。

陆俟治理地方方法与诸多官员不一样，但相当有效。他一到任，首先明察暗访，将州中那些德高望重、有权威、有影响的老者恭恭敬敬请到府上，待为上宾，虚心求教，征询他们对州政的意见，请他们就如何治理各抒己见。这些老人见多识广，对全州的大小事情、历史与现状都了如指掌。长者多智，本就有许多良谋妙计，又见陆俟礼贤下士，尊重民意，征询意见非常诚恳，都愿意助刺史一臂之力。双方一拍即合，老者们将心中的想法一一道出，毫无保留。如此，陆俟大有收获，不但州中的方方面面了然于胸，而且集中了老者们的经验和智慧，如虎添翼，信心倍增。这些老者也就理所当然地成了他长期合作的智囊团。

陆俟的另一妙招更令人叹服。他也是先调查了解，摸清底细，再挑选了各豪强之家的子弟百余人，将他们统统收为养子，殷勤招待，引导教化，并赏给衣物。然后，让他们各归其家，并要求他们回去后老老实实生活，不能惹事生非，给刺史和官府找麻烦。同时，让他们充作自己的助手，平时务必留心州中发生的大小事情，一旦有异，及时禀报，对恶人恶行尤要随时监视举告。这百余人，百余双眼睛、耳朵，使陆俟有了千里眼、顺风耳，州中事无巨细都难瞒过他。有些不法之徒刚刚作案得手，很快就被查得明明白白，抵赖不得。不论多复杂的案件用不了多久就水落石出，该罚则罚，该判则判，都迅速有了公正的结果。全州上下，又佩服又惊讶，奇怪刺史明察秋毫、料事如神，凡他说的事没有不灵验的，不明底细的人，真以为他做事有神灵相助。那些作案的恶徒，心惊胆战，主动服罪；那些心存邪恶，图谋不轨的奸人也都龟缩起来，不敢轻举妄动。经过陆俟大力整治，全州很少再发生抢劫偷盗之类的案件，风气大变，百姓安居，大家都庆幸遇到了一个清正睿智的刺史。而陆俟呢，在州为官七年，贫寒节俭如故，两袖清风、一身正气。

陆俟治州，政绩斐然。当他被调任散骑常侍时，州中百姓都自动聚集起来，苦苦挽留，有千余人联名请愿，无论如何也要恩准陆俟留任。

圣人尚有欠缺，何况凡人，凡事亲力亲为，此人不可能成大事。事必躬亲的人其结果是一事无成。为政必善于用人，唯用人，自己才有更多的时间和精力处理更重要的事情。为官不能以自己的智慧代替手下的人，充分利用他人的力量来协助自己开展工作，针对不同的人，用不同的方法加以任用，从而借人之力为己之力，这才是真正高明的领导者。

化腐朽为神奇

1988 年，在一次全国汽车会议上，一些与会代表对当时存在的庞大数量的北京 212 型吉普车颇多议论，认为随着汽车工业的发展，212 型吉普车的密封性、舒适性差，车型不美观等缺陷越发明显；况且大部分车已经到了大修甚至报废的程度。由于以上诸多原因，使得这批数目可观的车辆简直成为"鸡肋"——弃之可惜，食之无味。

议论很快像烟圈一样消散，但平顶山市交通局的赵福民心里却是一动：这里有文章可做，要知道仅河南一省，就拥有三万辆 212 型吉普车。何不改造这批旧吉普车，来个"借尸还魂"？

回到平顶山交通局，经过对 212 型吉普车改装方案的可行性论证，赵福民和平顶山交通局决定建立一个改装总厂，并很快从全国各地聘来八十多名技术人员。数月之后，平顶山汽车改装总厂成立了。

面对一辆辆停放在厂内待改装的旧吉普，平顶山汽车改装总厂领导一班人仔细平衡经济效益和社会效益，经过多次论证，最终确定了改装方案。

他们保留了 212 型吉普车爬坡力强、涉水深等耐用特性，加长车身，并将原布篷车身改为金属冲压车身，以增加密封性；为了增加吉普车的舒适性、车内全部用软材料装饰，座椅改为半自动可调式高背全泡沫型，并加装空调机和收音机。该厂还规定，用户可依据自己的喜欢任选车型及车身颜色。

"化腐朽为神奇"。经过平顶山汽车改装总厂的"打扮"，一辆辆 212 型吉普车顿生光辉，使用户大为满意。

由于改装后的 212 型吉普车既保留了良好的越野性能，又增加了舒适性和密封性，故而大受欢迎。建厂不久，该厂已改装完毕二百辆旧吉普车。副厂长为客户算了一笔账：采用旧车改造的办法，比买新车可节约费用百分之六十以上，这也是该厂生意盈门的保证。

平顶山汽车改装总厂用"借尸还魂"的手法，在行销上以"再定位"的策略，使近乎报废的旧吉普车起死回生，重新在市场上攻城略地。

在兵法中有"绝处逢生"一说，其意是处在极危险境地中的人必将竭尽全力拼搏，才能有生存的希望。在企业经营中，对于衰落期产品，或者连年亏损的企业，要善于"借尸还魂"，改转适销对路的产品，或者改革企业的管理体系，才能走出困境。

择主而仕

王猛出生在青州北海郡剧县，年幼时因战争动乱，他随父母逃难到了魏郡。

王猛年轻时，曾经到过邺地，但这里的达官贵人没有一个人瞧得起他，只有徐统，见了他以后非常惊奇，认为他是一个了不起的人物。于是，徐统便召请他为功曹，可王猛不仅不答应徐统的召请，反而逃到西岳华山隐居起来。这是由于王猛认为自己的才能不应该干功曹之类的事，而应该帮助一国的君王干大事，因此他暂时隐居山中，看看社会风云的变化，等待时机的到来。

公元351年，苻健在长安建立前秦王朝，力量日渐强大。公元354年，东晋的大将军桓温带兵北伐，击败了苻健的军队，把部队驻扎在灞上。王猛身穿麻布短衣，径直来到桓温的大堂求见。于是，桓温请他谈谈对当时社会局势的看法。王猛在大庭广众之中，一边把手伸到衣襟里面去捉虱子，一边纵谈天下大事、滔滔不绝。

桓温见况，不由将暗暗称奇。他问王猛："我遵照皇帝的命令，率领10万精兵凭着正义来讨伐逆贼，为老百姓除害，可是关中人杰却没有人到我这

里来效劳，这是为什么呢?"王猛直言不讳地回答说："您不远千里来讨伐敌寇，长安城近在眼前，而您却不渡过灞水去把它拿下来，大家摸不透您的心思，所以不来。"桓温沉默了好久都没有回答，因为王猛的话正暗暗地击中了他的要害。他的心思实际上是即使平定了关中，只得个虚名，而地盘却归于朝廷，与其消耗实力，为他人做嫁衣裳，还不如拥兵自重，为自己将来夺取朝廷大权保存力量。

桓温听了王猛的话，更加意识到面前这位书生绝非凡人。过了半天，他才抬起头来，慢慢地说道："江东没有人能比得上你。"

桓温退兵时，送给王猛漂亮的车子和上等马匹，又授予王猛"都护"之职，请王猛一起南下。王猛拒绝了桓温的邀请，继续隐居华山。

王猛这次拜见桓温，本来是想出山显露才华，干一番大事业的，但最后还是打消了这个念头。这是因为他考察了桓温和分析了东晋的形势之后，认为桓温虽不忠于朝廷，怀有篡权野心，但未必能够成功，而自己投奔到桓温的手下，很难有所作为。这是他第二次拒绝别人的邀请和提拔。

桓温退走的第二年，前秦的苻健去世，继位的是中国历史上有名的暴君苻生。他昏庸残暴，杀人如麻。苻健的侄儿苻坚想除掉这个暴君，于是广招贤才，以壮大自己的实力。他听说王猛是一位不世之材，就派当时的尚书吕婆楼去请王猛出山。

苻坚与王猛一见如故，他们谈论天下大事，双方意见不谋而合。苻坚觉得自己遇到王猛好像三国时刘备遇到了诸葛亮，王猛觉得眼前的苻坚才是值得自己一生效力的对象。于是，他十分乐意地留在苻坚的身边，积极为他出谋划策。

公元 357 年，苻坚一举消灭了暴君苻生，自己做了前秦的君主，而王猛成了中书侍郎，掌管国家机密，参与朝廷大事。王猛 36 岁时，因为才能突出，精明能干，一年之中，连升五级，成了前秦的尚书左仆射辅国将军、司隶校尉，为苻坚治理天下出谋划策，干出了一番轰轰烈烈的大事业，成为中国封建社会杰出的政治家。

公元 375 年，王猛因病去世，终年 51 岁。这时，苻坚才 38 岁，他为失去这位得力的助手十分痛心，经常悲伤流泪，不到半年头发都斑白了。

一个人再有才能，如果没有一个聪明能干的上司，他的才能是无法发挥出来的。而正确选择自己的上司，本身就是一个人的智慧体现。历史上多少有才能的人由于投错了主人而遗恨终生。王猛同诸葛亮一样在动荡不安的形势下，正确选择了自己的道路，所以才有他事业的成功，才有他一生的辉煌。他忍住一般人求遇心切，急于求取功名富贵之心，认定了真正的人选，才投身仕途，这是他获得成功的重要经验。

借机扬名

晚清年间，朝庭为了弥补军费粮饷的不足，朝廷决定由户部发行官票。官票大体与现今国债类似，只是它是一种可以上市流通的银票，可以兑换现银，也可以代替制钱"行用"——用它抵交应按成缴纳的地丁钱粮和一切税

课捐项，称为"户部官票"。户部官票的发行自然少不了钱庄，发行方式也就是由各钱庄派购。认购户部官票无疑要担风险，虽然官票上明文写有"愿将官票兑换现银者，与银一律"的字样，但如果官票发行太多，而现银不足，那么以票兑银就将是一句空话。

刘庆生在与胡雪岩商量认购官票事宜的时候，他认为将来官票一定不值钱。阜康刚刚开张，还不具备一定的实力，就遇上这一档子事，刘庆生对认不认购官票也心存犹豫。但是，胡雪岩却不这样看。

在胡雪岩看来，世上随便什么事情，都有两面，这一面占了便宜，那一面就可能吃亏，而做生意更是如此，买卖双方，天生就是敌对的。一桩生意能不能做，关键是生意人自己的眼光，生意做得越大，眼光越要放得远。乱世之中，生意确实越来越难做了，不过越是难做，越是机会。就拿眼下认购官票来说，如果朝廷章程打得不完善，滥发起来，它的价值当然会大打折扣。但是，即使这样，也要认购，而且还要主动认购，要认购得有气魄。这里主要有以下两个方面的原因。

第一，这是在帮朝廷的忙。只要是帮朝廷打胜仗的生意，哪怕亏本，也都要做。短期看，这是亏本，长远看却不是亏本，而是放了资本下去。放下去资本自然是要收回的。

只要官军打了胜仗，时世一太平，百业待兴，什么生意都可以做。那个时候，也就可以收回先前投下去的资本了。自己为朝廷帮过忙，出过力，朝廷自然会给予回报，处处提供做生意的方便，哪里还有不能发达的道理？

第二，认购户部官票，也是显示阜康气魄，为阜康挣得名气的机会。目前，杭州城里各大小钱庄同行都心存犹豫，小同行看大同行，大同行互相看，都怕派购官票太多，包袱太重，如果这时阜康站出来大胆认购。一方面能够在同行中显示阜康临事不惧的气派，显示阜康的实力；另一方面也能显示同行的义气。阜康在同行中的名气和地位，一下子就起来了。

正因为阜康刚刚开张，胡雪岩更要利用一切可以利用的机会，把它的名气做出来。

现代商场讲究"先做名气后赚钱"，而胡雪岩认购官票便是最好的例证，只要名气一响，黄金万两便不成问题。

第十五计　调虎离山

【计谋原典】

待天以困之[1]，用人以诱之，往蹇来返[2]。

【注释】

①待天以困之：天，这里指天时、地利等客观条件；困，作使动词用，使困扰、困乏。

②往蹇来返：语出《易经·蹇》九三爻辞。原文为"往蹇，来返。""蹇"卦的卦象为艮下坎上。艮象山，坎象水。王弼注曰："山上有水，蹇难

之象。"因此，"蹇"在这里是有难的意思。

【译文】

利用不利的天时、地利条件困扰敌人，用人为的假象法诱惑敌人，以使其处处皆难、寸步难行。

【计谋典故】

东汉末年，诸侯并起，各霸一方。年仅 17 岁的孙策，继承父志，势力逐渐强大。

公元 199 年，孙策欲向北推进，准备夺取江北卢江郡。卢江郡南有长江之险，北有淮水阻隔，易守难攻。另外，占据卢江郡的刘勋势力强大，野心勃勃。孙策知道，如果硬攻，则取胜的机会很小。于是，他和众将商议，定出了一条调虎离山的妙计。他利用刘勋极其贪财的弱点，派人给刘勋送去一份厚礼，并在信中把刘勋大肆吹捧一番，还表示要与刘勋交好。孙策还以弱者的身份向刘勋求救，请求刘勋发兵降服上缭。刘勋见孙策极力讨好他，万分得意。上缭一带，十分富庶，刘勋早就垂涎欲滴想夺取，今见孙策软弱无能，免去了后顾之忧，于是决定发兵上缭。虽然其部将刘晔极力劝阻，但刘勋已经被孙策的厚礼、甜言迷惑

住了，根本听不进任何反面的意见。然而，孙策则时刻监视刘勋的行动，见刘勋亲自率领几万兵马去攻上缭，城内空虚，心中大喜，说："老虎已被调出山了，我们赶快去占它的老窝吧！"于是，立即率领人马，水陆并进，袭击卢江，几乎没遇到顽强的抵抗，就顺利地占领了卢江。刘勋猛攻上缭，一直不能取胜。突然得报，孙策已取卢江，情知中计，后悔已经来不及了，只得灰溜溜地投奔曹操。

孙策取胜就是运用了"调虎离山"之计。

【计谋解析】

在"调虎离山"这一计谋中，"虎"是指强敌，"山"指有利的地形或时机等条件。当敌人占据有利的条件下就很难取胜，聪明的做法是将敌人引出来再攻打。此计的关键在于要调动敌人，使其离开有利的环境或其充分控制的领域，从而在对敌人不利的环境或其力量薄弱的领域里将其制服。

解 读

审时度势，因势利导

老虎离了山，威势自然减三分，强敌脱离了有利的环境及其充分控制的领域，也会由强变弱。因此，大家要利用各种条件来造成竞争对手进入对其不利的境地。

19世纪40年代末，在太平洋沿岸的美国加利福尼亚州发现了金矿。美国人以及成千上万的欧洲人，纷纷背井离乡到美国西部淘金。这些欧洲人大多是在纽约登陆的，这是由于当时美国还没有连通太平洋到大西洋的铁路，而巴拿马运河也还没有提到议事日程，因此前往旧金山的人们往往要坐轮船到南美的最南端。

一个叫范德比的老商人，看到这是一个发财的好机会，决心开辟一条通过尼加拉瓜的航线，让人们走近路直达旧金山。他亲自到尼加拉瓜四处活动游说，最终和当时的总统查摩罗签订了一项秘密协定。这个协定规定：凡从尼加拉瓜过境船只均由范德比负责。从此，范德比垄断了穿越尼加拉瓜船只的过境专利权。没出几年，老范德比就在这条航线上赚了好几百万美元。

此事引起了一位叫华尔克的年轻商人的注意。华尔克眼看老范德比靠这条航线、大把大把的钱财流入腰包，自己从商好多年，却一直没有太大成绩，十分嫉妒，于是决心把这条航线夺过来，据为己有。这样，一来可以靠这条航线赚钱，二来还可以减少自己的黄金采购公司的运输成本。

夺取一笔小生意好办，夺取一条航线谈何容易。老范德比从商几十年，可谓沙场老手，和他斗需要动一番心思。华尔克想：老家伙在国内政界、商界颇有影响，搞得不好，不仅达不到目的，反而会使自己身败名裂。思来想去，华尔克想出了一个"调虎离山"之计。他决定设法把老范德比引诱出国，然后乘其不备下手。

他首先用重金收买了范德比的私人医生，让他建议范德比去欧洲疗养。

一天，医生对老范德比说："您最近身体状况不太好，可能是劳累过度，建议您去法国休养半年或更长一些时间，否则，您的心脏会有危险。"

为了促使老范德比下决心出国休养，他还用钱收买了经常与范德比有来往的一些夫人、太太们，让她们给范德比的妻子、女儿及儿媳吹风，说："您家老先生面色不好，心脏又不太好，不如到外国去休息一阵子，美国的气候太差了，再这样下去，恐怕有生命危险，法国的巴黎最适合他这样的老人休养。"家人一听十分着急，一天催他三四遍，让他出去休养。虽然老范德比本来身体没什么大毛病，自我感觉也挺好，但经不住许多人劝说，自己也怀疑身体是否真的快不行了。于是，便动身到巴黎休养去了。

老范德比一走，华尔克立即采取了行动。他用船装了几百名打手和满船的军火前往尼加拉瓜，登陆后，和事先联系好的尼加拉瓜内奸里应外合，以迅雷不及掩耳之势，攻占了尼加拉瓜首都。直捣查摩罗总统官邸，威逼查摩罗总统修改协定，让他主宰航线。查摩罗总统一气之下，心脏病发作，当即毙命。华尔克趁火打劫，马上扶持了一个尼加拉瓜内奸当傀儡总统，他自任尼加拉瓜军队总司令，控制了政权。不久，尼加拉瓜新政府宣布取消了原政府和范德比的协定。至此，华尔克终于如愿以偿。

在商业竞争中，人们都争取能在己方的场地与对手谈判，这是因为谁能够将对手调离其熟悉的环境，谁就能争取到谈判的主动权。

调虎离山之计的关键是"调"。为了获得胜利，通过制造各种假象，让对方产生错觉，然后因势利导去牵着对方走，或者是故意泄露一些假情报来"调"动对方朝着错误的方向发展，从而达到削弱对方或战胜对方的最终目标。

韩信调虎占其山

在敌我双方正面对峙时，若对手盘踞在防守严密的城堡或要塞中，我方就要设法使对方放弃城堡或要塞。

在楚汉之争时，韩信、张耳率汉军越过大行山，与楚的羽翼赵国战于井陉口。

赵国的广武君李佐车向成安君陈余建议说："听说汉将韩信，渡过黄河，俘虏魏王、生擒夏锐，最近又阀于血战，如今更在张耳的支援之下，正准备攻占赵国。可见韩信是乘胜而远征，确实有锐不可当之势。我又听说'从千里之外运军粮，将士就会挨饿；临时砍木柴做饭，军队也会吃不饱。'现在，去井陉口的道路，崎岖不平，车马都很难行，只要继续走几百里，粮食必然落在后方。所以希望足下借我精兵三万，从近路切断汉军的粮道，而足下在这里深沟高垒，守住城池不跟汉军交战。如此，就会陷汉军于进退两难，我再出奇兵切断汉军的后路，让汉军在野战时无法掠夺，不到十天就可把两员

汉将的头送到足下面前。希望足下能采纳我的计策，否则我们必然成为汉军的俘虏。"然而，刚愎自用、迂腐疏阔的陈余认为韩信兵少且疲，不应避而不击，断然拒绝采纳李佐车的正确作战方案。

广武君的战略没被陈余采纳，韩信很高兴，于是放心率兵去井陉口。当韩信到井陉口三十里处，就把军队停下来宿营。

到了半夜，韩信下令全军出发，并且精选轻骑兵两千多人，每人手持一面红旗，从近路隐藏山阴处，在暗中偷偷地监视赵军。然后，嘱令伏兵说："赵军一看我军开拔，必然倾巢而出追击我军，这时你们就以闪电术攻进赵城，拔下赵军的军旗，插上汉军的旗帜！"

接着，韩信又下令副将分发军粮说："打败赵军以后会餐。"各将领都不敢相信，只表面应付说："知道了。"

最后，韩信又对部将说："赵军先占据有利的地形修筑堡垒，而且没看见我军大将的旗鼓，所以他们可能不会攻打先头部队，这是因为他们担心我军走到险要之处反击。”

于是，韩信先派一万人为先头部队，走出山地，背着河川布阵，赵军远远看到以后大笑。第二天早晨，韩信大张旗鼓，一边打鼓一边前进，从井陉口开始攻打，这时赵军就出城迎战，双方激战很久。

这时，韩信和张耳就假装丢下战鼓和军旗，作出败退到河岸的模样，而驻守在河岸的汉军把他们引入军营，双方再度展开激战。赵军果然倾巢而出，争抢汉军所丢的旗鼓，并且追击韩信与张耳。其实，韩信与张耳二人，已经进入河岸军中，河岸军殊死共战，赵军无法获胜。不料韩信所埋伏的两千骑兵，正在等候赵军倾巢而出的良机，于是一声令下，冲进赵城，纷纷拔下赵旗，插上汉军的旗帜。

赵军既然无法战胜，当然也就不能生擒韩信等将。不得已准备返回城内时，才发现城墙上全是汉军的旗帜，惊恐之下，误认为汉军已经俘虏赵王及其大将。为此赵军大乱奔逃，赵将一再制止也无效。同时，又有汉军的夹击，结果赵军大败，在沃水之岸成安君陈余被杀死，而被俘虏的赵军将士不计其数。

汉军各将领纷纷献上首级和俘虏，然后一边向韩信祝贺胜利，一边问：“兵法云‘要以山脉和丘陵为右背，要以河川沼泽为前左’，这次将军反倒叫我们进行‘背水一战’，而且说：‘击破赵军后会餐’。当时我们不大相信，可是现在居然打了大胜仗，请问将军，这是什么战术？”

韩信回答说：“我这种战术兵法上也有，只是各位将军没有注意到而已。

韩信巧施妙用、调虎占其山，显示了一名优秀将领决策的英明。大家要设法使对方在不知不觉中放弃优越的条件，把虎引开，使山空虚，而后乘虚而入，一举拿下虎山，待虎发觉后，已无挽回败局的可能。同时，一旦虎没了老巢，就可以任凭进一步处置了。

总而言之，当面对占据有利地形的强敌，强攻不利时，大家就应诱骗、调动敌人脱离良好的条件后，再去消灭。

抓住时机，阖闾夺位

　　春秋时，吴王姬僚利用楚国国丧，对楚国发动进攻。但是，吴王姬僚伐楚，却给国内的一位野心家提供了机会。那就是吴王姬僚的侄子姬光。姬光认为吴王姬僚全力攻楚，必然会造成国内空虚，为自己夺取政权创造机会。于是，他竭力支持吴王姬僚出兵伐楚。当他得知前线紧张，便极力促使吴王姬僚全力救援，并力荐吴王姬僚的儿子庆忌率兵前往。这是因为庆忌身材高大、武艺高强是众所周知的，如果留在国内会对姬光夺权形成很大障碍。要是庆忌上了吴楚战场，就使吴王姬僚彻底成了孤家寡人，夺权就胜利在望了。

　　吴王姬僚求胜心切，完全顾忌不到后院的安危，或者根本就没有想到后院存在什么危机，反正结果是派了庆忌率重兵赶赴吴楚战场。机不可失，时不再来。姬光立刻召来杀手专诸，进行密谋。吴王姬僚有一个爱好，那就是特别爱吃鱼。姬光就以此为突破口，专门去请其来家做客、吃鱼。

　　姬光对吴王姬僚说："我请了一位太湖名厨，特别擅长烹调鱼类，做出来的鱼据说是太湖一绝。今天专程来请陛下屈驾到舍下品尝。"

　　姬光走后，吴王姬僚想到国内兵力空虚，特别是姬光在王位继承权上具有的特别身份，不禁多了一个心眼，首先，他下令卫队将从王宫到姬光家的道路严密把守起来，禁止一切闲杂人员进入，以防不测；然后，他又在身上套了三层柔软、舒适但坚韧无比的狻猊之甲；最后，姬僚才神情泰然地乘车前往赴宴。

　　姬光当然明白要想杀掉吴王姬僚，绝不是一件轻而易举的事，他与伍子胥一同制订了严密的计划。姬光先在举行宴会的屋子下面的地下室里安排了精心挑选的兵士，以确保能控制屋内局势。同时，由伍子胥聚集了平时收罗的几百名亡命效忠之徒在城外接应，用以发生意外时及时补救。

吴王姬僚按时驾到。

当酒宴进行到最热烈之际，姬光趁着吴王姬燎酒酣耳热，已有几分酒意之时，推托脚病复发，离席而去。

专诸看见姬光离席，知时机已到，立刻端着一盘热气腾腾的大鱼走入宴会厅。

吴王姬僚闻到飘来的鱼香，不禁连声称赞："好鱼，好鱼！"一边摇摇晃晃地站起来，想看清那盘里的鱼形如何。

吴王姬僚刚刚站起身，还没有看清盘里鱼的形态，却看见一只手突然从鱼腹抽出一把明晃晃的匕首向自己刺来。吴王姬僚本能地向后闪身，但已经晚了。

专诸使足了力气，一下子刺穿了吴王姬僚身穿的三层狻猊之甲，深深地将匕首插入吴王姬僚的胸膛。

看着吴王姬僚痛苦地扭曲着身子倒在地上，专诸那颗高悬的心才算放回到肚子里，长长地松了一口气。吴王姬僚的卫士们直到此时才明白发生了什么事情，一拥而上，专诸顷刻间变成一段段血肉模糊的东西。但是，这已毫无作用了。

姬光的亲信士兵和伍子胥带来的士兵合在一起，迅速歼灭了吴王姬僚的卫队。

于是，姬光宣布继位为王，这就是吴王阖闾。

由此可见，要想实现自己的目标，必须经过精心周密地策划与准备，才能取得成功。正所谓谋事于前，方可成事于后。

第十六计　欲擒故纵

【计谋原典】

逼则反兵①，走则减势②。紧随勿迫，累其气力③，消其斗志④，散而后擒，兵不血刃⑤。需，有孚，光⑥。

【注释】

①逼则反兵：反兵，回师反击。

②走则减势：走，逃走；势，气势。

③累其气力：累，消耗。

④消其斗志：消，瓦解。

⑤兵不血刃：兵，兵器；血刃，血染刀刃，即作战。

⑥需，有孚，光：语出《易经·需》。需卦的卦象为乾下坎上，乾象刚、健，坎象水、险。需，在这里有等待之意；有孚，有信用，有诚意，为人所信服；光，光明、通达。

【译文】

如果逼得敌军太紧，它就会拼命反扑。让敌人逃跑可以削减它的气势，对逃跑之敌要紧紧跟随，不能过于逼迫，通过消耗其体力来瓦解其斗志，等其溃散时再去捕捉他，就可以避免我方不必要的损失。要善于等待时机，要有耐心，才能获得胜利。

【计谋典故】

蜀汉建立之后，一心要北进伐魏。当时西南夷酋长孟获叛乱，并率十万大军直逼成都。诸葛亮为了解决北伐的后顾之忧，决定亲自率兵先平定孟获。孟获被诸葛亮诱入伏击圈内，兵败被擒。按说，擒拿敌军主帅的目的已经达到，乘胜追击，自可大破敌军。但是，诸葛亮考虑到孟获在西南夷中威望很高，影响很大。如果他能心悦诚服地投降，就能使南方真正稳定。于是，诸葛亮决定对孟获采取"攻心"战，释放了孟获。孟获临走时说："下次定能击败你。"诸葛亮笑而不答。孟获回营，派兵据守泸水南岸，阻止蜀军渡河。诸葛亮乘敌不备，偷渡过河，并袭击了孟获的粮仓。孟获暴怒，要严惩将士，激起将士的反抗，于是相约投降，趁孟获不备，将其绑赴蜀营。诸葛亮见孟获仍不服，便再次释放。从那之后又四次擒拿并四次释放。最后一次，

137

诸葛亮火烧孟获的藤甲兵，第七次生擒孟获，终于感动了孟获，他真诚地感谢诸葛亮七次不杀之恩，誓不再反。从此，蜀国西南安定，诸葛亮才得以举兵北伐。

如果诸葛亮不为长久着想，擒孟获，开杀戒，必然将叛军逼至绝境，从而使之决心破釜沉舟、背水一战。尽管蜀军完全可以击败叛军，也势必大伤元气，而且不能根治祸乱，诸葛亮也就无法集中精力对付曹魏。

诸葛亮七擒孟获，未损耗元气，又得到了一位大将，可谓一举两得。

【计谋解析】

"欲擒故纵"中的"纵"是"擒"的方法，是为了"擒"的目的。纵敌必须要保证擒敌，如果不能保证这一点，将会是"一日纵敌，百日为患"。纵敌不是要使之日益强大，而是要消耗体力，瓦解其斗志，以便顺利擒拿敌人。

"欲擒故纵"，也可理解为，就是以退为进，使其心服口服，甘拜下风。取法其上，适得其中。正如，人们在跨过门槛，登上台阶时，都会高抬腿、低落步。大家若能将这种以退为进的方法适时地运用自如，定会收到意想不到的良好效果。

解 读

将欲擒之，先予纵之

欲擒故纵这一条兵家妙计，仍深深地影响着当今社会上一系列没有硝烟的战争，作用于形形色色的人群，比如商场、政坛……不管从事哪个行业，大家都应该有宏观长远的眼光、识别良才的慧眼、虚怀若谷的胸襟以及运筹帷幄的智谋。

大鱼都在水深浪急之处，要舍得投以长线、大饵才行。在社会交际中，对待对手也是这样，先予而后得，即先放纵他，满足他的欲望，骄纵他的志气，培养他的矛盾，让他积累更多的错误，然后再名正言顺地处理他。

春秋时期，周室大乱，诸侯各自擅权，纷争不休。

由郑武公统治的郑国是当时诸侯中最强大的一个。郑武公的夫人姜氏，生有二子，长子叫寤生，次子叫段。姜氏不喜欢长子，而只宠爱段，心中想道：倘若此子袭位为君，岂不是胜寤生十倍？于是，她屡次在武公面前称赞段的贤明，宜立为嗣君。

武公道："长幼有序，不可紊乱。况且寤生并没有什么过错，岂可废长而立幼？"没有答应姜氏的请求，而是按照祖制将寤生立为了太子。同时，武公把一座小小的共城，封给段作为食邑，号称共叔。

姜氏见武公这样做，心中更加不满。

后来，武公去世，寤生即位，也就是郑庄公。

姜氏眼见共叔无权，心中总是快快不乐，便对庄公说道："你继承王位，享有封地数百里，而使同胞兄弟容身在一座小小的城邑中，于心何忍？"

郑庄公回答道："那么，母亲是什么意思呢？"

姜氏道："何不以制邑封给他？"

郑庄公道："制邑地势重要，父王有遗命，不许分封，除此之外，其他的任何地方，我都可以答应。"

姜氏道："那么，把京城让给他怎么样？"

"这……"郑庄公吓了一跳，他根本没有想到母亲会提出这样的要求。沉默了半晌，一时不知该如何回答。

姜氏见状，便进一步逼道："如果不能答应这个条件，只能将他逐出国境，令其自谋生路，糊口度日算了。"

郑庄公连忙摇头道："不敢，不敢！"

母子二人，不欢而散。

第二天，文武升殿，郑庄公宣来弟弟共叔，欲将都城封给他。

大夫祭足劝道："不可以。天无二日，国无二君，都城有百雉之雄，地广民众。况且共叔又是夫人的爱子，如果封赐大邑，恐生后患。"

郑庄公坚持道："我也知道这样做不妥。只是，这是母亲的命令，不敢违背。"最后，郑庄公将都城让给了共叔。

这天，共叔来谢母亲，姜氏道："你兄长不念兄弟之情，待你不好。今日虽封赐都城予你，但也是我再三要求的结果，日后一定会后悔的。你要早作打算，训练人马，将来你我联合，则郑国必唾手可得。你如果能够取代寤生，登上国君的位子，那么我死也无憾了。"

共叔大喜，领有都城之后，立即将西、北二部的兵马收入军中，又假借出猎为由，袭取另两处城邑，扩大自己势力。

有人将此事告诉庄公后，庄公什么也不说，只是微笑。

有个大臣叫公子吕，怒道："今共叔内有母后宠爱，外有都城兵马，他日必萌异志，不如早加讨伐，诛杀免祸。"

郑庄公听后却不答应，道："段的罪恶不大，好像不至于诛吧。"

公子吕奏道："如今两鄙之地，已经尽失，又失两邑。岂容段叔如此嚣张？"

庄公不以为然，只是道："段乃母后爱子，寡人的爱弟。寡人是宁可失地，也不愿伤兄弟之情而违背母亲的心愿啊！"

退朝以后，公子吕对另一个上卿祭足说道："主公只顾念兄弟之情，而置社稷于不顾，我很是忧虑啊。"

祭足道："主公才智过人，这件事情一定有他自己的主意。朝廷之上，不便泄露。你如果私下里去找他，定会问个明白。"

公子吕听从祭足之言，来见庄公，问道："难道主公没有听说过周公诛管、蔡的故事吗？当断不断，反受其乱，还请主公早早决定。"

郑庄公见左右无人，这才将自己的计划告诉了公子吕，道："我早已计划好了。段虽不忠，但是显然尚未叛逆。我如果要诛杀他，母后必然从中阻挠，国人也会议论纷纷，会说我是个不亲、不孝的人。现在，我置身事外，任其所为。他一定会恃宠得志、肆无忌惮，等他按捺不住，举兵造反，那时再将他的罪行昭告天下，则国人一定不敢相助他，并且母后也阻挠不了了。"

公子吕听了，恍然大悟，于是拜伏在地，道："主公远见，非臣所及。"

不久后的一天，郑庄公忽然传令，命大夫祭足监国，自己往周朝面君辅政。

姜氏大喜，暗与共叔勾结，密谋起兵。

于是，郑庄公假装出了城，只留公子吕率车二百乘，埋伏在都城邻近。

果然，共叔大肆发兵，并亲自带兵攻伐庄公。公子吕趁其后方空虚，杀入城中，一举占领。又派人出榜招贴，四处宣告，说"庄公孝友，共叔背义忘恩"之事，满城之人，无不说共叔之罪。

共叔出兵，半路上闻说自己被断了后路，失了都城，便连夜回师。结果，士兵听了城中消息后，都说庄公如此厚德，而共叔不仁不义。最后，竟军心涣散，哄然逃跑了。

于是，共叔只好逃回原来的封邑，闭门自守。郑庄公引兵来攻，共叔大败。城破之后，共叔仰天长叹，道："母后误我！"便自刎而死。

从此，郑庄公勤修政事，经过数年努力，终于征服邻边诸国，建立了不朽的功业。

庄公放运用"将欲擒之，先予纵之"的谋略，轻松地除掉王位竞争对手，可谓高明。

在与敌作战中，若将对手完全包围，穷追不舍，对方就会如狗急跳墙般放手一搏，展开猛烈的反击，对我方将造成巨大的损失，因此大家要尽量避免这种情形发生。这时，正确的做法是要故意退让，使对方解除思想戒备，自我膨胀，我方便可轻而易举将其攻破。

吊起顾客的胃口

古人云："欲持之，必先张之。"

在现代商业竞争中，就需要远见者有较深的城府，故作姿态，以退为进。

钟平良在 20 岁之前家里几乎一贫如洗，一家三口每月的开支全靠父亲那可怜的 200 元工资来维持。高中毕业后，他没有继续上大学，而是来到一家汽车修理厂当了一名学徒工。两年下来，钟平良在修车技术和资金方面都有了一定的积累。于是，他离开那家给他待遇还算不错的修理厂，开始自己创业。由于钟平良的服务质量特别好，因此他的汽车修理厂生意一天比一天火。

按常理来说，他可以在这条道路上继续走下去，因为全家的开支再也不用担忧了。但是，他不是一个容易满足的人，他的理想是干一番大的事业，拥有一家自己的汽车制造厂。正是在这一理念的驱动下，1984 年 8 月，他放弃了生意蒸蒸日上的汽车修理厂，聘请了几个技术人员，搞起了汽车研发。然而，两年下来，在几乎耗尽了所有积蓄之后，连一辆成型的汽车也没有研发出来。在这种情况下，钟平良觉得自己有点不知天高地厚，如果继续干下去，可能会亏得血本无归。经过了近一个月的思索之后，他做了一个决定：退而求其次，研发技术含量比汽车低的摩托车。又一个两年过去了，这一次的结果和前一次不同：他不仅研发出了属于自己的摩托车，而且性能还不错，他将自己的产品命名为"野狼125"。

为了将"野狼125"摩托车尽快投入市场，钟平良找了一个合作商对其投资并进行大量生产。在摩托车上市之前，他慎之又慎。因为，作为一生意人，他深深懂得一种产品能否拥有市场，关键在于消费者能否接受。在当时，我国台湾省的摩托车产品不下10种，销售市场竞争十分激烈，如何出奇制胜地打开市场是至关重要的一环。

好的方法不是没有，关键是要善于思考和发现。不错，钟平良在和企划部的人员经过了数天的研讨之后，终于想出了一条妙计——"欲擒故纵，吊起顾客的胃口"。

为了营造一种神秘气氛，来引起人们的普遍关注。1987年3月25日，公司不惜重金，在各重要路口的巨型广告牌上张贴出一幅幅别出心裁的图文广告：一幅"野狼125"摩托车的幽默漫画，一句令你摸不着头脑的广告词："今天不卖摩托车，请您稍候六天，买摩托车您必须慎重考虑。有一款您意想不到的好车就要来了。"

人们看了这幅既没标明厂家，又没标明品牌的幽默漫画式的摩托车广告，大惑不解，都在猜测这是哪一个厂家生产的一部什么样的摩托车呢？就这样，人们的胃口真的被吊了起来。

3月26日，"野狼125"摩托车的幽默漫画广告继续在巨型广告牌上贴出，不过广告词改了，改成了六个字："请您稍候五天。"

3月27日，巨型广告仍继续贴出，不过广告词又改了，改成了四个字："稍候四天。"

3月28日，广告词变成了五个字："请再等三天。"并提醒人们："要买摩托车，您必须考虑到外观、油耗、动力以及省油、耐用等。这一部与众不同的好车就要来了。"人们的胃口这下子被吊得更高了，都互相打听它到底是哪一家公司出品？真的有什么与众不同吗？

第二天，广告词变成了7个字："请您再等候两天"，并配了解说词："让您久等的这部外形、马力、省油、耐用度都能令您满意的新款'野狼125'摩托车就要来了。"此时，人们欲一睹"野狼125"摩托车风采的欲望被彻底激发起来了。

3月31日，"野狼125"最后还要卖个关子，广告词改为："对不起，让您久候的'野狼125'摩托车，明天就要与您见面了。"

第二天，千呼万唤始出来的一辆辆崭新的"野狼125"摩托车披红挂绿地出现在各大商场。前来观看和购买的人摩肩接踵，络绎不绝。"野狼125"的市场开拓得不错，并成为畅销产品，连续五年，其销售量位居台湾众多摩托车之首。钟平良也成了台湾商界的传奇人物。当商家在满足客户各种各样的需求后，仍不能激起消费者的购买欲望。然而，钟平良却根本不理会这一套，通过产品上市前刻意制造的神秘氛围，吊足了人们的胃口，最终让自己的产品一炮走红。

人有一种特性，对于未知人人都会好奇，盼望则是对好奇心的满足。"欲擒故纵，吊起人们的胃口"的结果必然是——不看的想看了，不买的想买了。

第十七计　抛砖引玉

【计谋原典】

类以诱之①，击蒙也②。

【注释】

①类以诱之：类，类似；诱，引诱，诱惑。

②击蒙也：击，打击；蒙，蒙昧。语出《易经·蒙》蒙卦的卦象为坎下艮上。其上九爻，为阳爻处于蒙卦之终，按王弼的解释，其喻意为"处蒙之终，以刚居上，能击去童蒙，以发其昧也，故曰'击蒙'也。故'不利为寇，利御寇'也"。

第三套　攻战计

【译文】

用类似的东西诱惑敌人，乘其迷惑懵懂的时候打击他。

【计谋典故】

传说唐代诗人常建，听说赵嘏要去游览苏州的灵岩寺。为了请赵嘏作诗，常建先在庙壁比较显眼的地方题写了两句，赵嘏见到后，立刻提笔续写了两句，并且比前两句写得要好。这样四句合在一起，便成了一首完整的绝句。后来文人称常建的这种做法为"抛砖引玉"。

【计谋解析】

此计用于军事，是指在易受暗示的情况下，用一些小恩小惠去迷惑、诱骗敌人，使其懵懂上当，中我方圈套，然后乘机击败敌人的计谋。"砖"和"玉"，是一种形象的比喻。"砖"，指的是小利，是诱饵；"玉"，指的是作战的目的，即大的胜利。"抛砖"是为了"引玉"。钓鱼需用钓饵，先让鱼儿尝到一点甜头，它才会上钩；敌人占了一点便宜，才会误入圈套，吃大亏。得与失的互为转化之效果，有时也并不是马上就可以见到的，但懂得其中奥妙的人，会掌握取舍的主动权，让它发挥出意想不到的效果。在商业营销中，经营者常以让"利"促销来吸引消费者，从而赚取更大利润，而这便是"抛砖引玉"的具体运用。

解 读

以小易大，纸围裙换大名利

以小易大，即用小的代价，换取大的收获。

在哈尔滨市有一家，名叫"有马食堂"的饭馆。这家餐馆的外表并不华丽高雅，其内部装修也简单朴素，它供应的菜式亦是较大众化的东西。但是，当地的人们都注意到，那里的生意异常兴隆，每天都有络绎不绝的顾客，而且大多都是大人带着小孩。

这么一家普通的餐馆生意为什么会比同类餐馆要兴旺得多呢？

这引起了不少人的关注。经过观察后才发现，原来"有马食堂"在经营上有高招，即用馈赠品讨好小孩以达到招徕顾客的目的。其具体做法是，每当有顾客带小孩前来用餐时，该餐馆的服务员就会热情地给小孩送上一条画有动物图案的纸制围裙。

其实，这条纸围裙值不了多少钱，但为何它能招徕顾客呢？因为，这围裙是由该店的"画家"现场画上各种精美图案的，而且所画的图案均是小孩喜欢的小动物，生动有趣，使小孩爱不释手。小孩在餐馆用餐时围上这么一条小围裙，就会吃得十分开心，父母的这一顿饭也就会很安心。同时，用完餐后，这条围裙还可以带回家去。于是，小孩吃完一顿饭便可以得到一件玩具。

由于围裙有很多种图案，因此小孩总希望多获得几条，从而就会经常要求父母带他到"有马食堂"去用餐。

当父母看到自己的孩子得到围裙时的高兴情景，便会再带孩子来这里吃饭。开始时，这些顾客与其说是自己用餐，不如说是为了取悦孩子。但是，这样重复多次后，他们就会渐渐对"有马食堂"有了感情，成为忠实的顾客。

最后，一传十，十传百，"有马食堂"的名声传遍了整个哈尔滨市，这样一来生意怎么能不兴隆、不发达呢？

目前，"有马食堂"已经在哈尔滨市开了5家分店。"有马食堂"的成功证明在商业竞争极为激烈的今天，要想获得成功，除了及时把握商机之外，还必须有敏锐的洞察力和独辟蹊径的想象力。

欲取故予，失小得多

郑武公是一个足智多谋、穷兵黩武的诸侯，他要扩张地盘，便想吞并胡国（今郾城县一带）。但是，当时的胡国是一个强大的国家，国王勇猛善战。用武力固然不容易，唯有采取逐步渗透的战略，不得不忍耐一下，派遣一个亲信到胡国去，说要攀个亲戚，即把自己的女儿嫁给胡国国王。胡国国王听说自然万分高兴。这样，郑武公就做了胡国国王的岳父。

这位新夫人是负有使命的。她到了胡国，下足媚劲，把国王迷惑得昏头昏脑、花天酒地。最后，他连朝也懒得上了，对国家大事简直置之不理。

郑武公知道了，心里暗自高兴。过了相当长的一段时间，他忽然召开了一个公开的秘密会议，出席的全是文武高级官员，商议着怎样开拓疆土，向哪一个国家进攻。

大夫关其思说："从目前形势看，要扩张势力，相当困难，各诸侯国都是守望相助的。一旦有事，必会增强他们的团结，一致与本国为敌。唯有一条路比较容易，那就是向胡国进攻。这是因为胡国国王刚娶了公主，其国内对我国的防备就比较疏松。"

郑武公一听，把脸一沉反问他："你难道不知道胡国国王是我的女婿吗？"

关其思还继续大发议论，说出了许多非进攻胡国不可的理由，并且他还特别强调国家大事不可牵涉儿女私情的话。

郑武公听后十分生气，厉声斥责他道："这话亏你说得出口！你要陷我于不仁不义吗？你想要我女儿守寡吗？好吧，你既然有兴趣叫人家做寡妇，就让你老婆先尝尝这滋味吧！左右！绑这家伙去斩了！"

关其思被斩的消息很快传到了胡国，国王更加信任这位岳父大人。他认为郑国是不会进攻本国的，更加纵情于声色之后，渐渐地连边关都松弛下来，从而使郑国的情报人员也可以自由出入。

郑武公在掌握了胡国军政内情，认为时机成熟后，便突然下令挥军进攻胡国。

这使得各大臣都莫名其妙，连忙问："大王！关大夫过去是因为劝进兵胡国而被斩首的，为什么隔不多久，又要伐胡呢？岂不是出尔反尔？"

"哈哈，哈哈……"郑武公大笑一阵后，摸摸胡子，向群臣解释："这是我的'抛砖引玉'之计，我早有攻打胡国之意，牺牲女儿是为了刺探其国防秘密，而斩关其思则是为了使其放松防备。一到时机成熟，就出其不意，给予致命地打击，这样胡国就可以迅速拿下来。"

果然，郑国军队所到之处，势如破竹，仅几个回合，整个胡国便落入了郑武公的囊中，而那位快婿也只能空留一个脑袋去朝见岳父大人了。

行"抛砖引玉"之计，既要有一定的远见、智慧，也要有过人的耐心。

在日常生活中，这一计谋常为某些缺德之徒运用。如果他是一个贪官，他会给百姓一些小恩小惠，骗取民众的支持；如果他是一个奸商，他会装出为对方着想的样子，让出一些无关紧要的利益，博取对方的好感，以求得高额利润；如果他是一个江湖骗子，他会投出一些有诱惑力的实物或信息，使对方信以为真，或者暂且让你得到一点实惠，吊高你的胃口，让你觉得后面有大利可图而一步一步地走入骗子设下的圈套。

以小引大，诱其出洞

在军事上，面对久攻不战，龟缩于有利地形的敌人，高明的将军常从敌人薄处、脆弱部位下手，顺其心计诱其出洞，再次而打之。

有一年，楚国发兵攻打绞国（今湖北郧县西北），大军行动迅速。楚军兵临城下，气势旺盛，绞国自知出城迎战，凶多吉少，决定坚守城池。绞城地势险要，易守难攻。楚军多次进攻，均被击退，两军相持一个多月。楚国大夫莫傲屈瑕仔细分析了敌我双方的情况，认为绞城只可智取，不能强攻。于是，他向楚王献上一条"以鱼饵钓大鱼"的计谋，他说："攻城不下，不如利而诱之。"

楚王问他诱敌之法。屈瑕建议道："趁绞城被围月余，城中缺少薪柴之时，派些士兵装扮成樵夫上山砍柴，敌军一定会出城劫此柴草。头几天，让他们先得一些小利。等他们麻痹大意，派大批士兵出城劫夺柴草之时，先设伏兵断其后路，然后聚而歼之，乘势夺城。

楚王担心绞国不会轻易上当，屈瑕说："大王放心，绞国虽小但轻躁，轻躁则少谋。有这样香甜的钓饵，不愁它不上钩。"于是，楚王依计而行，命一

些士兵装扮成樵夫上山砍柴。

绞侯听探子报告有樵夫进山的情况，忙问这些樵夫有无楚军保护。探子说："他们三三两两进山，并无兵士跟随。"绞侯马上布置人马，等"樵夫"背着柴草出山之机，突然袭击，果然顺利得手。抓了三十多个"樵夫"，夺得全部柴草。一连几天，果然收获不小。见有利可图，绞国士兵出城劫夺柴草者越来越多，楚王见敌人已经吞下钓饵，便决定迅速逮大鱼。

第六天，绞国士兵像前几天一样出城劫掠，"樵夫"们见绞军又来劫掠，吓得没命似的逃跑，绞国士兵紧随其后追赶，不知不觉被引入楚军的埋伏圈内。只见伏兵四起，杀声震天，绞国士兵哪里抵挡得住，只得投降。

就这样，楚王以"抛砖引玉"之计，轻易地夺取了绞城。

福利赞助，增强企业后劲

在日常生活中，人们经常会看到许多企业都对社会福利事业和文化事业慷慨解囊。人们也许迷惑不解，这些赞助企业所赞助的事业与其经营几乎毫无联系，而这样的重金赞助有什么用呢？

美国的菲利浦·莫里斯公司是一家热衷于赞助事业的公司，它是以生产万宝路牌香烟和食品、饮料为主的跨国公司。其公司总部设在纽约，生意遍及五大洲，年营业额超过百亿美元，是世界 500 强之一。

菲利浦·莫里斯公司长期以来把赞助作为一种有效的推销术，它每年都制订赞助计划，拨出大量财力、物力及人力支持世界各国的一些文化事业活动。它所赞助的范围很广，包括美术、音乐、舞蹈及戏剧。

在美术方面，比如 1985 年，该公司赞助的项目有："20 世纪艺术中的原始主义"美术展在美国底特律和达拉斯巡回展出；"捷克斯洛伐克犹太工艺美术"在美国、加拿大巡回展出；反映美国南部艺术特色的"南方民间艺术"在纽约展出；在联邦德国举办瑞士画家保尔·柯里的"个人画展"；在巴西的圣保罗，赞助马里达·彼德罗索的雕塑展；在危地马拉，赞助当地的纺织展览；在意大利罗马和法国巴黎赞助了这两座历史名城的比较展；纽约市摄影作品到东京和北京的展出。

在舞蹈、戏剧方面，比如对弗吉尼亚莎士比亚戏剧艺术节的赞助。并且在艺术节期间，请剧团到该公司的里奇蒙特生产中心进行了 7 场演出，公司的职工还与剧团演员进行了联欢。

在音乐方面，比如 1986 年，该

公司赞助了以琼·格里洛为首的美国纽约大都会歌剧院歌唱家访华演出；尤以 1986 年的"菲利浦·莫里斯爵士基金会"影响最大，这是一个由最有名的艺术家组成的"菲利浦·莫里斯超级乐队"，他们用 20 天时间访问了欧洲的安特卫普、布鲁塞尔、海牙、洛桑、伦敦、巴黎、米兰、马德里、慕尼黑等 11 个城市。

以生产香烟、食品及饮料为主的公司每年花大量的金钱去赞助与本公司经营毫不相干的事情。目光短浅的人认为这是白费钱或愚蠢之举，而菲利浦·莫里斯公司董事会主席兼首席执行官哈米什·马克斯韦尔则认为："我们作为社会中的一员，除了像其他公司一样生产产品，提供劳务和就业机会，向政府纳税，为股东增加利润外，我们还懂得社会的其他需要。为此，我们准备履行和我们公司地位相对应的义务，为社会福利事业作出贡献。"他还进一步解释说："没有社会的发展，就不可能有商业的繁荣。对于一家公司来说，参与社会发展比单纯追求经济利益更为重要。同时，菲利浦·莫里斯公司作为一家知名企业，我们一直在探索创造性思维。并且，我们想通过自己作为法人团体的努力使这种探索方式生动、活泼一些。这样可以使我们的员工意识到他们是在一个积极的环境里工作，从而使他们都以在菲利浦·莫里斯公司工作为荣。"

该公司通过赞助文化事业密切了公司与社会的关系，扩大了公司的影响力和知名度，从而促进公司产品的销售，而事实证明这样做是正确的。比如，万宝路牌香烟在泰国市场原来是没有销路的，自从该公司赞助了"大都会环球歌剧使者"在泰国和东南亚地区巡回演出以后，就逐渐打开了该国的市场，起到了"抛砖引玉"的作用。

"赞助"这种企业行为在表面上是企业出了钱，但事实上，则是消费者和其所在地政府的税收部门出的钱。这是由于其赞助费是在税前支出的，企业本身所承担的只是一小部分而已，因此，这样的"抛砖引玉"是一种十分明智的、为企业树立形象的推销术。

第十八计　擒贼擒王

【计谋原典】

摧其坚，夺其魁^①，以解其体^②。龙战于野，其道穷也^③。

【注释】

①守其魁：夺，抢夺、抓获；魁，第一、大，此处指首领、主帅。

②以解其体：解，瓦解；体，躯体、整体，此处指全体军队。

③尤战于野，其道穷也：语出《易经·坤》。"坤"卦是坤上坤下，为纯阴之象。上六爻是本卦的最终爻，为纯阴发展到极盛阶段之象。坤卦上六爻的爻辞是："龙战于野，其血玄黄。"龙，本为乾卦（纯阳之卦）的象征物，为什么作为纯阴之象的坤卦，其上六爻却以原本属纯阳之象的"龙"为象征物呢？按照朱熹《周易本义》的解释是："阴盛之极，至与阳争。"《易经·文言》在阐释坤卦上六爻辞时则说："阴疑与阳必战。为其嫌于无阳也，故称龙焉。"按照《易经》中物极

必反的矛盾转化思想，上六爻表示纯阴已发展到极盛，故必然向阳转化。虽然此时尚处于转化前夕，但却已急于以阳自比，以龙自称了。故有"龙战于野，其道穷也"之说。野，郊野；道穷，无路可走。群龙战于郊野，相互杀伤，血渍斑斑，以至陷入穷途末路。本计引用此语，其意当为"贼王被擒，群贼无首，其战必败"。

【译文】

击溃敌人的主力，抓获其首领，便可互解其全军。好比群龙无首，战于郊野，必然陷于穷途末路。

【计谋典故】

唐朝安史之乱时，安禄山之子安庆绪派勇将尹子奇率十万劲旅进攻睢阳。御史中丞张巡见敌军来势汹汹，决定据城固守。尹子奇率兵攻城二十余次，均被击退。尹子奇见士兵已经疲惫，只得鸣金收兵。晚上，尹子奇的部队刚准备休息，忽听城头战鼓隆隆、喊声震天，尹子奇急令部队准备与冲出城来的唐军激战。然而，张巡只是不时擂鼓，并没有出战。尹子奇的部队一夜都处于作战状态，将士们疲劳至极，眼睛都睁不开，倒在地上就呼呼大睡。这时，城中一声炮响，张巡率领守兵冲杀出来，敌兵从梦中惊醒，惊慌失措，乱作一团。张巡一鼓作气，接连斩杀五十余名敌将，五千余名士兵，敌军大乱。张巡见状，急令部队擒拿敌军首领尹子奇，可张巡从未见过尹子奇，根本不认识。于是，张巡心生一计，用秸秆削尖作箭，射向敌军。敌军误以为张巡军中已没有箭了，便争先恐后地向尹子奇报告这个好消息。这时，张巡便乘机急令神箭手向尹子奇放箭。一切正如张巡所料一般，敌军一片混乱，大败而逃。

张巡用计策击毙了敌兵首领尹子奇，从而轻松地击退了攻城的敌兵。

【计谋解析】

如果一个组织的形成和发展取决于少数关键人物，那么一旦关键人物不存在，便会立刻"树倒猢狲散"。因此，要消灭和瓦解一个组织，攻击的重心是它的首领和核心人物，一旦把他们击倒，组织就会群龙无首，很快就被破坏，即"擒贼擒王"。大家不能满足于小的胜利，要通观全局，扩大战果，以得全胜，如果错过时机，放走了竞争对手的主干力量，就好比放虎归山，后患无穷。

"擒贼擒王"之计在战争中的关键在于摧毁敌人的指挥中心，消灭敌人主力；在工作中的关键就是抓主要矛盾、解决矛盾的主要方面，抓关键、抓重点。这是由于，一旦抓住了主要矛盾、矛盾的主要方面，那么次要矛盾、矛盾的次要方面就会迎刃而解。

解 读

攻敌之所必趋

企业无论大小，在商业竞争中都有自己的对手，要想彻底把对手打败，并不是在各个方面都要战胜他，而是要找出他的弱点，专攻之，方能取胜。

在现代商业竞争中，许多人崇尚一种"间接路线"，这与"攻敌之所必趋，攻其所爱则动"的策略有异曲同工之妙。企业的竞争完全是实力的竞争，但商界战场大多数的情况是，同一行业总存在实力相当的竞争对手，一旦直接火拼，势必两败俱伤，因而他们的竞争除了大力开发新技术以抢先推出新产品外，主要都是如何千方百计地吸引消费者。

消费需求是多种多样的，一般又有主导需求和辅助需求。主导需求决定人们的购买行为。精明的经营者，应善于对影响市场消费的诸因素进行仔细分析，并在诸多需求中，抓住主导需求，才能在竞争中获胜。

年轻的中国留学生王强来到英国的一所大学攻读硕士学位。

该大学坐落在英国的一个小镇里，和大部分留学生一样，在学习之余王

强也思考着如何打工赚钱补贴生活费用。可是，由于大学所处环境较为偏僻，因此工作机会并不多。

一天，王强听见室友抱怨说，在此地吃不到正宗的中国菜。王强灵机一动：此地中国留学生甚多，与其打工赚钱，倒不如开一家中餐店，成本不高且有人光顾。他把想法和室友们一说，大家纷纷赞同。

不久，在这所大学附近，一家名为"留学生之家"的中餐店开业了，由于没有什么竞争对手，再加上周围的中国留学生们纷纷光顾，生意异常红火。

由于中西文化传统不同，在饮食上也有很大的区别，身处异乡的中国留学生在面对西餐和中餐时，可能传统的中式菜肴更有吸引力。王强针对中国留学生这一特殊消费群体推出中式餐饮，满足了他们的需求，也给自己带来了丰厚的收入。

现如今，信息的位置越来越重要。信息在一定程度上就是知识和财富。因此，远见者若能敏锐地获取有利信息，就占尽了先机。要寻觅可用信息，从特殊需求中寻找财富。信息是本，产品是根，只有"擒"住了市场之根本，大家才能在商业竞争中立于不败之地。

抓住"突破口"

世事纷繁，其表现更是复杂，想要成事，必须抓根本、抓关键，懂得"擒贼擒王"的道理。

战国初期，魏文侯派西门豹出任邺城太守。西门豹上任后，发现那里经济萧条，人口稀少，便会集地方上年纪大的人，问百姓有什么疾苦。这些人都说：苦于为河伯娶媳妇，也正是因为这个缘故，本地民穷财尽。

原来，据说漳河里的河神河伯爱好美女，每年人间都要奉献一个给他才能风调雨顺，不然的话，就会有大水灾。然而，在现实中，这一带经常闹灾，百姓苦不堪言，县里的巫婆、神汉便串通一班土豪和衙役每年借给河伯娶妻之机，大肆搜刮钱财。并且，由于每年都要给把漂亮的女子送给河伯，因此凡有女孩的人家都纷纷迁徙逃避，从而使这里的人口越来越少。

西门豹知道这些之后，便亲自考察了漳河沿岸地形地势，并且还打听好了行礼的日期，准备参加。

到了为河伯娶媳妇的日子，西门豹特别穿起官袍礼服来到河边，并下令全城官绅民众都参加，邻近城镇的老百姓也来看热闹，聚集了几千人，盛况空前。

主事的大巫是一个又老又丑的女人，她神态傲慢、服饰艳丽。西门豹对她说："请把河伯夫人带上来给本官看看好不好？"老巫听后并不说话，只是示意弟子把河伯夫人带来。

西门豹见这个女子满面愁容，便说："这么丑的女子不配河伯。"于是，他命令左右把大巫投到水中去通知一下河伯。

等了好久，大巫还没有回来。西门豹又将大巫的弟子推到水里，可依然还是没有消息。"既然这样，就派一个能干的绅士去吧！"于是，一个神汉就又被推到水中。

这时，其他的巫婆、神汉都已经吓得面如土色、汗流浃背。西门豹长叹一声道："哪里有河伯？你们这帮衙役，枉杀民间女子，难道不应负全部责任吗？"

这班衙役只是头也不敢抬，连说受人指使，并且还说再也不敢。四周百姓马上叫好称赞。西门豹没收了乡绅们的财产，发还百姓，解散了巫婆的弟子，从此这风气便沉寂下去。

邺城之所以人口稀少，百姓疾苦，都是因为贪官污吏搜刮过甚，人民不堪忍受。然而，官吏的搜刮，全是借为河伯娶媳妇这件事，因此要整治此地，必得扼制河伯娶媳妇的风气，这就是"擒贼擒王"的绝妙运用。

第四套 混战计

混战计包括：釜底抽薪、浑水摸鱼、金蝉脱壳、关门捉贼、远交近攻及假途伐虢共六计。混战计是专门应对战争中的混乱局面的，其精髓就在于"混"，即在实际运用中，表面上"混"而实则"清"，让对手摸不着头脑，乱其心志，然后引诱其按自己的意图行事，从而达到乱中取胜的目的。本套计策是分别从蛊之、剥之、困之、乘之、利之五个方面来展开介绍的。

第十九计　釜底抽薪

【计谋原典】

不敌其力①，而消其势②，兑下乾上之象③。

【注释】

①不敌其力：敌，对抗，攻击；力，强力、锋芒。

②而消其势：消，削弱、消减；势，气势。

③兑下乾上之象：兑下乾上为《易经》六十四卦中的履卦。兑为泽，为阴柔之象；乾为天，为阳刚之象。整个卦象为阴胜阳、柔克刚。若占得此卦，预示事情将经历险阻而后通达，终于顺利。此处借用此卦，意在说明：遇到强敌，不要去与之硬碰，而要用阴柔的方法去消灭刚猛之气，然后设法制服他。

【译文】

不要迎着敌人的猛劲去与之硬拼，而要设法削弱敌方的气势，采取以柔克刚的策略制服他。

【计谋典故】

东汉末年，诸侯混战。

公元 199 年，袁绍率领十万大军攻打许昌。

公元 200 年，曹操与袁绍相峙于官渡。由于两军对峙了很长时间，双方粮草供给成了关键。袁绍从河北调集了一万多车粮草，囤聚在大本营以北四十里的乌巢。曹操探听到乌巢并无重兵防守后，决定偷袭乌巢，断其粮草。

他亲自率五千精兵打着袁绍的旗号，夜袭乌巢。乌巢袁军还没有弄清真相，就被曹军包围了。一把大火点燃，顿时浓烟四起。曹军乘势消灭了守粮袁军，而袁军的一万车粮草顿时化为灰烬。袁绍大军闻讯，惊恐万状，军心浮动。此时，曹操发动全线进攻，袁军士兵已丧失战斗力，十万大军四散溃逃。

袁军大败，袁绍带领八百亲兵，艰难地杀出重围，回到河北，从此一蹶不振。

这就是著名的官渡之战，曹操没有做无谓的正面攻击，而是运用"釜底抽薪"的计策，从敌人的背后下手，烧毁了袁军军粮，断了袁军的后路，从而使得袁军大败。

【计谋解析】

此计在军事战略中，是指对强敌不可用正面作战取胜，而应该想办法消灭其赖以生存的条件，断其后援或拆其后台，使其从根本上瓦解。运用此计时要注意以下两点：一是要善于发现敌人的"薪"，即主要矛盾，但在情况不同时，"抽薪"的目标也不同。一般来说，凡是影响敌人的后劲力量，就是"抽薪"的目标。二是要恰当选择"抽薪"的手段和方法。

解 读

面对强敌，挖其墙脚

"釜底抽薪"之计的应变功效，在于避开对方的锋锐，抓住对方的要害，以削弱其气势，从而达到己方占据主动或制服对手的目的。在现代商业竞争中，合理运用此计，也可以收到奇效。

世上万物都是互相联系、互相影响、互相依存的，一事物必须借助于另一事物才能生存和发展，而后者便是前者的必要条件。事物失去了存在的必

要条件，它就会自行削弱或消亡。因此，若要达到削弱或战胜对手的目的，可以先破坏其赖以生存的必要条件。

施展"釜底抽薪"之计，可以从挖对方的"墙脚"开始，逐步削弱对方战斗力，从而改变力量对比。"釜底抽薪"之计，在现代商业竞争中的运用千变万化，不同的人使用，就会有不同的形式。日本的京山英太郎就运用"釜底抽薪"之计，争取顾客，提高市场占有率，从而最终使自己立于不败之地。

1970年，京山英太郎兴建了一座游泳池，这座游泳池位于大阪电气化铁路线牧野站前方，这是一座既巨大又豪华的游泳池，它可以同时容纳1万人游泳。

然而，在牧野站靠大阪方向的前一站牧方站，已有一个由京阪电气铁路公司自己经营的游泳池。对来自大阪的游客来说，英太郎的游泳池比牧方站的游泳池要远一站。同时，京阪电气铁路公司还利用车上的播音设备，大力宣传："下一站是牧方站，牧方游泳池就在那里。"于是，旅客自然而然地就在牧方站下车。

京山英太郎感到问题的严重性。为

了扭转地理上的劣势，夺走牧方游泳池的顾客，唯一的办法是使游客知道牧方站的下一个站——牧野有一个比其还好的游泳池。要达到这个目的，最有效、最简捷的办法是在游客最多的京阪电气铁路线上多做广告，以让人们产生"到牧野游泳池看看"的念头。

可是，京阪电气铁路公司拒绝接受做车厢广告。京山英太郎只好亲自带上 12 名职员，来到牧方站，向由牧方站游泳池中尽兴而归的人，散发自己游泳池的免费入场券。

免费入场券的发放，真可说是立竿见影。从第二天开始，来京山英太郎的牧野游泳池的人数直线增加。即便这样，京山英太郎也没有放松他的行动速度。第二个星期天，他继续带领职员，在牧方站向那些刚从游泳池出来的顾客们，散发免费入场券。

这个战术的效果非常理想，尽管京阪电气铁路的车长们声嘶力竭地宣传："下一站是牧方游泳池！"但游客们大都充耳不闻，牧方游泳池的泳客锐减，而京山英太郎的牧野游泳池则门庭若市、热闹非凡。

终于，京阪电气铁路公司受不了了，要求京山英太郎停止发放免费入场券的活动。这时，京山英太郎想，如果这时候提出车厢广告的建议，对方仍会感到犹豫。于是，他绝口不提车厢广告的事，而是说："可以考虑你们的建议，但是希望你们今后不要在车内广播'牧方游泳池'的词句，作为互惠条件。如果无意改变播音内容，那么在车抵牧野站前，希望也能替我们广播一下，以示公允。"对于这个建议，京阪电气铁路公司方面当然大摇其头，哪有代替竞争对手做广告宣传的傻瓜呢？于是，京山英太郎装出一脸委屈的神态说："既然你们有困难，我也无意强人所难，但最低限度，你们应该同意让我在车内把手上做些广告。"不得已，京阪电气铁路公司方面怕节外生枝，立即接受了这个建议。从那以后，牧野游泳池的泳客与日俱增，每年接近 25 万人次，而这个数字相当于整个夏季到富士山观光的总人数。

"釜底抽薪"是商业竞争中的一种常用谋略。京山英太郎采用此法，将宣传广告具体到人，从而扩大本企业的影响，战胜竞争对手。

六里土地绝齐楚

公元前 313 年，秦国企图攻打齐国，但是楚国和齐国是盟友。面对这一形势秦惠王决定先破坏楚齐联盟，再攻打齐国。但是，谁能担当这一重任呢？秦惠王想到了谋略家张仪。于是，他先免去张仪的宰相之职，然后派他到楚国游说楚怀王与齐国绝盟。

张仪来到楚国后，了解到楚怀王是个既贪婪又喜好奉承的人，于是他便对楚怀王说："我们秦王最喜欢的人莫过于您楚怀王，而我心甘情愿为其效劳的人，也没有超过您楚怀王的。我们秦王最憎恶的人莫过于齐王，而我讨厌的人也莫过于齐王，但遗憾的是大王您却和齐国友善。因此，我们秦王不能够支持你楚王，我也不能为您效劳了。如果您能听我话，跟齐国断绝同盟，您就可以派使者跟您到秦国去，收回秦王过去从楚国兼并的六百里商于之地。这样，齐国就变弱了。您这样做的结果是削弱了北面的齐国，施恩德于西面的秦国，自己又得了六百里的商于之地，这是一举两得三利的事啊！"

楚怀王听了张仪的一席话，心里很高兴，便不假思索地与齐国绝交了，同时，还把宰相的印信交给了张仪，每天请他欢饮作乐，就好像六百里土地已经到手了。

楚怀王的大臣们都向他祝贺，只有大夫陈轸感到忧虑不已。楚怀王问其缘故，陈轸便向楚怀王说出了张仪离间楚齐联盟的真实目的。但是，楚怀王利令智昏，根本听不进陈轸的忠告，当即派一将领同张仪一道到秦国去接受土地。

张仪回到秦国后，马上改变了态度。他假装生病，三个月不见人，将转让土地之事束之高阁。

楚怀王觉得张仪迟迟不提土地的事，一定是嫌楚国与齐国断交不坚决，于是又派人去侮辱齐王。齐王大怒，把象征着友好的楚国兵符也折断了，同时，与秦国修好。

张仪见齐、楚同盟被拆散了，于是开始上朝。他对跟随他入秦的楚将说："你为什么不接受土地？从某地至某地，宽广一共六里。"楚将说："我奉命接受的是六百里，不是六里。"

于是，楚将回国报告楚怀王。楚怀王一听，方知中了张仪的计谋。楚怀王在大怒之中，准备发兵伐秦。这时，陈轸劝他不要去攻打秦国，而应联秦伐齐，从齐地找回失去的土地。然而，楚王一心想复仇，根本听不进陈轸的规劝，于是大举攻秦。秦、楚会战于汉中的丹阳，楚军大败。

楚怀王怒不可遏，动员全国的军队再度攻打秦国，蓝田一战，又遭惨败。韩、魏两国见状，乘机南袭楚国，直攻到邓地。最后，楚怀王不得不割地求和，才逃过了被灭国危险。

第二十计　浑水摸鱼

【计谋原典】

乘其阴乱①，利其弱而无主。随，以向晦入宴息②。

【注释】

①乘其阴乱：阴，内部。此句意思是乘敌人内部发生混乱。

②随，以向晦入宴息：语出《易经·随》卦。随，卦名，本卦为震下兑上。上卦为兑为泽；下卦为震为雷。言雷入泽中，大地寒凝，万物蛰伏，故卦象名"随"。随，在此处为顺从之意。《易经·随》卦的《象》辞为："泽中有雷，随。君子以向晦入宴息。"

【译文】

乘敌方内部发生混乱，利用其力量虚弱且没有主见，我方则应顺取利，就像到了夜晚，人必须入室休息一样。

【计谋典故】

东汉光武帝刘秀在未登基之前，曾在河北一带与王朗大战二十多日，但是王朗实力雄厚，刘秀不敌，便带着少数的亲信逃到蓟州。可刚到达，遇到蓟州兵变，归顺王朗，要活捉刘秀。刘秀实无他法，于是再次仓皇出逃。当逃到饶阳时，刘秀一行人已经是又乏又饿。于是，刘秀便冒充王朗的使者到驿站去骗饭。驿站的官员信以为真，急忙拿出美味佳肴来招待。刘秀一行人一连好几天都没吃过饭了，便狼吞虎咽起来。这时，驿站的官员起了疑心，便喊了一声"邯郸王驾到！"这一喊不要紧，众人吓得目瞪口呆。刘秀也吓得站起来了，但很快就坐下了。他心想："如果真是邯郸王来了，跑也跑不掉，何不将计就计。"于是，他示意众人坐下，很平静地说："准备迎接邯郸王！"等了一会儿，也不见邯郸王，才知道是驿站官员在搞鬼。刘秀一行人酒足饭饱后，便悄悄地离开了。

刘秀之所以能成功运用的就是"浑水摸鱼"之计。

【计谋解析】

"浑水摸鱼"，原意是在混浊的水中，鱼晕头转向，如果此时乘机摸鱼，则可得到意外的好处。此计用于军事，是指当敌人混乱无主时，乘机夺取胜利的谋略。在复杂的战争中，弱小的一方经常会动摇不定，这里就有可乘之机。更多的时候，这个可乘之机是靠主动去制造而不是等待。一方主动去把水搅浑，一切情况开始复杂起来，然后可乘机行事。

解 读

搅浑水伺机行事

在竞争中取利的办法很多，其中"浑水摸鱼，乱中取利"是较好的办法之一。远见者用这种方法，不仅可以轻易从中捞到好处，而且陷于混乱的各方都可成为取利的对象，这是因为各方将注意力都集中在互相争夺上，必然会有很多方面无暇顾及，并且也都会暴露出很多问题和空当来。

赤壁大战，曹操大败。为了防止孙权北进，曹操派大将曹仁驻守南郡（今湖北公安县）。

这时，孙权、刘备都在打南郡的主意。孙权的大都督周瑜因赤壁大胜，气势如虹，便下令进兵，攻取南郡。同时，刘备也把部队调到油江口驻扎，眼睛死死地盯住南郡。周瑜见状十分生气，在己方营帐内嚷道："我东吴攻打

南郡，唾手可得。刘备休想做夺取南郡的美梦！"刘备为了稳住周瑜，便先派人到周瑜营中祝贺东吴将获南郡。周瑜心想：我一定要见见刘备，看他有何打算。第二天，周瑜亲自到刘备营中回谢。在酒席之中，周瑜单刀直入问刘备驻扎油江口，是不是要取南郡？刘备说："听说都督要攻打南郡，特来相助。如果都督不取南郡，那我就去占领。"周瑜大笑，说："南郡指日可下，如何不取？"刘备说："都督不可轻敌，曹仁勇不可挡，能不能攻下南郡，话还不敢说。"周瑜一贯骄傲自负，听刘备这么一说，很不高兴，他脱口说道："我若攻不下南郡，就听任豫州（即刘备）去取。"刘备盼的就是这句话，于是马上说："都督说得好，子敬（即鲁肃）、孔明都在场作证。我先让你去取南郡，如果取不下，我就去取。你可千万不能反悔啊。"周瑜听后一笑，哪里会把刘备放在心上。周瑜走后，诸葛亮建议刘备先按兵不动，让周瑜先去与曹兵厮杀。

周瑜发兵，首先攻下彝陵（今湖北宜昌）。然后，乘胜攻打南郡，却中了曹仁诱敌之计，自己中箭而返。曹仁见周瑜中了毒箭受伤，非常高兴，每日派人到周瑜营前叫战。然而，周瑜只是坚守营门，不肯出战。

一天，曹仁亲自带领大军，前来挑战。周瑜带领数百骑兵冲出营门大战曹军。开战不多时，忽听周瑜大叫一声，口吐鲜血，坠于马下，被众将救回营中。原来这是周瑜定下的欺敌之计，一时传出周瑜箭疮大发而死的消息。周瑜营中奏起哀乐，士兵们都戴了孝。曹仁闻讯，大喜过望，决定趁周瑜刚死，东吴没有准备的时机前去劫营，以割下周瑜的首级，到曹操那里去请赏。

当天晚上，曹仁亲率大军去劫营，城中只留下陈矫带少数士兵护城。曹仁大军趁着黑夜冲进周瑜大营，只见营中寂静无声，空无一人。曹仁才知中计，急忙退兵，但是已经来不及了，只听一声炮响，周瑜率兵从四面八方杀出。曹仁好不容易从包围中冲出，退返南郡，又遇东吴伏兵阻截，只得往北逃去。

周瑜大胜曹仁，立即率兵直奔南郡。等周输率部赶到南郡，只见南郡城头布满"刘"字旌旗。原来赵云已奉诸葛亮之命，乘周瑜、曹仁激战之时，轻易地攻取了南郡。同时，诸葛亮利用在南郡城中搜得的兵符，连夜派人冒充曹仁救援，又轻易地夺取了荆州和襄阳。周瑜这一回才知上了诸葛亮的大当，气得昏了过去。

要想"浑水摸鱼"赢利，就要设法扰乱对方，使之失去判断能力，待其指挥系统混乱再待机发动攻击。同时，还要注意动荡混乱的局面不是经常遇到的，要积极利用，机不可失，失不再来。

周瑜全力以赴战曹军，诸葛亮却采用"浑水摸鱼"之计夺取南郡。从这可以看出，作为领导者一定要正确分析形势，发挥主观能动性，千方百计把水搅浑，将主动权牢牢掌握在自己的手中。

乱中拥立新君

唐朝晚期，宦官专权已经发展到了无以复加的程度。他们不仅把持朝廷的军政大权，还把皇帝变成了手中的傀儡。在唐宪宗到唐昭宗共九个皇帝中，就有七个皇帝是宦官拥立的，其中有两个皇帝还是宦官杀害的。

宦官王守澄和刘克明就是杀害唐宪宗和唐敬宗的元凶。王守澄害唐宪宗，刘克明杀唐敬宗，都不是孤立的事件，而是宦官们争权夺势的必然结果。杀害老皇帝，目的在于将自己手中的傀儡扶上皇帝的宝座。

王守澄最初只是个小太监，后来利用唐宪宗相信术士，而得到了唐宪宗的宠信。同时期的大太监吐突承璀因在外做观军容使，鞭长莫及，所以宫内的许多事就落到了王守澄的手里。在当时，有一个名叫大通的和尚，自称活了一百五十岁，还有一个叫杨仁昼的道士，说自己有不死之秘方。弄得宪宗神魂颠倒，授他俩以高官，这样一来，各色骗子齐集京师，想以骗术博取高官厚禄。王守澄正好利用这一点，让皇帝无暇过问政事，自己专权。但不久后，唐宪宗因吃丹药太多而中了毒，脾气暴躁，喜怒无常，动辄打骂，甚至随便杀人，弄得王守澄也提心吊胆，常担心自己会被宪宗无端处死。

后来，太子李宁病死，这是一个抓权的极好机会，谁拥立了太子，谁将来就会成为功臣而大权在握。这时，吐突承璀从外地调回京师，在拥立太子的问题上同王守澄等人发生了严重分歧。王守澄等人主张立遂王李恒，吐突承璀主张立澧王李恽。唐宪宗认为李恽的母亲出身微贱，不宜立为太子，就接受了王守澄的建议。王守澄虽然得逞，但他深知吐突承璀掌握禁军，说不定什么时候他会用武力拥立李恽，当前之计，是赶快让李恒当皇帝。

正巧唐宪宗的病势加重，疯癫不堪，连大年初一的朝会都免了，宦官们觉得宪宗恐怕活不长了，于是加紧策划谋害宪宗。王守澄先准备好毒药，在宪宗喝服丹药时，命人偷换药碗，送去一碗毒药。宪宗喝完，便一命呜呼了。王守澄见宪宗已死，立即同一伙人把太子李恒拥到宪宗灵前，即位称帝，是为唐穆宗。

穆宗的宝座还未坐热，王守澄立刻派人带兵杀死了吐突承璀和李恽，然后才发丧。继而清除吐突承璀的残余势力，把凡是依靠吐突承璀的宰相和其他官员一概罢免，整个朝廷又落入了王守澄的控制之下。

王守澄一伙为了把穆宗长久掌握在自己的手中，便千方百计地引诱穆宗效法他的父亲，去信道好仙，祈求长生不老。这穆宗也真经不起引诱，相信王守澄给他推荐的江湖术士，大吃补药，大搞什么采阴补阳，弄得自己神魂颠倒，根本无心上朝视事，于是大权全落到王守澄等人的手里。

不到五年，穆宗终于把自己弄得真元丧尽，一命呜呼，其子李湛即位，是为唐敬宗。这位敬宗倒是不好求仙问道，可比他的祖父、父亲更加荒唐，他简直除了胡玩乱闹，什么事也不会，什么正事也不干。白天，他摔跤、踢球、打猎，和一帮无赖恶少瞎混，晚上呢，则去打夜狐，亲自去野外捉狐狸。对于身边的太监，他是动辄打骂处分，甚至无故赐死，弄得跟随他的人一个

171

个心惊胆战。然而，对于国务政事，他从不过问，其政治之腐败，比前代尤甚。后来，一些大臣为了自保，纷纷借故辞职或是请求外任，朝廷几乎无人可用。

一些正直的大臣实在看不下去，便合力推荐敢于同宦官作斗争的裴度当了宰相。裴度上任伊始，就拿宦官开刀，雷厉风行地降了一些宦官的职。大宦官刘克明害怕自己的势力遭到削弱，就积极准备发动政变，想一举两得，既除掉裴度等人，又能从王守澄的手里夺回大权。一天，敬宗深夜才归，他"打夜狐"的兴头未尽，命刘克明等宦官陪他喝酒。刘克明便串通众宦官，趁敬宗更衣之际，弄灭蜡烛，将他乱刀砍死，并伪造诏书，拥立敬宗的侄子李悟即位。但裴度和王守澄都不同意，他们内外联合，派兵攻打，逼得刘克明跳井自杀。最后，在王守澄等人的拥立下，唐穆宗的儿子江王李涵当了皇帝，是为唐文宗。

在混乱中发现并抓住时机

"浑水摸鱼"就是指善于在混乱和变化中发现时机，并牢牢抓住它，从而帮助自己获得胜利。在商业竞争中，慧眼独具、手腕灵活的商人常趁着竞争对手内部或市场混乱，利用其力量虚弱因势适宜，从而达到自己的目的。

如果企业处于弱势地位，也可以故意将"一池清水弄浑"，使对手难辨真伪，从而使自己获得利益。

第二次世界大战后，日本百废待兴，各行各业都离不开电，因此到处都在不停地建造水坝和电厂。当时，日本国内公认的五大建设公司是鹿岛、大成、清水、大林及竹中。

间组建设公司是一家专营隧道、大坝等土木工程的公司。神部满之助董事长经常在外面开展业务时碰钉子，这让他深深感到，不被看成一流的大公司，是不利于公司业务开展的。

"好吧！他们不承认，我就搅他个天翻地覆！"

神部是一位雄心勃勃、斗志旺盛的领导者。当他的公司，企望进一步发展时，遇到这样的障碍，他自然不会就此罢休，而是采取了一般人想不到也做不到的策略。

不久，日本国内各大报社都收到了间组公司一笔大额的广告费，其要求新奇而简单：五大公司刊登广告时，落款加上间组；间组公司刊登广告时，也并列于五大建设公司；在新闻、报道、评论等一切见报的文章中，凡提及建设业的大公司时，把以前的"五大建设公司"改为"六大建设公司"。

既有利可图，又无损于人，这样利己不损人的事，各报社何乐而不为。

广告登出后，神部开展业务，经常遭人明嘲暗讽，但他一概置若罔闻，视而不见。对于"这就是'六大建设公司'之一的间组公司的老板神部先生"之类的话，他慨然应之。

然而，公司内的部下却忧虑不安。因为，毕竟间组公司与五大公司还有不小的差距，而且实力在间组之上的建设公司还多的是。像那样的广告，既被别人耻笑，还会被人认为是"骗子公司"。

神部理解自己的部下，然而他也自有他的如意算盘。结果，神部没有失算，尽管知情人嘲讽、厌恶他，建设业的舆论却被他搅乱了。在那之后，经常有不知情者慕名而来，而间组公司当然也没有让他们失望而去。间组公司

的业务扶摇直上，规模也越来越大，逐渐把一些实力原来在其之上的公司纷纷抛在后面，很快便名副其实地成为了日本第六大建设公司。

如果日本建设业舆论的一泓清水，没有被神部借报社之力搅混的话，那么间组公司就没有机会登上第六位大建设公司的宝座。

搅浑水，这是先决条件。条件具备了，如果神部不能让慕名而前来光顾的顾客满意而归的话，那么他的如意算盘也是打不响的。

第二十一计　金蝉脱壳

【计谋原典】

存其形，完其势①。友不疑，敌不动。巽而止，蛊②。

【注释】

①存其形，完其势：保持阵地已有的战斗形貌，完备继续战斗的各种态势。

②巽而止，蛊：语出《易经·蛊》，"蛊"卦为巽下艮上。艮为山、为刚，为阳卦；巽为风、为柔，为阴卦。故"蛊"的卦象是"刚上柔下"，意即高山沉静，风行于山下，事可顺当。又，艮在上，为静；巽为下，为谦逊，故又是"谦虚沉静"，"弘大通泰"是天下大治之象。

【译文】

保持阵地已有的战斗形貌，完备继续战斗的各种态势。使友军不怀疑，敌人也不敢妄动。此时，我方可顺势在暗中实施主力转移。

【计谋典故】

三国时期，诸葛亮在第六次北伐时，积劳成疾，在五丈原病死于军中。

诸葛亮在临终前向姜维密授退兵之计，以免蜀军在退回汉中的路上遭受损失。姜维遵照诸葛亮的吩咐，在诸葛亮死后，秘不发丧，对外严密封锁消息。又命工匠照诸葛亮的模样，雕了一个木人，羽扇纶巾，稳坐车中。并且，还派上将杨仪率领部分人马大张旗鼓，向魏军发动进攻。司马懿远望蜀军，见其军容整齐，旗鼓大张，又见诸葛亮稳坐车中，指挥若定，不知蜀军又要什么花招，不敢轻举妄动。

于是，司马懿命令部队后撤，观察蜀军动向。然而，姜维趁司马懿退兵的大好时机，马上指挥主力部队，迅速安全转移，撤回汉中。等司马懿得知诸葛亮已死，再进兵追击，为时已晚。

【计谋解析】

"金蝉脱壳"是指在敌我力量对比悬殊的情况下，为了迅速摆脱敌人，防止敌人发现，则留下虚假的外形以稳住敌人。这绝不是消极地逃跑，而是一种分身术，要巧妙地暗中调走精锐部队去袭击别处的敌人。但是，这种调动要神不知、鬼不觉，极其隐蔽。因此，一定要把假象造得逼真，即在转移时，依然要旗帜招展、战鼓隆隆，好像仍然保持着原来的阵势。

解读

揭露阴谋，巧妙周旋

公元前 283 年，赵惠文王得到了和氏璧。

后来，这个消息被秦昭王知道了，他便派人送书信给赵王，表示愿以十五座城池来交换和氏璧。赵王见信后，便召集大臣商议如何来应对。当时，宦官统领缪贤推荐蔺相如。

于是，赵王召见蔺相如问道："秦王希望用十五座城池来交换和氏璧，可以给吗？"

蔺相如回答道："秦国强，赵国弱，不能不答应。秦国用城池交换和氏璧，而赵国不答应，理亏的就是赵国；如赵国给了和氏璧而秦国不割让城池，理亏的就秦国。我愿带着和氏璧去秦国，如果秦国不割让城池，那么我就带着和氏璧回赵国。"

于是，赵王派蔺相如出使秦国。在朝堂之上，秦王一拿到和氏璧，便要拿去给后宫美人及左右大臣观赏，却根本没有意思要用城池来偿付赵国。

于是，蔺相如上前道："和氏璧有些瑕疵，请允许我指给大王看。"

秦王交出和氏璧，蔺相如就捧着和氏璧，退了几步，冲着柱子，对着秦王说："赵王派我捧着和氏璧来秦国，但我看大王并没有意思要用城池偿付赵国。一般人交往，都不会被欺蒙，何况是大国呢？因此，我就取回和氏璧，大王如果想动武，我的头与和氏璧会一起碎在这根柱子下。"

蔺相如说着，便斜视着柱子，做出要撞柱的姿态。秦王怕蔺相如破坏和氏璧，只好道歉。蔺相如见状便对秦王说："赵王送走和氏璧的时候，斋戒了五天，大王也应该斋戒五天再接受和氏璧。"

秦王见不能强夺和氏璧，便只好答应了，并将蔺相如安置在咸阳最好的客栈内。

当天晚上，蔺相如担心秦王会强取和氏璧，便派自己的随从带着和氏璧，走捷径先回到了赵国。

五天后，蔺相如对秦王说："由于我怕被大王蒙骗而辜负赵国，因此就派人带着和氏璧先回赵国了。再者说，秦强赵弱，如果秦国先割让十五座城池给赵国，那么赵国定会将和氏璧献于大王。我知道自己已经做了欺瞒大王的事，罪该受死，请您杀我吧！"

秦王听后，对臣子们说："现在杀蔺相如，也得不到和氏璧，却断了秦、赵的友谊，不如对他好一些，让他回赵国。"

蔺相如回到赵国之后，赵王认为他很有才华，便任命他为上大夫。后来，又由于秦国并未割让城池，因此赵国自然也没有交出和氏璧。

蔺相如观察出秦王的阴谋，并且通过巧妙周旋，终使"完璧归赵"。

示敌假象，偿留实移

"金蝉脱壳"是在危急存亡之时的脱身之计，是死里逃生的冒险行为，做得好可以脱离虎口；弄得不好，也可能有生命危险。因为在施计时，形势已万分危急，本身已处于极端不利的地位，拼不得，也退不得，而不得不冒险设谋突出重围，以便寻找机会东山再起。

宋朝开禧年间，金兵屡犯中原。宋将毕再遇与金军对垒，打了几次胜仗。金兵又调集数万精锐骑兵，要与宋军决战。此时，毕再遇只有几千人马，如果与金军决战，必败无疑。毕再遇为了保存实力，准备暂时撤退。这时，金军已经兵临城下，如果得知宋军撤退，定会追杀。那样的话，宋军一定会损失惨重。毕再遇苦苦思索如何蒙蔽金兵，转移部队。这时，只听帐外，马蹄声响，毕再遇受到启发，计上心来。

他在暗中先做好撤退部署，当天半夜时分，下令兵士擂响战鼓。金军听见鼓响，以为宋军趁夜劫营，急忙集合部队，准备迎战。哪里知道只听见宋营战鼓隆隆，却不见一个宋兵出城。宋军连续不断地击鼓，搅得金兵整夜不得休息。金军的首领似有所悟：原来宋军采用疲兵之计，用战鼓搅得我们不得安宁。好吧，你擂你的鼓，我再也不会上你的当。

宋营的鼓声又连续响了两天两夜，金兵根本不予理会。到了第三天，金兵发现，宋营的鼓声逐渐微弱，金军首领断定宋军已经疲惫，便派兵分几路包抄，小心翼翼地靠近宋营，见宋营毫无反应。金军首领一声令下，金兵蜂拥而上，冲进宋营，这才发现宋军已经全部安全撤离了。

原来毕再遇使了"金蝉脱壳"之计。他命令兵士将数十只羊的后腿捆好绑在树上，使倒悬的羊的前腿拼命蹬踢，又在羊蹄下放了几十面鼓，从而使鼓声隆隆不断。毕再遇用"悬羊击鼓"迷惑了敌军，利用两天的时间安全转移了。

　　实施金蝉脱壳之计多半是如诸葛亮、毕再遇那样，是为了摆脱困境，先把一个虚假的外形留给敌人，然后自己再脱身而去。

留其形，走其实

　　"金蝉脱壳"是在危急存亡时的脱身之计。施此计，既要有敢于冒险的精神，又要有冷静的头脑。

　　在过去的几十年里，始终没有一个对手能够对波音公司在商用喷气式客机市场上一枝独秀的地位产生过威胁。不少企业都羡慕波音公司的成功，其创始人威廉·波音却不会忘记，他的"波音"当初是如何陷入、又如何冲出"死亡飞行"的。

波音公司建于 20 世纪初，是从制造金属家具发展起来的，而后转向专门生产军用品。第一次世界大战期间，波音公司生产的 C 型水上飞机颇受美国海军的青睐，波音便在美国飞机制造业中担当起了一个重要的角色。然而，好景不长，一战结束后，美国海军取消了尚未交货的全部订单，整个美国飞机制造业陷于瘫痪状态。波音也不例外，困入了"死亡飞行"中。

威廉·波音并没有因此垂头丧气，而是进行了深刻的反思。造成"死亡飞行"的原因虽然有形势大变的因素，但也是由于自己过分依赖军方的结果。亡羊补牢，为时未晚，他果断地调整经营方向，并采取了相应的措施。一方面继续保持和军方的联系，随时了解军用飞机发展的趋势和军方的要求，以便加以满足。这样一旦有机会，其他飞机制造商难以乘虚而入。另一方面考虑到军方暂不会有新的订货，完全可以抽出主要的人力、财力，开发民用商业飞机。为了保证这一策略的顺利实施，还必须吸收、培养相应的人才。

此后，波音公司注意吸引和培养人才，并授予他们充分的权力，把主要的力量投入民用飞机的研制，从单一生产军用飞机的旧壳里脱颖而出。

战后经济的复苏刺激了对民用飞机的需要，波音公司推出的 40 型商用运输机以及波音 707 型、727 型客机正好满足了市场的需要，从而冲出了"死亡飞行"。以后，又陆续推出了波音 737 型、747 型、757 型、767 型客机，同时，还替陆军、海军、海军陆战队设计制造了各式教练机、驱逐机、侦察机、鱼雷机、巡逻轰炸机及远程重型轰炸机等，波音公司日益发展壮大起来。

金蝉脱壳之"脱"，是留其形，走其实，以稳住对手，达到顺利脱离险境的目的。波音公司如果不"金蝉脱壳"，摆脱单一的军用飞机经营，就无法冲出"死亡飞行"。

由此可见，金蝉脱壳是适应形势变化的有效策略之一。

第二十二计　关门捉贼

【计谋原典】

小敌困之。剥，不利有攸往①。

【注释】

①剥，不利有攸往：语出《易经·剥》，剥卦为坤下艮上。上卦为艮、为山；下卦为坤、为地。此卦意为广阔无边的大地在吞没山岳。剥，落也。

【译文】

对付小股敌人，要即时围困消灭。若让他们逃脱，我方则不可轻易追击或远袭。

【计谋典故】

战国后期，秦国攻打赵国。赵国名将廉颇，见秦军势力强大，便命令部队在长平固守，不与秦军交战。两军相持四个多月，秦军仍拿不下长平。

后来，秦王采纳了范雎的建议，用离间计让赵王怀疑廉颇。结果，赵王中计，调回廉颇，改派赵括为将到长平与秦军作战。赵括到长平后，完全改变了廉颇坚守不战的策略，主张与秦军面对面决战。秦将白起故意让赵括取得了几次小胜，赵括便得意忘形，派人到秦营下战书。而这，正中白起的下怀。随后，他分兵几路，指挥形成对赵军的包围圈。

第二天，赵括亲率四十万大军，来与秦兵决战。开始时，赵括取得了几次胜利，便以为秦军不堪一击，但他哪里知道白起用的是诱敌之计。赵括率领大军追赶诈败的秦军，一直追到秦壁。秦军坚守不出，赵括一连数日也攻克不了，只得退兵。这时却突然得到消息：自己的后营已被秦军攻占，粮道也被秦军截断。同时，秦军已把赵军全部包围起来。一连四十六天，赵军绝粮，士兵杀人相食，赵括只得拼命突围。白起已严密部署，多次击退企图突围的赵军。最后，赵括中箭身亡，赵军大败。

这个赵括，就是会"纸上谈兵"，在真正的战场上，一下子就中了白起的"关门捉贼"之计，损失四十万大军，使赵国从此一蹶不振。

【计谋解析】

"关门捉贼"是指对弱小的敌军要采取四面包围、聚而歼之的谋略。这里所说的"贼"，是指那些善于偷袭的小部队，它的特点是出没不定、行踪难测。它的数量不多，破坏性很大，常会乘我方不备，侵扰我军。因此，对付这种"贼"，不可放其逃跑，而要断他的后路，聚而歼之。当然，此计运用得好，决不只限于"小贼"，在掌握主动权的情况下，也可用于歼灭大股敌人。同时，不应只理解为待敌攻我后再关门，也可主动地制造口袋，有计划地诱敌就范。当然，这样做的前提条件是保证"关门"的成功，形成对敌力量的整体优势，否则的话还是不要追为好，以避免不必要的损失。

运用"关门捉贼"的谋略思想，应着眼全局，恰当地选择"关门"的时间和地点，因势而用计，因情而变通。

解 读

诱敌入围

1945 年 8 月，日本宣布投降，我国抗日战争取得胜利之后，蒋介石一方面邀请中共中央毛泽东主席赴重庆谈判，另一方面却指使阎锡山派兵进攻我山西上党地区的革命根据地，妄图抢占华北，给自己在重庆谈判中增加砝码。

在这严峻的形势下，我党中央派晋冀鲁豫军区司令员刘伯承、政委邓小平前去指挥，以给敌人以迎头痛击。

刘伯承和邓小平在接到指令后，立即飞赴太行山，部署作战。他们和作战部队指挥员陈赓等人，经过深入的研究，确定了如下作战方针。第一，集中优势兵力对付敌人，即以太行主力和冀南部队共31000人，迎战16000来犯之敌。第二，针对敌人孤军深入和防守分散的弱点，先夺取长治外围5城，诱使长治之敌出援，再伺机歼灭之。

9月10日凌晨，我军发起上党战役。经过10天的战斗，我军先后攻克了被敌占领的屯留、长子、襄垣、潞城及壶关共计5城，长治的守敌已成为我军的瓮中之鳖了。

正当我军准备攻克长治城时获悉，阎锡山派兵南下救援长治守敌，其先头部队9月28日已到了沁县东南的新店，离长治只有百里左右。情况紧急。刘伯承和邓小平当机立断，一方面继续佯攻长治，吸引敌军赶来增援；另一方面派人左右夹击来援之敌，并且切断其退路。

10月4日，我军向敌援军发起猛攻。一接触才清楚，敌军不是一个军7000人，而是三个军20000余人，敌我兵力相当。于是，刘邓又从围城部队抽出一万兵力参加打援，而且围三缺一，北面开个口子，以便我军歼灭溃逃之敌。经过3天的激战，我军歼灭援敌，击毙敌第7集团军副总司令彭毓斌，俘获3个师长在内的数十名高级军官。

当援军被歼灭之后，长治的守敌就绝望了。这时，阎锡山急电守军之首19军军长史泽波率领守敌弃城西突逃去。刘伯承和邓小平对此早已料到，下令围城部队紧追，又下令太岳部队火速赶来阻击。追击和阻击的战斗同时于10月8日开始，并在12日下午发起总攻，很快战斗就结束了，俘虏了敌军长史泽波在内的万余官兵。

我军上党战役的胜利，逼使蒋介石在《双十协定》上签字。这个胜利不得不令国民党方面也承认我军"长于机动"、"灵活迅速"、"善伺机会"以及"巧于出奇制胜"。

围攻敌人要视情况而定措施，如果被围之敌比较强大，而我军与之或相匹敌或稍占上风，则应围三缺一，故意让他逃跑，然后我军在后追，必能大获全胜。

大军合围

第二次世界大战后期，苏军在获得莫斯科保卫战和斯大林格勒保卫战的胜利后，开始战略反攻，以围歼在其境内的德军。

苏军这次大规模的围歼战役，是从科尔申——舍甫琴科夫斯基突出部开始的。这个突出部位于乌克兰第一方面军左翼和乌克兰第二方面军右翼之间，德军在这里部署着9个步兵师，1个坦克师，以及1个摩托化旅组织防御。

苏军参战部队克服各种困难，储备了大量物资，并根据最高统帅部的计划，制造了大量的坦克模型，配置在突出部正面，同时，还模拟设置了一些火炮阵地，以达到欺骗德军的目的。

德军指挥部以为苏军要从正面实施主要突击，便加强了正面防御。然而，苏军却利用德军的错误判断，隐蔽地将两个方面军的主力向突出部的根部移动，准备从这里实施相向突击，合围突出部里的德军集团，并适时建立合围的对外正面，抗击德军解围集团。

1944年1月24日和26日，乌克兰第2、第1方面军先后发起进攻，从突出部的根部向兹韦尼戈罗德卡急速推进。两个方面军的部队击退了德军的反突击，先遣部队与主力部队于1月28日在兹韦尼戈罗德卡会师，切断了科尔申—舍甫琴科夫斯基德军集团的退路，使德军陷入合围。尔后，各方面军派出快速部队迅速向外围进攻，并建立起合围的对外正面防御体系。德军科尔申—舍甫琴科夫斯基集团被合围后，希特勒害怕被围德军再遭斯大林格勒会战时的厄运，因此一改过去"必须原地坚守"的做法，允许部队自行突围，并急调部队救援。合围德军集团以后，朱可夫元帅与瓦图京、科涅夫将军于2月8日下午联名向德军被围集团发出一份最后通牒，并派使节将最后通牒递交给德军前沿指挥官福克上校，限定第二天上午11时前答复。

在发出最后通牒的同时，苏军展开了强大的心理战，向德军驻地散发了大量传单。传单首先指出，苏军的包围圈正在紧缩，德军陆上与空中运送弹药和油料的渠道均已被切断，突围已无可能。

苏军分化瓦解敌军的举措，在被围德军中产生了很大反响。许多官兵得知被围真相后，十分沮丧，士气非常低落。施特默尔曼赶紧采取措施，给官兵们打气，并于2月9日12时正式通知苏军"拒绝投降"，以打消被围官兵投降的念头。

2月10日，施特默尔曼集中坦克部队，仓促建立了一个突击集团，向苏军乌克兰第1方面军第27集团军的战线发起猛烈的进攻，试图突围，与外面增援部队会合。这里是苏军两个方面军的接合部，防御比较薄弱，德军顺利前进了3公里，并占领了希尔基。

2月12日，雨雪交加，狂风阵阵，对内和对外正面上的战斗都十分激烈。虽然，被围德军利用能见度差的条件作掩护，多次企图突围，但均被苏军制止。他们在与解围德军相距只有12公里时，再也无力突围了。至2月13日，苏军建立了相对稳定的合围对内、对外正面防御体系。2月15日，德军解围集团也力量耗尽，不得不电告被围德军，让他们自行向南突围。

德军被围集团失去了外援，只得到了空投的一些弹药，于是在绝望中决定于2月16日做最后一次突围尝试。

这天夜里，天下着大雪，狂风几乎能把人吹倒。苏军指挥部侦察到德军突围意图后，决定使用飞机向德军集结地域投掷照明弹和燃烧弹，从而为炮兵指示炮击目标。德军集结地火光冲天，炮兵以火源作方位场，对敌实施猛烈突击。德军被围官兵见难以坚守阵地，便丢弃车辆、军用物资及个人用品，纷纷择路而逃，但总是被苏军堵截住。

至 2 月 17 日凌晨，大批被围德军开始投降，德军科尔申—舍甫琴科夫斯基集团被全部歼灭，司令官施特默尔曼被击毙，只有少数军官乘装甲车逃出重围。在这次战役中，德军仅阵亡和被俘官兵就达 73 万人。

让"贼"皆成瓮中鳖

"关门捉贼"也经常被聪明的商人用在经营管理中，即在摸清顾客的心理后，根据顾客的心理，采取相应的措施。

1980 年，瑞典航空公司因连续几年亏损，处境十分艰难。这时，第二次石油危机的冲击使世界经济深受其害，这家公司声誉也日渐下降。正是在这种不利局面下，卡尔临危受命，出任该公司总裁。

为了改变局面，卡尔推行了一系列改革措施，其中一项就是在空中、地面推行了一整套新的服务标准。首先，以优质的服务来吸引因公出差人员。他对因公出差人员的心理进行了分析，认为他们都是因公出差，一切差旅费全报销，对机票价格高低不太在乎，而对服务质量却颇为挑剔。只要服务好，就能使他们感到满意，从心理上也就征服了他们。为此，卡尔大胆决定取消大部分航班的头等舱而开设欧洲舱。欧洲舱位于飞机前部，设有皮座椅，座位宽敞，前后排间隔大，环境舒适，以满足因公出差人员要求服务好的心理。该航的大部分洲际航线上，欧洲舱占 30%。其次，为了进一步招徕顾客，卡尔对公司雇员进行一轮又一轮的培训，反复向他们强调，要招来回头顾客，就必须在办理登机手续时、登机以及出现问题时向乘客提供关键服务。卡尔发现，乘客一旦在飞机上落座，可为他们提供服务的机会就寥寥无几了。而这时的服务，如果跟不上去，乘客就会与其他航空公司做比较，在心理上便会产生不舒服感。如果这时把服务做好，让乘客感觉和在家里一样，就会使乘客在心理上打上烙印。为了推行这一服务，卡尔还实行权力下放。普通职员无须履行繁文缛节的手续，就可以为感到不满的乘客换票或发放优待券。如航班误点，机上服务人员不经许可就可以为乘客提供免费饮料等。为了进一步提高服务质量，卡尔还与世界上100多家旅馆组成了一个服务网。比如，搭乘瑞典航空公司航班的乘客在下机后，将其行李交给机场任何一个办理登机手续的柜台，就可直接去办事。当他到达所下榻的瑞典航空公司联营的旅馆时，行李已在房间了。离开旅馆时，只需将行李交给旅馆前厅的该航空营业柜台，领了登机牌，即可直接上飞机。

卡尔这种迎合乘客心理的优质服务，实质上就是"关门捉贼"之计的具体应用。经过卡尔的改革和全体员工的努力，使瑞典航空公司从一家连年亏损的公司，一跃而成为全球闻名的公司。

第二十三计　远交近攻

【计谋原典】

形禁势格[1]，利从近取，害以远隔。上火下泽[2]。

【注释】

①形禁势格：禁，禁锢、限制；格，阻碍。

②上火下泽：语出《易经·睽》，睽卦为兑下离上。上卦为离、为火；下卦为兑、为泽。上火下泽，是水火相克，水火相克则又可相生，循环无穷。睽，离违，即矛盾。本卦《象》辞说："上火下泽，睽。"意为上火下泽，两

相违离、矛盾。

【译文】

在受到地理条件的限制时，攻取就近的敌人有利，而越过近敌去攻取远敌是有害的。使敌像上火下泽一样，相互矛盾违离，而我方则可各个击破。

【计谋典故】

战国末期，七雄争霸。秦国经商鞅变法之后，势力发展最快。

在秦昭王掌权时，秦国开始图谋吞并六国，独霸中原。公元前 270 年，秦昭王准备兴兵伐齐。范雎此时向秦昭王献上"远交近攻"之策，阻秦国攻齐。他说："臣闻穰侯将，越、韩、魏而攻齐，其计谬色。齐离秦国甚远，中国隔着韩、魏两国，秦出兵较少，则不足以败齐；如出兵甚众，则会先使秦

国受害。假若伐齐而不胜，为秦国之大辱，即使伐齐取胜，也只是使韩、魏两国从中渔利，得到好处，而这对秦国有什么益处呢？'远交'则可离间他们之间的关系，'近攻'则可以扩大我国领地。自近而远，如蚕食叶，倘若兼并了韩、魏后，齐、楚两国还能存活多久呢？"范雎此举最终为秦兼并六国，最后统一中国奠定了战略基础。

为了防止齐国与韩、魏两国结盟，秦昭王派使者主动与齐国结盟。其后四十余年，秦始皇继续坚持"远交近攻"之策，远交齐楚，近攻韩、魏两国；然后，又从两翼进兵，攻破赵、燕两国，统一北方；随后，挥师南下，攻破楚国，平定南方；最后，齐国在秦军的攻伐下，迅速覆灭了。

秦始皇征战十年，终于建立了统一天下的秦帝国。

【计谋解析】

远交近攻是分化瓦解敌方联盟，各个击破，从而实现我方战略目的的谋略。当消灭近邻之后，远交之国就成了近邻，也就成为新的攻击对象了。"远交"的目的，实际上是为了避免树敌过多而采用的外交策略。

解 读

分化政治

在实际情况下，大家要学会分析客观形势，对不同的敌人采取不同的对策。然而，给予敌人的区别对待，会促进敌人的分化瓦解。在敌人分化瓦解，彼此之间不能协同作战，并且不能互相救助的情况下，我方就可采取各个击破的办法，将敌人一个一个地吃掉。

意大利著名的历史学家、政治家马基雅弗利曾提出过这样一个政治公式，即一位君主要兼有狐狸与狮子的特点。他说："狮子不能使自己免于落进陷阱之中，而狐狸又无力使自己免受狼群之攻击。"因此，就必须既是狐狸以识别陷阱，又是雄狮以慑服群狼。用这个公式来比喻罗斯福的政治手腕最恰当不过。他就是用狐狸的计谋为狮子的目的服务的。这一点在他参加总统竞选时已经十分引人注目。

　　罗斯福首次参加总统竞选时，美国已受到孤立主义浪潮的冲击。然而，罗斯福从前是主张成立国际联盟的新自由派人物。他在 1920 年以民主党副总统候选人身份参加竞选时，曾明确主张美国应该参加国际联盟。12 年后，当他以民主党总统候选人身份参加竞选时，采取了迥然相异的立场。他在竞选演说中声明，他不赞成美国参加国际联盟。难道他真的放弃了自己以前的信念吗？其实不然，这只不过是他的一种竞选手段而已。他曾经说过："理想是不变的，但是方法随着每一代人和世界环境在改变。我是在寻找达到目的最现代化的车辆。"他要争取当选，就必须考虑选民情绪。国会内的孤立不仅有共和党人，还有他所在的党的人，他不赞成美国参加国际联盟，实际上是迎合了大多数人的意见，从而为自己当选总统排除了巨大阻力。罗斯福处理退伍军人问题更能说明他的政治手腕。胡佛下台前夕发生的退伍军人的"补偿金进军"运动被麦克阿瑟用武力镇压下去后。1933 年春，华盛顿又出现了退伍军人的请愿队伍。罗斯福让其亲密的助手路易期·豪陪同罗斯福夫人去访问退伍军人的临时营地。汽车开到营地后，罗斯福夫人单独一人下车，在齐脚踝深的灰土地上向退伍军人走去。退伍军人看到罗斯福夫人只身来到他们中间，顿时对她表示热烈欢迎。罗斯福夫人倾听他们的要求，同他们一起唱昔日歌曲。事后，退伍军人中流传着这样一句话："胡佛派来军队，罗斯福派来他的妻子。"通过这种方式，使本来会成为对抗的局势通过协商解决了。

罗斯福是民主党人，但他并没有把自己局限于一个政党领袖的地位，实际上，他尽可能使自己具有全面领袖的形象，尽量化敌为友，尽可能不同反对他的人对立，不无谓地刺激孤立派争取共和党内的重要人物为他的政策服务。比如，1940 年共和党召开全国代表大会前夕，罗斯福任命著名共和党人，以"强硬派"著称的诺克斯和史汀生分别担任海军部长和陆军部长的要职。这一任命是"一石数鸟"，除了它的国际作用外，在国内也有多方面的作用，它既向全国表明应摒弃党派成见，共济时艰，同时，也是向共和党全国代表大会施加影响，分化共和党内反罗斯福的力量。

总的来说，罗斯福是精于政治策略的，他在用权术与计谋来达到自己的政治目的方面可谓技艺高超。因此，马基雅弗利关于狮子与狐狸的比喻用在罗斯福头上颇为贴切。除此之外，罗斯福还以有胆有识著称。他在首次就职演说中提出了"无所畏惧"的战斗口号："我们唯一值得恐惧的就是恐惧本身。"他不怕失败，勇于尝试，勇于创新，有魄力，有远见，把美国引上了一条新的发展道路。罗斯福作为一位杰出的领导人，集权术、胆识及实用主义于一身，他与丘吉尔、斯大林并称"第二次世界大战三巨头"，与华盛顿、林肯齐名，并一同名留青史是当之无愧的。

明治政府的两手外交

"远交近攻"是一种常用的军事策略。若想将此计运用成功，达到目的，那么必须要具有远见，具有战略眼光。

明治维新以后的日本，处于一个特殊的历史时期。它是一个资本主义国家，同时它又是一个经济落后、主权不完整的国家。因此，明治政府在对外政策上采用了"远交近攻"的两手外交策略。它一边修改不平等条约争取民族独立、国家主权完整；同时，努力向邻国扩张，推行殖民主义政策。

早在 1817 年，明治政府就派出使团出使欧美，其任务之一就是谋求修改

193

不平等条约。但由于当时日本国力仍然贫弱，列强对修约一事未予理睬。这使日本政府认识到，只有国力强盛才能争取到民族独立。于是，明治政府制定并推行"殖民产业"、"富国强兵"及"文明开化"三大政策，很快就取得明显成效。同时，日本还实行了所谓"欧化新帝国"的外交方针，极力讨好欧美列强。

19世纪90年代初，远东国际关系发生了新变化。由于沙俄修建西伯利亚铁路引起了英、俄矛盾的激化，日本乘机加紧了修改不平等条约的工作。1889年成立的日本内阁就确定了修改条约和向邻国扩张同时并举的外交政策。在1894年，日本先同英国签订了《日英新约》。根据此约，日本收回了法权和部分税权，大体上摆脱了不平等条约的束缚，这标志着日本基本上实现了民族独立。

明治政府立国之初，就开始向周边邻国发动侵略。1872年，日本将琉球划为其一个藩，并在1879年又把它划归为日本的冲绳县。

1871年，一艘琉球船只在我国台湾海域与当地渔民发生冲突。但事过几年后的1874年，日本竟以此为借口派兵进攻我国台湾省，开始了对邻国的武装侵略。

19世纪七八十年代，日本占领朝鲜，并通过一系列不平等条约，把朝鲜变成了自己的半殖民地，这为日本以后吞并朝鲜、进攻中国铺好了道路。1894年，朝鲜发生东学党起义，朝鲜请求清政府出兵帮助镇压。同年6月，清兵到达朝鲜，中、日在朝鲜爆发了战争。后来，由于清政府战败，因此使日本吞并了朝鲜，进而发动了对中国的殖民侵略。

总而言之，在采用"远交近攻"之计时，要一手拿大棒，一手拿橄榄枝。因为，一味"交"，则会丧失原则，失去自我，失去发展机会；一味"攻"，则会树敌过多，难以立足。日本利用国际关系的细微变化，营造了一个利于自己生存和发展的环境，避开强大的宿敌，蚕食周边的弱小国家，从而增强了自己的国力。

远交近攻，各个歼灭

"远交近攻"之计在政治和社会生活中，比在外交和军事中，还要用得多。

公元 2 世纪末，罗马帝国政局动荡，皇帝康茂德和佩提纳克斯相继被杀，多瑙河军团司令塞维鲁被他的部队拥立为帝。当人们还在徘徊犹豫的时候，他已经率领军队到达意大利本土。

塞维鲁的突然出现，使元老院大为震惊，恐慌不已，赶忙正式选他为皇帝。但是，塞维鲁要成为整个帝国的主宰，面临着两个主要困难：一是在亚洲，叙利亚总督尼格尔正在建立自己的统治；二是在西方，阿尔比努斯已经称帝。塞维鲁认为：如果暴露自己的野心，同时与两强为敌，是十分危险的。于是，他决定先稳住阿尔比努斯，再出兵攻打尼格尔。他先给阿尔比努斯写信，告诉他：虽然自己被选为罗马皇帝，但愿意与他共享这个荣誉，并赠送他"恺撒"的称号。同时，塞维鲁又通过元老院，加封阿尔比努斯为自己的同胞。阿尔比努斯信以为真，在塞维鲁进攻尼格尔时，坐山观虎斗。然而，塞维鲁解决了东方问题以后，便立即向元老院申诉说：阿尔比努斯忘恩负义，正在使用阴谋诡计企图谋害他，因此他必须对阿尔比努斯的行为进行惩罚。于是，塞维鲁又发动了对阿尔比努斯的战争，今法国境内活捉阿尔比努斯，把他的政权和生命一并剥夺了。

塞维鲁不愧为出色的政治家，他以狐狸般的狡猾稳住了阿尔比努斯，同时，又以狮子般的凶猛消灭了尼格尔和阿尔比努斯，最终成为整个罗马帝国的新主宰。

第二十四计　假道伐虢

【计谋原典】

两大之间，敌胁以从，我假以势^①。困，有言不信^②。

【注释】

①我假以势：假，假借。

②困，有言不信：语出《易经·困》，困卦为坎下兑上。上卦为兑、为泽、为阴；下卦为坎、为水、为阳。卦象表明：本该容纳于泽中的水，现在离开泽而向下渗透，以致泽无水而受困；同时，水离开泽流散无归则是自困。困，困乏。本卦《象》辞说："困，有言不信。"

【译文】

处在敌我两个大国中间的小国，当敌方强迫它屈服的时候，我方则要借机去援救，从而造成一种有利的军事态势。这就像人正处于受人胁迫的境地，若我方说援救他，而他一定会相信。

【计谋典故】

春秋时期，晋国想吞并邻近的两个小国——虞国和虢国。然而，这两个国家的关系不错。如果晋攻打其中任何一个，另一个就会出兵援助的。大臣荀息向晋献公献上一计，他说："要想攻占这两个国家，则必须要离间他们，使他们互不支持。主公可以拿出心爱的两件宝物，即屈产良马和垂棘之璧，送给虞公。然而，等灭了虞国，这两件宝物自然就会回到你的手中。"献公听后大悦，便依计而行。虞公得到良马美璧，高兴得嘴都合不拢。

从那之后，晋国便故意在晋、虢边境制造事端，从而找到了伐虢的借口。随后，晋国要求虞国借道让其伐虢，虞公收了恩惠，只得答应。虞国大臣宫子奇再三劝虞公，说："这件事办不得的。虞虢两国，唇齿相依，如果虢国灭亡，晋国是不会放过虞国的"。虞公却说："交一个弱朋友去得罪一个强有力的朋友，那才是傻瓜。"

晋大军通过虞国，攻打虢国，很快就取得了胜利。班师回国时，把劫夺的财产分了许多送给虞公。虞公更是惊喜万分。随后，晋军大将里克以称病为由，暂时把部队驻扎在虞国京城附近。虞公却毫不怀疑。几天之后，晋献公亲率大军前去，里应外合，一举歼灭虞国。

【计谋解析】

处在两大国中间的小国，当受到一方武力胁迫时，另一方就会以出兵援助的姿态，把力量渗透进去。

当然，对处在夹缝中的小国，只用甜言蜜语是不会取得其信任的。我方应先以"保护"为名，迅速进军，控制其局势，使其丧失自主权；然后，再乘机突然袭击，从而轻而易举地取得胜利。

解 读

借机渗透，夺取胜利

用"假道伐虢"之计取胜的战例还有不少，当然，所谓"假道"的方式，必须根据当时的情况来灵活掌握。

东周初期，各诸侯国都乘机扩张势力。楚国在楚文王掌权时，势力日益强大，汉江以东小国，纷纷向楚国称臣纳贡。当时有个小国叫蔡国，仗着和齐国联姻，认为有个靠山，就不买楚国的账。楚文王怀恨在心，一直在寻找灭蔡的时机。

蔡国和息国的关系很好，蔡侯、息侯都是娶的陈国女人，经常往来。但是，有一次息侯的夫人路过蔡国，蔡侯没有以上宾之礼款待，气得息侯夫人回国之后，大骂蔡侯。息侯也因此对蔡侯有一肚子怨气。

楚文王听到这个消息，非常高兴，认为灭蔡的时机已到。他派人与息侯联系，而息侯想借刀杀人，向楚文王献上一计：让楚国假意伐息，他就向蔡侯求救，而蔡侯肯定会发兵救息。这样一来，楚、息合兵，蔡国必败。楚文王一听，何乐而不为？他立即调兵，假意攻息。蔡侯得到息国求援的请求，马上发兵救息。可是，兵到息国城下时，息侯竟紧闭城门。蔡侯见状不妙，便要退兵，然而楚军已借道息国，把他围困起来。最终，蔡侯被楚军所俘。

蔡侯被俘之后，痛恨息侯，于是对楚文王说："息侯的夫人息妫是一个绝代佳人"。他这话是刺激好色的楚文王。楚文王击败蔡之后，以巡视为名率兵到了息国都城。息侯亲自迎接，设盛宴为楚王庆功。楚文王在宴会上，趁着酒兴说："我帮你灭了蔡国，你怎么不让夫人敬我一杯酒呀？"息侯只得让夫人息妫出来向楚文王敬酒。楚文王一见息妫，果然天姿国色，决心一定要据为己有。第二天，楚文王借举行答谢宴会，用伏兵将息侯俘获，从而轻而易举地灭了息国。

息侯害人害己，他主动借道给楚国，助楚灭蔡，给自己报了私仇，却不料，楚国竟不废一兵一卒，顺手将自己消灭。

大家要善于借机渗透，乘对方有机可乘之时，借用某种名义，巧妙地把势力渗透进去，这样便可以不费什么工夫，就能全面地控制对方。

借机进言

在日常工作中，下属要在顺从领导意思的前提下，借机进言，这也是"假道伐虢"的一种运用。

春秋时期，楚庄王非常喜爱马。他给马都穿上华丽的绸缎装，让它们住在金碧辉煌的大厅里，并搭好清凉的大床供它们休息，喂的是美味佳肴，谁也不准怠慢它们。

有一天，一匹马突然死了。楚庄王心疼极了，他命满朝文武百官向死马致哀，并准备以高级的双层棺材装殓，像对待宫廷官员一样办丧事。大臣对此很是不解，都认为马怎能和人比？并且劝楚庄王不要这样办。楚庄王极不满，下令道："有谁再为葬马的事向我进谏，一律处死。"文武官员再没有人敢进谏。

优孟听了这事，竟真闯王宫，仰天大哭，且声泪俱下。楚庄王见状便问："优孟，为何如此大哭？"宫中官员也感莫名其妙。优孟悲伤地说："听说大王最心爱的马死了，我们楚国是如此大的国家，要什么有什么，没有办不到的事情。为大王最心爱的马办丧事，却这样简单，就与一般官员的礼节一样，太失我们楚国的面子了，况且有些官员还要取消葬礼，我很是失望。"

楚庄王听了很高兴，便问："依你的意思，应怎样办？"优孟说："应与葬国王的礼节一样，需用汉白玉雕刻内层棺材，用花纹精美的梓木做外层棺材，发动全城百姓挖坑堆土，并邀各国的使节前来送葬，让齐国、韩国的使节引幡招魂，赵国和魏国的使节护送。用整牛整羊来祭祀，再追封它千户侯的谥号，使天下所有的人都晓得楚王的马死了，我们的楚王把马看得比人重得多得多。"

优孟的一番话，使楚庄王如梦初醒道："原来我犯下这样大的错！现在我该怎么办？"

优孟说："对待这匹马应和其他牲畜一样，将它埋了就好。"楚庄王接受了这一建议。

在领导不听进劝时，顺其意，理其气，根据他的意见层层推理，并从中得出相反的结论，这样必能使其幡然醒悟。

第五套　并战计

并战计包括偷梁换柱、指桑骂槐、假痴不癫、上屋抽梯、树上开花及反客为主共六计。并战计是用来对付友军的。在乱世之中，很多时候需要同友方联合作战的，但大家切不可对他掉以轻心。因为，友军是潜在的敌人，他会在与你并肩作战时，突然下手歼灭你，所以在这种形势之下，就得妙思攻守之计。本套计策是从换之、骂之等几个方面来展开介绍的。

第二十五计　偷梁换柱

【计谋原典】

频更其阵①，抽其劲旅②，待其自敝，而后乘之③。曳其轮也④。

【注释】

①频更其阵：频，频繁、不断地；其，指示代词，这里是指的友军；阵，古代作战时用的阵式。

②抽其劲旅：劲旅，精锐部队、主力部队。

③而后乘之：乘之，这里是指乘机加以控制。

④曳其轮也：曳，拖住。这句话出自《易经·既济》，其象辞为："曳其轮，义无咎也。"

【译文】

频繁地更换友军阵容，抽调友军阵容的主力，等待它无法控制自己的阵地和军队，而后再乘机兼并它。这就如同拖住了车轮，车子就不能运行了一样。

【计谋典故】

秦始皇称帝，自以为江山一统，是子孙万代的家业了。并且，他自认为身体还不错，一直没有立太子，指定接班人。然而，在宫廷内，存在两个实力强大的政治集团。一个是长子扶苏、蒙恬集团；另一个是幼子胡亥、赵高集团。扶苏恭顺好仁，为人正派，在国内有很高的声誉。秦始皇本意欲立扶苏为太子，为了锻炼他，便派他到著名将领蒙恬驻守的北线为监军。幼子胡亥，早被娇宠坏了，在宦官赵高教唆下，天天只知道吃喝玩乐。

公元前 210 年，秦始皇第五次南巡，到达平原津（今山东平原县附近），突然一病不起。此时，秦始皇也知道自己的大限将至，便连忙召丞相李斯，要李斯传达密诏，立扶苏为太子。当时掌管玉玺和起草诏书的是宦官头儿赵高，而他早有野心，看准了这是一次难得的机会，故意扣压密诏，等待时机。几天后，秦始皇在沙丘平召（今河北广宗县境）驾崩。由于李斯怕太子回来之前，政局动荡，所以秘不发丧。赵高特此去找李斯，告诉他："皇上赐给扶苏的信，还扣在我这里，现在立谁为太子，我和你就可以决定。"同时，狡猾的赵高又对李斯讲明利害关系："蒙恬率兵数十万，且素与公子扶苏亲密。若

扶苏继位，他一定会重用蒙恬，到那时，你丞相的位置能坐得安稳吗？何去何从，请丞相三思。"赵高的一席话，果然说得李斯心动，于是二人合谋，制造假诏书，赐死扶苏，杀了蒙恬。

赵高未用一兵一卒，只用偷梁换柱的计策，就把昏庸无能的胡亥扶为秦二世，为自己今后的专权打下基础，也为秦朝的灭亡埋下了祸根。

【计谋解析】

偷梁换柱，指用偷换的办法，暗中改换事物的本质和内容，以达蒙混欺骗的目的。"偷天换日"、"偷龙换凤"、"调包计"等都是此意。在军事上，联合对敌作战时，反复变动友军阵线，借以调换其兵力，等待友军有机可乘或一败涂地之时，将其全部控制。但此计一定要在对方不防备的情况下使用，一旦被其发现就会导致"偷鸡不成，反蚀把米"。此计中包含尔虞我诈、乘机控制别人的权术，所以也往往用于政治谋略和外交谋略。

解 读

体制转换，脱胎换骨

曹操虽然不敢冒天下之大不韪，但是在他临终前的几年，还是采用了偷梁换柱的办法，一步步为儿子取代汉家天下做好了所有准备。

自建安元年开始，曹操一直任"录尚书事"。但他忙于打仗，遂以心腹荀彧为代尚书令。

建安九年九月，曹操以邺城为大本营，荀彧负责的尚书台也迁到了邺城。于是，尚书台完全脱离了少府，而在许都的少府只管皇室的生活起居了。尚书台官员不再隶属于少府，实际上从建安元年即已开始，曹操以录尚书事的身份通过尚书台来控制在许都的中央政府，荀彧只对其顶头上司曹操负责。

但是，曹操逐渐发现荀彧在政治上与自己离心离德，遂于攻占邺城之后下令将尚书台也迁至邺城，置于司空府的控制之下。

为了加强司空府的权力，曹操在太尉和司徒的人选方面也早就采取了措施，"必择老病不任事、依违不侵权者居之"，使二公形同虚设，后来选中了杨彪和赵温。但杨彪是袁术和袁绍的姐夫，曹操对他很不放心，一边拉拢利用，一边又严密监视。

赵温看出苗头不好，为了保住官位，向曹操献媚，延聘曹丕为司徒府属官。殊料曹操并不领情，而是借机上书献帝，指控其"辟臣子弟，选举故不以实"，罢免了他的司徒之职。

这次，一向自诩精于为官之道的老官僚赵温拍马屁拍错了地方，结果弄巧成拙。曹操一不做二不休，又随便找到了一个借口罢免了杨彪的太尉之职。

地位平行的三公制是曹操走向权力顶峰的障碍。为了从法制上求得独揽朝政的保障，曹操于建安十三年六月毅然改革中央政府的体制，对重要的职官人事进行调整和改组。通过调整，曹操便名正言顺地由丞相府通过尚书台来控制许都政权了。换句话说，曹操将自己的意图由丞相府主簿司马朗传给代尚书令荀彧，再由荀彧传给献帝，最后由献帝以诏书的形式颁发全国。

如果说曹操迎献帝是他走上雄霸天下的关键一步，那么，他改组中央政府，用邺城的丞相府取代许都的中央政府，是完成代汉的组织准备。

两年以后，即建安十六年正月，出于曹操的安排，献帝诏命曹丕为五官中郎将、副丞相，授权设置官署。这是一个重要的步骤，这是因为按汉制，五官中郎将统带五官郎护卫皇宫，隶属于光禄勋，不置官署。曹丕置官署当然是特许，又任副丞相，丞相府在邺城，故他供职于邺城。其官属主要有：长史凉茂、邴原、吴质，文学徐干、苏林、夏侯尚，司马赵戬。这当然是曹操的安排，之所以如此，是让曹丕经受从政的锻炼，将大本营交给儿子，自己可以放心地带兵出征。

形式上的一些重要变化也同时开始。建安十七年正月，曹操得到"赞拜不名，入朝不趋，剑履上殿"的殊荣。按规定，大臣上朝之时不准身带任何武器，要脱去鞋子，进殿之前要先接受检查，由司仪官倡导大臣的官职和姓名；大臣进殿要一溜小跑，不能踱方步，否则将以"大不敬"治罪。现在曹操上殿可以佩剑、穿鞋，从容列班，司仪官不再直呼其姓名，而是口称"丞相"。礼仪的特许化，表示曹操是汉天子最亲近、最可信赖的臣子。

曹操从"复古"的体制转换中，用他的一套人马取代了汉献帝所在的中央政府，从此"政出曹门"。接下去是实际的脱胎换骨，即建立魏国，用恢复九州制的旗号使自己辖地日大、从而最后"吞并"汉家天下。

后来，曹操变更行政区划，从与魏郡接壤的各郡、王国中分出 15 个侯国和县，以增广魏郡。即割河内的荡阴、朝歌、林虑三县，东郡的卫国和顿丘、东武阳、发干三县，巨鹿郡的瘿陶、曲周、南和、广平、任城五县，赵王国的襄国和邯郸、易阳二县，作为魏郡新的属县。董昭看出曹操此举的真实意图，与同僚计议，认为曹丞相"宜晋爵国公，九锡备物，以彰殊勋"，终因荀彧暗中反对而未获成功。

早在建安九年曹操攻占冀州之后就曾拟议"复古置九州"，也因荀彧反对而作罢。建安十七年冬荀彧死去，曹操遂于建安十八年正月以献帝名义下诏、合并全国 14 个州为 9 个州。经过两次调整后的行政区划的突出特点是，冀州由原来的 10 个郡国增加到 32 个，成了地域和人口在全国都占首位的大州，魏郡也是最大的郡。古代崇尚"九"字，"九"与"久"谐音，取"长治久安"之意。曹操在"复古"的旗号下省并州郡，扩大冀州和魏郡的辖区，其目的只有一个，即增加冀州牧的实力和为建立魏国而未雨绸缪。

建安十八年五月，献帝命御史大夫郗虑持节，带着诏书至邺城，晋封曹操为魏公，始建魏国。至此，曹操大体上完成了"脱胎换骨"的过程，汉朝已剩下一个空壳，以魏代汉只是时间而已。

"偷梁换柱"，通过体制上的变动，将对方渐渐架空，使对方名存实亡，确实是不露行迹地转移权力的极佳方式。

丑小鸭变成白天鹅

"偷梁换柱"，"偷"要神不知，鬼不觉，"换"要干净利索，天衣无缝。偷梁换柱之计一向被认为只适用于军事、政治、外交方面，在商界作用不大。可下面的例子却是运用得非常精彩。

吉诺·鲍洛奇被誉为"商界奇才"。他自幼出身贫寒，也正是贫寒的家境、艰苦的生活造就了他经商的天赋。在鲍洛奇 10 岁时，一场席卷全球的经济大萧条袭击了明尼苏达。他的父亲失业了，他只好利用课余时间在外面找工作。不久，他在杜鲁茨食品商大卫·贝沙的超市连锁店之一的食品店找到一份推销员的工作。他十分珍惜这份工作，用自己的热情感染着顾客，并积累了丰富的经验。贝沙注意到了这个出色的小伙子，便把他调到杜鲁茨总店进行培训。

初到杜鲁茨总店，鲍洛奇的工作是卖水果，正在鲍洛奇越干越有劲头、越干越出色之时，发生了一件不幸的事。贝沙连锁店冷藏水果的冷冻厂起火了，等救火队员迅速将火扑灭时，发现有18箱香蕉已被火烤得有点儿发黄，香蕉皮上还有许多小黑点。贝沙将这18箱香蕉交给鲍洛奇，告诉他只要卖出去就行，价钱低些也无所谓。

接过这些香蕉，鲍洛奇犯难了：这可怎么办呢？谁会买这些难看的香蕉呢？如果卖不出去，贝沙先生又会怎样看我的工作能力呢？这棘手的任务该怎么完成呢？

尽管如此，鲍洛奇还是不得不将这些发黄的香蕉摆了出来，标上很低的价格拼命叫卖，但仍只有寥寥可数的几个人来摊位前看一下，就又转身走了。虽然将价格降了将近一半，还是无人问津。无论鲍洛奇怎样解释这些香蕉仅仅是外表不好看，味道绝对可口，但还是没有人买。鲍洛奇喊累了，随手剥开一根香蕉，发现香蕉只是皮上有黑点，里面的肉一点也没有变质，相反，由于烟熏火烤的缘故，吃起来反倒是别有一番风味。"对了，就这么办！"他突发奇想，有了一个好的创意高兴得叫了起来。

第二天，鲍洛奇早早地摆出了水果摊，大声吆喝起来："美味的阿根廷香蕉，风味独特，快来买呀，独此一家，过时不候。"

吆喝声吸引了不少人，他们围在水果摊前，盯着这些皮稍微发黄，还带着小黑点的"阿根廷香蕉"，但大家还是犹豫着。

"这真是阿根廷香蕉吗？"其中一人问道。

"当然是，"鲍洛奇肯定地说，"您肯定从来没见过。我敢保证，它的确与众不同，不信你尝尝。"鲍洛奇凭三寸不烂之舌，将"阿根廷香蕉"说得天花乱坠，然后，又剥开一根香蕉递到那人手里。然后请他当众发表意见。

"嗯，的确与众不同。"那人尝后点点头对周围人说。尝罢，他掏出钱来要买香蕉。

有这个人带头再加上鲍洛奇的鼓动，围观的人们也纷纷掏钱来买"阿根廷香蕉"，尽管它的价格比普通香蕉贵了近一倍。不一会儿，18 箱香蕉被抢购一空。

终于完成了贝沙先生交给他的任务，而且是圆满地完成，鲍洛奇自豪地笑了。

没有人见过"阿根廷香蕉"的样子，于是鲍洛奇干脆"偷梁换柱"，把火烤过的香蕉说成"阿根廷香蕉"，反而激起了人们的好奇心，使本无人问津的香蕉却高价卖出。尽管此招有欺骗之嫌，但鲍洛奇的商业才能由此可见一斑。

经营需要商人的实干，依法经营，这固然是根本。但是，瞬息万变的商情和商机更需要商人巧干。利用顾客的好奇心来扩大销售，这就是取巧，是造势的基础，是商人智慧的运用。

产品经过一番打扮后，也许会成为畅销的珍品，甚至打进了国际市场。当然"偷梁换柱"的前提是要质优，绝不能坑害消费者。唯有诚信，企业才能长久地生存。

培训人才，巧挖墙脚

偷梁换柱的"梁"与"柱"，主要是从军事部署的角度讲的。古代作战，双方要摆开阵式，阵中有"天横"，首尾相对，是阵的大梁；"地轴"在阵的中央，是阵的支柱。梁和柱者是部署主力部队的地方。在一家企业中，人才就是它的梁和柱。

经营管理的合理化涉及人、事、物多元的配合。而其中最重要的又是对人的管理与使用，人才的培训是其中的一个重要方面。

管理是严肃的爱，培训是最大的福利。但是，企业培养人才不应成为人才来源的唯一途径。向别的企业，特别是同行业企业挖掘人才，更可说是一举两得的妙事，不仅可以增强本企业人才实力，壮大人才储备，而且削弱了竞争对手的人才力量，在"商场如战场"的市场经济环境中，本企业在同行业中必定形成强烈反差，人才优势转化成资源、设备、产值、利润等优势，从而在整个企业实力上战胜对方。

一个比较著名和典型的例子是闻名世界的克莱斯勒汽车公司董事长艾柯卡巧挖人才的事例。艾柯卡 1978 年刚进入面临倒闭的克莱斯勒，发现该公司 35 位高级经理中，竟有 33 位不称职。要改善公司的经营状况，就必须完善人才配备工作，对艾柯卡来说，要做的第一件事就是要选聘一批对汽车生产及销售各有专长的创新人才。经周密筹划和多次密谈，他将福特汽车公司的格弗伍德请来当二把手，又把该公司的斯珀利奇请来担任生产计划的副总裁，接着，从"通用"、"大众"等汽车公司分别请来史蒂夫·米勒任财务方面的负责人，解决质量问题的专家史蒂夫·沙米负责制造生产，还有唐·德拉罗萨和杰克·威恩罗手下一批出色的设计师和工程师。克莱斯勒汽车公司清理完旧摊子，很快使新的人才班子运转起来，不断推出新产品，获取了很好的经营效果。1983 年，该公司还清所欠的 30 亿美元贷款，1986 年积累利润达 56 亿美元。克莱斯勒汽车公司的成功反映了"巧挖"人才的惊人效应。

由于管理阶层的知识水平在企业经营中起到决定作用，因此要聘请一批专业人员进行经营管理。知识在竞争中起决定因素，企业要不断培训人才，不断努力提高职员知识水平和经营素质，除此之外，也要发现并挖掘别人的人才，为己所用。

以桃代李

北宋景德四年（1007 年），皇后郭氏随宋真宗巡幸西京，拜谒皇陵。途中受凉得病，回宫不久就死了，宫中之位空缺。

当时可以竞争皇后的有三人：刘德妃最为得宠，但出身微贱；杨淑妃出身将门（天武副指挥使杨知信的侄女），侍奉宋真宗也在刘氏之前，可又不及刘氏得宠；另外还有个沈才人，虽入宫最晚，然而祖父是宰相沈伦，父亲为光禄少卿沈继宗，门第最高，所以也当另眼相看。

母以子贵，在几人势均力敌时，谁能产一麟儿，往往能出人头地，捷足先登。这三人自然要求仙拜佛，乞得贵子。可偏偏是春风不度、珠胎难结。

后来，毕竟是曾经闯荡江湖的刘德妃，见多识广，独具匠心，想出一条以李代桃的计策，就得以嗣袭中宫，母仪天下，甚至还临朝称制，权同君王。

刘德妃本是个孤儿，由表兄龚美抚养。龚美是个银匠，在京城开封谋生。不知什么缘故，他结识了襄王赵恒的内侍，得以出入王府。当时刘氏才 15 岁，有时随同表兄入府。

刘氏生得小巧玲珑、眉清目秀，而且善于摇鼗（táo）。这鼗看似平常小鼓，可经她一摇，音韵悠扬，妙趣横生，内侍们得闲时，最爱去听她摇上一段。没出几天，引起轰动，王府之中，人人都知道了刘氏的特技。最后，连襄王赵恒都被惊动了。

当时赵恒还没有成为太子，年少好奇，一听人说，就带了几个侍从，特地到龚美住处，定要一睹这位美人的绝技。

刚一见面，赵恒就吃了一惊，暗自称赏她的芳容，再听她的鼗声，果然声调铿锵，别具节奏，令人陶醉。刘氏也因襄王屈高就下，受宠若惊，又见他与自己年貌相当，姿表不凡，不禁动起情来。

赵恒一回王府，就令侍从把刘氏召进宫来，当个侍女。

当问到籍贯时，刘氏回答："祖上是太原人，后来迁徙益州（在今四川），祖父刘延庆曾在晋、汉间做过右骁卫大将军；父亲刘通在宋朝做过虎捷都指挥使，在一次征伐太原的战役中，死在行军途中。不久，母亲也死了。"

"当时小女还在襁褓之中，因家世廉洁，没有留下钱财，不得不由舅舅抚养。后来，舅舅、舅母相继去世，只剩表兄龚美，做些下贱活计，勉强糊口，四处漂泊，所以来到这里。"说完，已是泪噙两眼。

襄王听着已觉凄凄切切，见她一双玉珠欲滴的秀眼，更感楚楚可怜，马上搂进怀里，结成一对鸳鸯。

然而，好事多磨古已有之。襄王的乳母秦国夫人是个古板的人，见襄王与侍女甜甜蜜蜜，两小无猜，觉得不成体统，于是跑去告诉宋太宗。

宋太宗很生气，令人把儿子叫来，当面训斥一顿，要他把刘氏赶出王府。襄王哪里舍得，但父命难违，只好把刘氏暂时藏到王宫指挥使张耆家中。

十多年过去了，襄王赵恒成了皇帝，是为宋真宗，他当即将刘氏召进宫来，封为美人。俩人破镜重圆，更感到情投意合。

刘美人生性乖巧，对郭皇后侍奉得殷勤周到，与同列杨氏等也能相处得和睦融洽，因此在宫中备受称赞，不久进为修仪，后来又晋升德妃。连当银匠的表兄龚美也"因妹得福"改姓刘，做起官来。

郭皇后死时，没有留下子嗣，刘、杨、沈三人也无缘得子，刘德妃就想出以李代桃的计策来。

刘德妃宫中有个侍儿李氏，为人老实，又不爱多说话。

一天，刘德妃私下对她说："我想为你提供机会，让你为皇上生个儿子。但儿子生下后，对外人只能说是我生的，并且永远不要泄露秘密。"李侍儿表示同意，并保证自己一旦得子，绝不泄密。

于是，刘德妃授意李侍儿天天来给宋真宗叠被铺床，抱衾送枕。一天，宋真宗果然心血来潮，竟令李侍儿侍寝。事也凑巧，只此一遭，李侍儿就怀上龙种，十月一满，产下一男。

李侍儿果真信守诺言，外人只知这位皇子赵祯是刘德妃所生。

刘德妃既得皇子，地位自然高出杨、沈二人。一天，宋真宗召集群臣，宣布要册立德妃为皇后。

翰林学士李迪首先发言，他认为刘德妃："起于寒微，不可母仪天下。"（《宋史·李迪传》）宋真宗把脸一沉，说："德妃父亲刘通曾任都指挥使，怎么能说是起于寒微？"

接着，参知政事（副宰相）赵安仁又出来反对，奏道："陛下欲立继后，不如立沈才人。沈才人出自相门，足孚众望"。

宋真宗又反驳："后不可以僭先，而且刘德妃才德兼全。不愧后仪。朕意已决，卿等不必多言！"

众臣见李、赵二人已碰了一鼻子灰，没人再敢多说。大中祥符五年中历十二月丁亥（1013 年 2 月 7 民），宋真宗颁布诏书，立刘德妃为皇后。

天禧二年（1018年），皇子被立为太子。乾兴元年（1022年），宋真宗病死，太子赵祯即位，是为宋仁宗。刘皇后被尊为皇太后，坐在宋仁宗右侧垂帘听政，所有军国大事都由刘太后裁夺。

宋仁宗长大成人以后，始终认为刘太后是自己的生母，直到明道二年（1033年），刘太后病死后，才知道自己的生母原来是一年前病故的李宸妃（李侍儿生子后先进才人，后升婉仪，临死前不久又得封宸妃）。

第二十六计　指桑骂槐

【计谋原典】

大凌小者①，警以诱之②。刚中而应，行险而顺③。

【注释】

①大凌小者：大，强大；小，弱小；凌，凌驾、控制。

②警以诱之：警，警戒，这里是指使用警戒的方法；诱，诱导。

③刚中而应，行险而顺：语出《易经·师》，"刚中而应，行险而顺，以此毒天下，而民从之"。

【译文】

强者制服弱者，要用警告的办法来诱导他。采取适当的强硬手段便会得到应和，行险则遇顺。

【计谋典故】

春秋时期，齐景公任命襄苴为将，带兵攻打晋、燕联军，又派宠臣庄贾作监军。襄苴与庄贾约定，第二天午时在营门集合。第二天，襄苴早早到了营中，可是庄贾迟迟不到，穰苴几次派人催促，直到黄昏时分，庄贾才醉醺醺地到达营门。于是，穰苴问庄贾为何不按时到军营来，而庄贾若无其事的样子，只说亲戚朋友们都来为自己设宴饯行，所以来晚了。穰苴听后非常气愤，斥责他身为国家大臣，有监军重任，却不以国家大事为重，在作战前还在留恋自己的人家。庄贾仗着自己是国王的宠臣亲信，对穰苴的话不以为然，一副满不在乎的样子。穰苴当着全军将士，问道："无故误了时间，按照军法应当如何处理？"众人道："当斩！"穰苴即命拿下庄贾。庄贾吓得浑身发抖，他的随从连忙进宫，向齐景公报告情况，请求景公派人救命。在景公派的使者没有赶到之前，穰苴即令将庄贾斩首示众。全军将士，看到主将杀违犯军令的大臣，个个吓得发抖，谁也不敢不遵将令。这时，景公派来的使臣飞马闯入军营，拿景公的命令叫穰苴放了庄贾。穰苴沉着地应道："将在外，君命有所不受。"他见来人骄狂，便又问道："乱在军营跑马，按军法应当如何处理？"众人答道："当斩。"来使吓得面如土色。穰苴不慌不忙地说道："君王派来的使者，可以不杀。"于是，下令杀了他的随从和三驾车的左马，砍断马车左边的木柱，然后让使者回去报告。

穰苴是用指桑骂槐之计给大臣施加压力，违令者严惩，从而令其他人不敢效尤。

【计谋解析】

指桑骂槐，现已成为含沙射影、拐弯抹角的代名词。施此计时，要运用各种政治和外交的谋略，"指桑"而"骂槐"，用施加压力来配合行动。对于弱小的对手，可以用警告和利诱的方法，不战而胜；对于比较强大的对手，也可以旁敲侧击威慑他。

解　读

最新鲜的食品

　　从厨房里闯出来的美国面包大王凯瑟琳·克拉克，标榜她自己的面包是"最新鲜的食品"。为了取信于消费者，她在包装上特别注明了面包的烘制日期，保证绝不卖存放超过 3 天的面包。

　　起初，这规定给她带来巨大的麻烦。因为，一种新产品上市，销路不可能马上好起来。存货一多，要严格执行"不超过 3 天"的规定就相当困难了。尤其是各经销店大都怕麻烦，虽然过期面包凯瑟琳回收，但他们不愿天天检查，换来调去，而宁愿把过期的面包留在店里卖。

　　许多人不理解，认为她在哗众取宠，故作姿态，一个面包放 3 天也坏不了，为什么非要 3 天换一次不可？

　　然而，凯瑟琳还是一如

既往，严格要求自己的职工，保证面包的新鲜度。

一年秋天，一场大洪水导致了面包的紧缺，凯瑟琳公司的外勤人员由于没有接到特别的指示，照常按循环表出外到各经销店送刚烘制出来的新鲜面包和回收超过期限的面包。

一天，运货员在几家偏僻商店加收了一批过期面包，返程途中，立刻被一群抢购面包者围住了，提出要购买车上的面包。

运货员解释面包是过期的，不能卖给大家，反而被误解为想囤积居奇。人越围越多，几个记者也加入其中。

运货员被逼得无奈，只得解释道："各位女士、先生，请相信我，我绝不是想囤货投机而不肯卖，实在是我们规定得太严了，车上面包全是过期的，如果公司知道了我把过了期的面包卖给顾客，我就会被开除，因此请你们原谅。"

后来，由于大家迫切需要面包，这车面包最后还是在双方的"默契"下，很快被"强买"一空。但是，这位运货员则受到凯瑟琳的严厉指责。

事实上，凯瑟琳指责运货员违反规定，卖过期面包给顾客，实际上是"骂"其他面包商的面包不新鲜。这就是巧使"指桑骂槐"妙计，树立起自己面包最新鲜的良好印象。对经常上当受骗的消费者来说，自然具有巨大的吸引力。

正因为这一点，凯瑟琳只用了短短十几年工夫，就把一个家庭式的小面包店完全变为现代化大企业，每年的营业额从 2 万多美元猛增到 400 万美元。

凯瑟琳采用"指桑骂槐"之计，使自己的小面包店在市场上占据了一席之地。"指桑骂槐"即所指的"桑"很具体，但所骂的"槐"并不明确。这里的"桑"就是那位无奈的运货员，而"槐"则是其他所有的面包商。

含沙射影，以隐制隐

在论辩中，有时会有一些论辩者用如背景中的指桑骂槐的方式，进行人身攻击，侮辱对方的人格。对此，你如果质问对方，正面回击，可能正中对方下怀，他可能会说："我并没有指你，你为什么要往自己头上硬扯。"要回击这类人身攻击，最好的办法也采用同样含沙射影的方式，反击对方，取得以隐制隐的效果。

有一伙人从某地火车站出来，到了车站广场的摊点上想买几只烧鸡在旅途中吃，买主里有男有女，也都很年轻。他们买烧鸡时，对女老板说："嘿，你这摊上卖得还真全啊！还有野鸡呢，你这野鸡肉香不香啊！想不到你们这地方还出这么漂亮的野鸡，这野鸡的肉多嫩呀！老板，怎么个卖法呀？可不可以送货上门啊！"

说完后，他们一伙人都很轻慢地笑了起来。

女老板很清楚这伙人居心不良，把自己比作"野鸡"，如果直接骂他们几句，就会被指责不文明经商；如果不回敬几句，就很可能有更难堪的场面出现。于是，她不卑不亢地说："我们这里不出野鸡，只加工野鸡，这里的野鸡都是用火车从外地运来的。运来的野鸡都是活的，所以稍不留神就会被野鸡啄着，这些东西毕竟是野物嘛，又不通人性。我们在加工野鸡时，对那些野性大的野鸡先开刀，然后再用开水烫，接着把它的毛拔光，乘势就开膛破肚，接下去就是烧烤熏煮。你们问问你们这两位小妹，她们刚刚尝过了。你们如果吃着好的话，就欢迎多买几只，我可以优惠点卖，你们除了自己吃，多余的带回去送给亲友，不是也算帮我们送货上门了吗？"

那些恶意挑逗者听了这番滴水不漏的回答之后，暗冒冷汗，只好强打精神说："好！够份儿，老板娘的货漂亮，人漂亮，话更漂亮。"

说完以后还真乖乖地买了几只烧鸡走了。这位老板娘就是采用了含沙射影、以隐制隐的语言技巧，把"野鸡"的雅号送了回去，巧妙地回击了指桑骂槐的发难者。

第二十七计　假痴不癫

【计谋原典】

宁伪作①不知不为，不伪作假知妄为。静不露机②，云雷屯也③。

【注释】

①伪作：假装、佯装。

②静不露机：静，平静、沉静；机，这里是指心机。

③云雷屯也：语出《易经·屯》，"云雷，屯，君子以经纶。"草茅穿土初出叫作"屯"。屯卦为震下坎上。震为雷，坎为雨，为云，云在雷上，说明茅草初出土时，即遇雷雨交加。用屯卦又是九五陷于二阴之中，并为上六所覆藏，有阴阳相争不宁之象，更意味着事物生长十分艰难，所以说"屯，难也"。面临这样的艰难局面，人们必须冷静处置，认真调理，周密策划，要"经纶运于一心"而不动声色，要"'盘桓'安处于下"而以屈求"伸"，要因势利导，待机而功，而决不可"快意决往，遽求自定以为功"。

【译文】

宁可假装糊涂而不采取行动，也绝不假冒聪明而轻举妄动。要保持沉着冷静而不泄露任何心机，就像雷电在冬季蓄势待发一样。

【计谋典故】

三国时期，曹操与刘备青梅煮酒论英雄这段故事，就是假痴不癫的典型例证。刘备早已有夺取天下的抱负，只是当时力量太弱，根本无法与曹操抗衡，而且还处在曹操控制之下。刘备装作每日只是饮酒种菜，不问世事。一日曹操请他喝酒，席上曹操问刘备谁是天下英雄，刘备列了几个名字，都被曹操否定了。忽然，曹操说道："天下的英雄，只有我和你两个人！"一句话说得刘备惊慌失措，生怕曹操要借机杀他，幸好此时一阵炸雷，刘备急忙将手中的筷子掉在地上，并且还说自己被雷声吓掉了筷子。曹操见状，大笑不止，认为刘备连打雷都害怕，成不了大事，于是对刘备放松了警觉。后来，刘备摆脱了曹操的控制，终于在我国历史上干出了一番事业。

在这个事例中，刘备将"假痴不癫"运用得天衣无缝，从而骗过了生性多疑的曹操，为以后的事业打下了良好的基础。

【计谋解析】

"假痴不癫"是一种麻痹对手、待机而动的计谋。此计关键在一个"假"

字。这里的"假"，意思是伪装，即装聋作哑、痴痴呆呆，而内心里却特别清醒。当进攻的机会未到时，宁可伪装糊涂而不动，也不要自作聪明而轻举妄动。其实，这也是一种强化自己的学识、才能及修养的过程。学会以此来应变人生，有利于培养自己处理好各种人际关系的能力和技巧，也是放弃个人的虚荣心，踏踏实实地走好人生旅途的表现。

解读

以聋制吼，游刃有余

具有辩才的人，不仅要能够控制自己的情绪，而且能够用情绪来控制他人。既要能像演员那样，做到哭中能笑，泣中能唱；又要像导演那样，稳操舵柄，全面把握，游刃有余。

第一次世界大战后，饱受列强凌辱的土耳其人挺起了腰杆，同仇敌忾，打败了甘当英国傀儡的希腊。英国恼羞成怒，准备严惩土耳其。它纠集了法、意、日、希腊等协约国代表，与土耳其在洛桑谈判，企图胁迫土耳其签订不平等条约。英国政府派出外交大臣寇松，意在恫吓，威逼土耳其就范。

寇松身材魁梧，声如洪钟，是名震一时的外交家。与他相比，土耳其派出的代表伊斯梅特则相形见绌了。伊斯梅特不仅身材矮小，耳朵还有些聋，在国际上属无名小辈。寇松当然不把伊斯梅特放在眼里，谈判中态度骄横、傲慢、嚣张。其他列强代表也盛气凌人。然而处在这种氛围中的伊斯梅特却从容不迫、镇定自若，精心选择着外交辞令，一板一眼，有条有理，有章有法，毫无惧色。特别是他的耳聋具有"特异功能"，对土耳其有利的发言他都听见了，不利的话他好像全没有听到。当伊斯梅特对列强们提出的苛刻条件概不理会，只顾提出维护土耳其利益的条件时，寇松便雷霆大发，挥拳怒吼，咆哮如雷。恫吓、威胁不断，向伊斯梅特劈头盖脸压来，各列强代表也气势汹汹，咄咄逼人，那种紧张的气氛令人窒息。伊斯梅特虽然有些耳聋，此时对于寇松盛怒之下发出的"超强度"刺激信号，当然是句句听得清楚。但是，他仍坐在那里若无其事，耳聋一如既往。等寇松声嘶力竭叫嚷完了，他才不慌不忙地张开右手，靠在耳边，将身子移向寇松十分温和地说："您说什么？我还没听明白呢！"意思是请寇松再重复一遍。气得寇松直翻白眼，说不出来话。

要知道寇松的暴怒是由对立意向引起的激情，是由当时的情绪、氛围引起的宣泄，这种激情的宣泄，犹如突然爆发的火山，势不可挡，时间短暂而效果强烈。不过，这种激情是很难再现的。伊斯梅特的"耳聋"对策，不啻于对寇松进行情绪控制的心理战术。在将近三个月的谈判中，据理力争，终于使谈判以土耳其的胜利而告结束。

伊斯梅特用他的"耳聋"，控制了整个谈判局势。外交谈判中，我方采取"假痴不癫"之策，让对方没脾气，往往会收到奇效。

藏巧于拙，用晦而明

古人云："君子耍聪明不露，才华不逞，才有任重道远的力量。"这大概可以形象地诠释"藏巧于拙，用晦而明"这句话的具体含义。一般说来，人性都是喜直厚而恶机巧的。但是，作为一个胸有大志的人，要达到自己的目的，没有机巧权变，又绝对不行，尤其当他所处的环境并不尽如人意时，那就要玩弄机巧权变，又不能为人所厌，所以就有了鹰立虎行如睡似病，藏巧用晦的各种处世应变的方法。大家不仅要有担天下重任的大志，有成就大业的雄心，更要有为此大志忍辱负重的胸怀和待机而动的耐心。

三国时期，魏明帝曹睿去世时，太子年幼，大将军司马懿与曹爽共同辅佐太子执政。曹爽是皇室宗族，自从掌握大权后，便野心勃勃，要独揽大权。然而，司马懿是三朝元老，功劳高，有威望，而且谋略过人，在朝廷中有相当大的势力，因此曹爽还不敢公开与司马懿斗。与此同时，司马懿也想夺权，他把曹爽的举动看在眼里，但表面上仍然装糊涂，后来，干脆称病不上朝。

曹爽虽然一人独揽朝廷大权，十分高兴，但他对司马懿仍然不放心。司马懿虽然自称年老多病，不问朝政，可他老奸巨猾，处事谨慎，谁知他是真病还是假病？

于是，曹爽经常派人打听司马懿的情况，可就是摸不到实情。

河南尹李胜讨好曹爽，从而得到了曹爽的信任。曹爽就把李胜召到京城，任命他为荆州刺史。李胜临去上任时，曹爽安排李胜以探望为名，到司马懿府中去探听虚实。其实，司马懿早已看破曹爽的心事，早有准备。

李胜在客厅坐了很久，才见司马懿衣冠不整，不断地喘息着，由两个侍女一左一右地架着，从内室慢慢走出。

李胜连忙站起身来，向司马懿行礼问安。司马懿的儿子司马昭对李胜说："李大人免礼罢，家父身体难支，还要更衣。"

旁边走过一个侍女，用盘子端着一套衣袍来到司马懿面前，请司马懿更衣。司马懿颤颤抖抖地伸手去拿衣服，刚拿起衣服，他的手无力地往下一垂，衣服掉在了地上。侍女赶忙拾起衣服，帮司马懿穿上。然后，两个侍女搀扶着，小心翼翼地让司马懿半躺着坐在躺椅里。

司马懿喘息了一会儿，慢慢地抬起右手，用手指指自己的嘴，上气不接下气地说："喝——粥。"

一个侍女连忙出去，端着一碗粥来到司马懿面前；司马懿抖着手去接，可他的手抖动得太厉害，最终还是拿不住碗。侍女只好端碗送到司马懿的唇边，用汤匙一小口一小口地把粥送进司马懿口中。司马懿的嘴慢慢地蠕动着，粥不断地从嘴角流出来，流到下巴的胡须上，又顺着胡须滴落在他的衣襟上。

喝着喝着，司马懿突然咳嗽起来，嘴里的粥喷了出来。不仅喷到他自己身上，还喷了喂粥的侍女一身。侍女放下手中的碗，拿过毛巾给司马懿擦身上的粥。司马懿叹了一口气，闭上眼睛。

李胜看见司马懿这副样子，就走上前去，对司马懿说："太傅，大家都说您的中风病复发了，没想到您的身体竟这样糟，我们真替您担心！"司马懿慢慢地睁开眼睛，气喘吁吁地说："我老了，又患病在身，活不多久了。我不放心的是我的两个儿子，你今天来，我很高兴。"说着说着，眼中流下泪来。

李胜连忙解释说："太傅不必伤心，我们都盼着您早日康复呢。我马上要到荆州赴任，今天特意来拜望您，向您辞行的。"

司马懿故意装糊涂，说："什么？你要去并州上任，并州靠近胡人，你去了要很好地加强戒备，防止胡人入侵。"

李胜见司马懿年老耳聋，连话都听不清了，就重复说："太傅，我不是去并州，是去荆州。"

司马懿听了，故意对李胜说："你刚去过并州？"

司马昭凑上前去，大声对司马懿说："父亲，李大人不是去并州，而是去荆州。"

"哦，是去荆州，那更好了。唉，我人老了，耳聋眼花，不中用了。"司马懿对李胜说。

李胜认为司马懿确实老病无用了，就站起身来，对司马懿告辞说："太傅多保重，您的身体会好起来的，以后有机会进京，我会再来拜望您的。"

说完就离开了太傅府。

李胜刚出府门，司马懿就从椅子上站了起来，手捋胡须，看着司马昭，父子两人相视而笑。

李胜出了太傅府，直奔曹爽的府中，见到曹爽，高兴地说："司马懿人虽活着，却只有一息尚存，已经老病衰竭，离死不远了，不值得您忧虑了。"曹爽听了心中大喜，就不把司马懿放在心上了，更加独断专行。

曹魏皇帝宗族要去祭扫高平陵。曹芳起驾，曹爽、曹羲等兄弟全部随驾同行，一行人耀武扬威，浩浩荡荡开出了洛阳城。

等曹爽他们出城不久，司马懿就精神抖擞地带领着司马昭、司马师披挂上马，率领着精锐士兵占领了洛阳各城门与皇宫，把洛阳城四门紧闭，不准人随便出入。然后，假传皇太后的诏令，废曹爽为平民，并派人把诏令送到皇帝曹芳那里。

等到曹爽闻讯回城，大势已去。司马懿以篡逆的罪名，诛杀曹爽一家，终于独揽大权，曹魏政权实际上已是有名无实了。

古代兵书告诉我们，真正善于打仗的真正聪明的领导者，绝不会炫耀自己的智谋和武力，时机不到，镇定得像个呆子。假装不行动，是因为现在还不可能行动，必须等待时机再行动。

有时当危险要落到自己头上时，通过装傻弄呆，还可以达到逃避危难、保全自身的目的。

丹尼尔装疯卖傻

"奥丽"位于纽约市郊风光秀丽的赫德森河畔，是座英国古典式大型乡村别墅，它的主人是具有英格兰王裔血统的丹尼尔。

一天，当地的报纸登出了一则出售"奥丽"的广告。有家公司的董事长大卫酷爱英国古代建筑，非常想成为"奥丽"的主人。

可是，由于丹尼尔狮子大开口，要200万美元，因此使得大卫欲买又止。于是，他请老同学、房地产间谍莫利斯前往调查。大卫和莫利斯怎么样谋划"奥丽"的呢？

莫利斯到达"奥丽"附近后，觉得无法从性格孤僻、生性多疑的丹尼尔身上下手。于是，他就化妆成当地居民，伺机接近丹尼尔热情大方的女仆格丽丝，从她嘴中"套"出了丹尼尔亟须聘用地下管道工的情况。后来，莫利斯在被丹尼尔盘问了好长一段时间后，如愿以偿地当上了"奥丽"的管道工。

莫利斯在疏通管道时，发现"奥丽"的管道属于不合格产品，无法与矗立的豪华楼房相称。他随即拍下了照片，接着又通过查找当年有关"奥丽"的新闻报道，得出了"老丹尼尔资金不足，管道只能降格以求，但出于固有的虚荣心，力图避人耳目、瞒天过海"的结论。莫利斯把照片和"调查报告"交给了大卫，又为大卫设计了一条利用丹尼尔"爱面子"的弱点，在价位上"狠狠宰他一刀"的计谋。

大卫来到"奥丽"，和丹尼尔讨价还价。大卫拿出照片和调查报告这一"撒手锏"。丹尼尔见状，便大骂莫利斯"无耻、骗子"，在咆哮了一阵以后，终于"低"下了头。大卫"迫使"丹尼尔做出了让步，以50万美元成交。

得意扬扬搬进新居后的大卫，不久就发现装潢似王宫般的"奥丽"所有的梁柱、墙面、窗框、地板都是腐朽不堪的烂木头，实实在在的"金玉其外，败絮其中"。直到此时，大卫和莫利斯才发觉上当受骗。

没过多久，当地的一家报纸就连篇累牍、详细周到地报道了原本双方恪守、不向外界泄露的房地产交易的秘闻内情。

其实，丹尼尔的孤僻冷淡、格丽丝的热情大方都是丹尼尔设下的圈套。丹尼尔不惜以家族"丢脸"的代价向新闻界"全盘托出"交易内幕，也是他故意制造的"先下手为强"的计谋。家族不光彩的秘密，与其在"奥丽"倒塌时让别人知晓，不如在真相大白前先设下陷阱，赚上一大笔钱更合算。丹尼尔正是利用让大卫和莫利斯先出尽风头，然后再一下子使他们"丢尽面子"的巨大反差，突出了自己，冲淡了家族的不明智之举。

在商业竞争中，没有哪个是真正的"软豆腐"，能在激烈的斗争中生存下来的人，都不是平庸之辈，因此在竞争中不可小觑任何一个对手，否则，吃亏的只会是自己。

第二十八计　上屋抽梯

【计谋原典】

假之以便①，唆之以前②，断其应援，滔滔死地③。遇毒，位不当也④。

【注释】

①假之以便：假，假给；便，便利。

②唆之以前：唆，唆使，这里引申为诱使。

③滔滔死地：死地，我国古代兵法用语，指一种进则无路，退亦不能，非经死战难以生存之地。

④遇毒，位不当也：语出《易经·噬嗑》。噬嗑卦为震下离上。震为雷，离为火、为电。雷电交加，有威猛险恶之象。又，噬嗑卦为以柔居刚，故不当位，更显形势严峻。噬嗑的本意为食乾肉，"乾肉虽小而坚，不易噬者也。强欲食之，则不听命而必相害"（王船山语）。把它运用于军事上就是，因贪图小利而盲目进军是有很大的危险的，如果硬要强行进军，必将陷于危险的死地。

【译文】

我方故意露出破绽，以引诱敌方深入我方，然后乘机切断他的后援和接应，最终使其陷入绝境。敌方贪图不应得的利益，则必遭祸患。

【计谋典故】

东汉末年，刘表偏爱长子刘琦，不喜欢少子刘琮。刘琮的母亲害怕刘琦得势，影响到亲生儿子刘琮的地位，非常嫉恨他。刘琦感到自己处在十分危险的环境中，多次请教诸葛亮，但诸葛亮一直不肯为他出主意。

有一天，刘琦约诸葛亮到一座高楼上饮酒，等二人正坐下饮酒之时，刘琦暗中命人拆走了楼梯。然后，刘琦说："今日上不至天，下不至地，出君之口，入琦之耳，可以赐教矣"。诸葛亮见状，无可奈何，便把晋献公两个儿子的故事（重耳在外流亡而得以平安，申生在父亲的身边却遭骊姬陷害而亡的故事）说了一番。刘琦马上领会了诸葛亮的意图，立即上表请求派往江夏（今湖北武昌西），避开了后母，终于免遭陷害。

刘琦引诱诸葛亮"上屋"，是为了求他指点，而"抽梯"，是为了断其后路，也就是打消诸葛亮的顾虑。

【计谋解析】

上屋抽梯用在军事上，是指利用小利引诱敌人，然后截断他的援兵，以便将其围歼的策略。要"上屋抽梯"，必须先给敌人安放好"梯子"，也就是故意给以方便；等敌人"上梯"，也就是进入已布好的"口袋"之后即可拆掉"梯子"，即围歼敌人。大家要视实际情况，巧妙地安放"梯子"，即对不同的敌人，要安放不同的"梯子"。对性贪之敌，应以利诱之；对莽撞无谋之敌，则应设下埋伏促使其中计。

解 读

没有选择的余地

楚汉相争之时，刘邦在荥阳遭项羽大军围攻，难以脱身，便向韩信求援。然而，韩信援兵又迟迟不到，荥阳朝不保夕。张良、陈平决定：先让刘邦逃出荥阳城，入关收集散兵，留御史大夫周苛、魏豹、枞公死守荥阳，再会同韩信部队三路围攻项羽。

陈平与张良密谋后，对汉王说："请大王速写一封投降信给霸王，约霸王在东门相见。霸王定会把他的大军布置在东门，我再想办法把西、北、南各门卫士引到东门口来，大王就可以从西门冲出去了。"

刘邦听后，说："请你安排吧。"

不一会儿，陈平领着一位长相酷似刘邦的将军来见刘邦，这就是不惜性命来保刘邦的纪信。纪将军说："现在敌人四面围城，大王无法坚持下去了，我愿打扮成大王的样子出去投降，吸引敌人把兵力集中围住东门，大王就可趁机从西门突围。"

刘邦说："不可，不可！纵令我逃出去了，将军岂不是要遭毒手吗？"

纪信说："父亲有难，做儿子的应当替父亲死；大王有难，做臣下的应当替大王死。"

汉王道："我刘邦大业未成，将军还没有得过什么好处，你替我慷慨而死，我倒偷偷地溜走了，怎么对得起你呢？还是请陈平再想办法吧！"

陈平说："除此之外，别无他法了。"

纪信抢着说：

"现在火已烧到眉毛上了，要是大王不让我去，荥阳城攻破后，大家也同归于尽；还不如舍了我一个人，既保全了大王，将士们也有了生路。"

刘邦皱起了眉头，下不了决心。纪信忽地拔出宝剑，说："大王如果不同意，就让我先死在您的面前。"说着就要自刎。

刘邦急忙拦住，说："将军的心可以感天地、泣鬼神。我知道将军还有母亲和夫人、儿女，将军的母亲就是我刘邦的母亲，将军的夫人就是我刘邦的嫂子，将军的儿女就是我刘邦的儿女，请将军放心吧。"纪信磕头谢恩，刘邦泪流满面……这样纪信假冒刘邦引开敌兵，使刘邦终得寻机逃脱。

在需要当机立断时，为防他人犹豫不决，断绝后路，使他人别无选择，是逼迫别人速作决断的好办法。

曹操妙斩文丑

醉翁之意不在酒，先寻找出一个堂而皇之的借口，制造出良机之后，将之诱入圈套，在措手不及之间将其捕杀，这是除去敌手的常见权术。

古代的战争中，经常会用到这一计策。先故意给敌人一些甜头，诱其上钩，钻入"口袋"，然后聚而歼之。

公元 200 年，袁绍派大将文丑率领近 6000 的骑兵，渡过黄河，占领了延津。然而，这时驻扎在延津以南不远处南坂的曹操才有 600 骑兵。大军压境，两军兵力悬殊，曹操心里是一清二楚的。但是，曹操临危不乱，依然自若地调兵遣将。他先让人领着百姓往西河去，而后自己领着士兵去迎战袁军。他让粮草在先，军兵在后。有人问为什么这样安排？曹操回答说："粮草在后，多被剽掠，所以让其在前。"

"倘若遇到敌军，被劫去，怎么办？"

"到时候再说吧。"曹操显得毫不在乎。然而，他的话却让一些人大惑不解。走着走着，忽然探马奔驶而来报道："不好了。袁绍手下大将文丑来了，咱们前头押运粮草的害怕了，纷纷撒下粮草，跑了。队伍又远在后面不能救援。"

曹操用马鞭指向南边的山冈说："队伍可以暂时避到那儿去。"而且接着让一部分骑兵下马，卸下马鞍，把马放到大路上去。好些士兵不懂得这是什么意思，都说："敌人快到了，怎么能下这种命令？还不如赶快退回白马。"这个时候，曹操的谋士荀攸说："这是引诱敌人上钩的诱饵，退什么！"曹操赶紧向荀攸使眼色，荀攸也就不再说什么了。一会儿，文丑的队伍冲过来，一见路上都是粮草马匹，便纷纷下马收拾，一下子队伍全乱了套。正当他们陶醉在意外收获之中时，忽然从南边山冈上冲下曹操的骑兵，抡起锋利的大刀就是一阵砍杀。紧接着，从文丑的后面也追来一支兵马，为首的是名将关羽，没有几个回合，便把文丑的脑袋砍下。

曹操在这里用的就是"上屋抽梯"之计。

第二十九计　树上开花

【计谋原典】

借局布势①，力小势大②。鸿渐于陆，其羽可用为仪也③。

【注释】

①借局布势：局，局诈；势，阵势。

②力小势大：力，力量，这里是指军队的兵力；势，这里是指声势。

③鸿渐于陆，其羽可用为仪也：此语出自《易经·渐》，渐卦为艮下巽上。艮为山；巽为风、为木。该卦象辞说："山上有木，渐，君子以居贤德善俗。"意思是说：树木在山上渐渐地生长，象征着君子应该注重逐日修养自己良好的德行，并影响周围的人，形成一种善美的风俗。鸿，指大雁；渐，指渐进；陆，这里是指天际的云路；羽，指鸿雁美丽的羽毛；仪，指效法。

【译文】

借助某种手段布成有利的阵势，兵力弱小但可使阵势显出强大的样子。鸿雁在高空飞翔，全凭其丰满的羽翼助成气势。

【计谋典故】

无人不知张飞是一员猛将，他还是一个有勇有谋的人。刘备起兵之初，与曹操交战，多次失利。刘表死后，刘备在荆州，势孤力弱。这时，曹操领兵南下，直达宛城。刘备慌忙率荆州军民退守江陵。由于老百姓跟着撤退的

人太多，所以撤退的速度非常慢。曹兵追到当阳，与刘备的部队打了一仗，刘备战败。战败的刘备只得退却，而张飞则负责断后，阻截追击的曹兵。

张飞只有二三十个骑兵，怎敌得过曹操的大队人马？张飞临危不惧、临阵不慌，顿时心生一计。他命令所率的二三十名骑兵都到树林子里去，砍下树枝，绑在马后，然后骑马在林中飞跑打转。张飞一人骑着黑马，横着丈二长矛，威风凛凛站在长坂坡的桥上。

追兵赶到，见张飞独自骑马横矛站在桥上，好生奇怪，又看见桥东树林里尘土飞扬。于是，追击的曹兵马上停止前进，以为树林之中定有伏兵，赶紧退兵后撤了。

张飞只带二三十名骑兵，阻止住了追击的曹兵，让刘备和荆州军民顺利撤退，靠的就是这"树上开花"之计。

【计谋解析】

"树上开花"是指树上本来没有开花，但可以用彩色的绸子剪成花朵粘在树上，做得和真花一样，不仔细去看，真假难辨。此计用在军事上，指的是在战争中，要善于借助各种因素来为自己壮大声势。在此计中，由于"树"是指那些被借来充势的东西，因此在我方"花"还没有着落时，不妨借"树"。为此，首先，"树"要精心挑选；其次，"花"要巧妙布置。只有这样才能达到显强隐弱的目的。

解 读

求之于势，健力宝畅销美国

在现代商业竞争中，如果抓住了商业和政治的联系，那么就等于抓住了商机。

在世上做任何事情都离不开客观环境，客观环境对事物的成败起着至关重要的作用。如果客观环境提供了有益的条件，经营者就要因利乘便，充分利用；如果客观环境所提供的条件不利，经营者则要因势利导，使其向有利的方向发展。

1992 年 12 月 20 日，美国著名的《纽约商报》刊出了一张新任总统克林顿夫人希拉里手举健力宝开怀畅饮的彩色大幅照片，与照片同时刊发的是介绍健力宝的文章。

对任何一种饮料来说，这都不愧为一次巨大的成功。当天，健力宝便震撼了整个纽约，产生了强烈的反响。健力宝美国分公司的电话铃声不断，各地的祝贺、赞誉以及订单接踵而来，富有魅力的市场把绣球抛向了它。于是，许多美国人诧异地问："健力宝是怎样将饮料送到克林顿夫人手中的，并能让她笑眯眯地举起来？""美国第一夫人手中的健力宝会给社会带来什么？"

其实，这张照片并非克林顿就任总统后拍的，而是早在一个月前就拍摄好了。那时，克林顿还没有入主白宫，希拉里也只是"准总统"夫人，但他们随着竞选的顺利进展而声誉鹊起，他们的名字和形象已受到全世界瞩目。

有一天晚上，克林顿助选大会在纽约湾的一条豪华游艇上举行。下午 4 点 30 分，离会议开始还有 2 小时，健力宝美国分公司经理林齐曙和工作人员便早早赶到码头，他们带来了健力宝和摄像机，准备拍一个绝妙的"外交广告"。他们先通过了严密的检查，然后，在游艇上详细勘察了希拉里将要经过的路线，预测她可能滞留的位置，并选择了最佳的拍摄角度。

6 点 30 分，希拉里在大批保安人员的簇拥下登上了游艇。不出所料，希拉里径直来到游艇的客厅会见到场的社会名流和相关客人，当她与站在纽约市政府代表旁边的"健力宝"工作人员握手时，健力宝美国分公司的公关小姐不失时机地用托盘捧上了几罐健力宝。正当纽约市政府的美国朋友向希拉里介绍健力宝是中国著名的健康饮品时，林齐曙抓住时机向希拉里敬上一杯。就在希拉里笑盈盈地举杯饮用健力宝的时候，早已守候多时的摄影师急忙频

频按下了快门。于
是，健力宝与克林顿
夫人在一起的情景被
载入了健力宝的历史
档案。当晚，两位身
着旗袍，披着绶带的
漂亮小姐，不断地将
健力宝送到宾客手
中，使得具有"中国
魔水"之称的健力
宝，在高举着火炬的自由女神像下大放异彩。

　　在场的记者对健力宝产生了浓厚兴趣，职业敏感使他们认为："健力宝在
为民主党助选大会提供饮料。"不过，这一次他们敏感过头了，林齐曙在回答
《美国之音》记者的现场采访时说："我们无意关注美国政治和总统大选。我
们公司的目标是让美国人民了解和认识健力宝，并尽早享用健力宝。"后来，
由于"第一夫人"高举健力宝光可鉴人，当健力宝集团有限公司总经理李经
纬岁末再抵美国召开新闻发布会时，备受当地各大媒体关注，又掀起阵阵热
浪，美国报刊又是撰写文章，又是刊登照片，为喜庆热烈的圣诞节平添了一
段佳话。

　　健力宝美国分公司借"第一夫人"宣传自我，使在美国市场默默无闻的
健力宝一炮打响，收到出乎寻常的效果，并由此打开了世界市场。

　　商业与政治是有联系的，在某种意义上说，政府是最优秀的"推销员"，
高知名度的政府官员就是无可挑剔的广告明星，借"第一夫人"的光环就可
以打开一个国家市场。经营者若明白并深谙此道，则产品想不出名都难。

虚张声势，慑服对手

唐朝初建时期，太宗李世民也利用"树上开花"，虚张声势，避免了刀兵之灾。

公元 6 世纪中期，突厥人在今日的蒙古地区建立了强大的帝国，努力向西扩张。公元 582 年，突厥帝国分为东西两部分。隋文帝用"以夷制夷"之计，使东突厥一度称臣于汉人。但后来，中原地区陷入混战，唐朝建立后也处于时断时续的宫廷争权之中，东突厥便趁机一再入侵，对唐朝的生存和发展构成了极大的危胁。新生的唐朝面对强大的突厥帝国，多次请求与其和约。无奈突厥人反复无常，忽战忽和，随心所欲。

公元 626 年，初登皇位的李世民欲开创繁荣社会，当然希望能一举消除突厥人时常入侵的隐患，但是敌强我弱，怎样才能以最经济的手段达到最好的效果呢？李世民一直思考着这个问题。

同年 10 月，突厥可汗颉利和突利合兵十余万，又一次对唐朝进行了大规模的入侵。唐太宗即下诏令尉迟敬德统兵阻击。尉迟敬德把突利可汗截杀在泾阳。颉利可汗则率大部分兵马，绕过尉迟敬德的防线，一路突击，瞬间进逼到了距唐朝京都长安只有数里远的便桥。

众大臣见突厥兵如此凶猛，便纷纷建议唐太宗赶紧收缩兵力，即刻放弃其他地盘，而死守住长安，以使都城免遭洗劫。面对不利的战况，唐太宗显得镇定自若，他说："朕要让他们知道，朕不怕他们。"

原来唐太宗经过长时间的考虑后认为，对于国土辽阔、文化昌明的大唐帝国，突厥人并不是毫无顾忌的，他们也有"做贼心虚"的一面。如果放弃其他地盘只保长安，且不说肥沃的中原即刻要惨遭蹂躏，更何况这正助长了突厥人的气焰，暴露了唐朝的虚弱。这样的话，突厥入侵之患便永无消除之日了。因此，只有让突厥人明白，唐朝无所畏惧，并充满必胜的勇气和信心，誓死捍卫大唐帝国的每一丝权益，方能够使突厥人望而却步，永不敢再来入侵。

唐太宗的分析是正确的，颉利可汗虽然一口气奔袭到了便桥，但并不敢轻易纵兵抢掠，更不敢立即攻打长安。为探听虚实，他先派出了心腹将领执失思力去长安进谒。

唐太宗召见了执失思力，问他何故加兵，思力道："上国发给的金币，岁无定额，或作或辍，不加诚意，所以敝国两可汗，特统兵百万，前来请命。"

唐太宗面对如此狂妄的使臣，毫无惧色，反怒斥道："朕与汝可汗曾面约和亲，所赠送的金帛，前后无算。今汝可汗自负盟约，引兵入寇，汝曲我直，还敢遣使来见我！朕想汝虽居戎狄，应有人心，怎得全忘大恩，自夸强盛，应先将汝斩首，然后与汝可汗交战，看汝可汗能胜我军否？"

执失思力一听，唐太宗义正辞严，又见自己即刻要丢脑袋，吓得双腿一软，赶紧跪着求饶。

唐太宗说："朕若遣还虏使，反令他越加藐视，这岂可轻事纵容吗？"然后又特地回头对执失思力说："权且寄汝首级，看朕即刻督兵亲征，让你看看谁胜谁负后再杀你！"唐太宗又令左右把执失思力拖出大殿，扔进监牢，"严"加看管，暗中又令人设法让思力从牢中"侥幸"逃走。

处理完突厥来使，唐太宗又立即召集起人数不多的禁军，自己亲自披甲戴盔，跨上御马，带着高士廉、房玄龄等六骑，先行一步，出玄武门，径奔渭水便桥而去。

颉利可汗正在营中坐着，先由失魂落魄的执失思力"侥幸"活着回来报告了唐太宗神武英勇、誓死拼命的状况，已是内心震惧，紧接着又有人来报："唐天子来了！"便在惊慌中上马出营，隔水遥观情形。

颉利见对面已立六骑，当先的盔甲辉煌，果然就是前时秦王、此时大唐天子李世民。正在惊疑未定，那大唐天子已朗声道："颉利可汗，朕与汝曾有和约，汝亦曾设有盟誓，不再相犯，近年汝屡次负约，朕正要兴师问罪，汝却引兵深入，莫非前来送死吗？"

说至此，又扬鞭指着空中道："天日在上，我国并不负可汗，可汗独负我国，负我就是负天，试问可汗果禁得起否？"

颉利听到此语，越觉惊心。那随身带的兵士，素信神鬼，又看唐天子威风凛凛，诰命煌煌，不由魂飞胆丧，一齐下马罗拜。

正在这时，忽听鼓声动地，旌旗蔽天，似虎似貔的唐军如天兵天将一般顷刻降临，摆成了"一"字长蛇阵，煊赫无比。颉利吓得面如土色，竟拔马回营，闭门静守了。

唐太宗依旧驻马而待，大臣萧瑀害怕他轻敌进击，便叩马固谏，请求还朝。唐太宗对他耳语道："朕筹思已熟，非卿所知。突厥敢倾国前来，直抵郊甸，总道我国内有难，朕新即位，不遑与之争锋。我若示以怯弱，闭城自固，他必纵兵大掠，不可复制，朕为此轻骑独出，示以从容，又特地张皇六师，作必战状。虏既慑我气，复震我威，且因深入我地，隐有戒心，然后与战必克，与和必固。制服突厥，永除后患，在此一举。卿但看着，虏已无能为力了。"

过了片刻，果然有突厥使臣，渡水而来，向太宗乞和。太宗又正义凛然地斥责数语，来使俯首听命，太宗才允许和议，约定次日订盟。

第二天，唐朝与突厥歃血立约，彼此挥兵退还。之后，突厥害怕李世民的声威及唐朝的强大，再不敢轻举妄动。到了公元 630 年，李世民又在各方面条件成熟时，一举消灭了东突厥国，彻底消除了唐朝边陲的动荡根源。

唐朝初建，国力脆弱，面对突厥 10 万精骑，战不可胜，若侥幸胜，也会损失惨重，国家更显空虚。若退，则示敌软弱，骄敌之志，从此，怕国毋宁日，边患无穷。李世民利用自己能征善战的威望和大唐帝国的盛名，巧妙使用"树上开花"之计，使悍敌心存恐惧，望而却步。

大家在施用"树上开花"之计时，要伪装得完整逼真，不要露出半点破绽，更不能久用，以防被人识破而带来危险。

第三十计　反客为主

【计谋原典】

乘隙杆足，扼其主机^①，渐渐进也^②。

【注释】

①扼其主机：主机，主要的关键之处，即首脑机关。

②渐渐进也：语出《易经·渐》，"渐渐进也，归结也，进得位，往有功也"。也就是指天下的事情，凡是行动盲目而急躁，就会误入邪途；凡是冷静而顺乎客观规律，就会登上正道。一步一步地循序渐进达到显要的地位，便会行而有功。

【译文】

掌握好时机插足，设法控制敌方的要害之处，循序渐进地取得胜利。

【计谋典故】

袁绍和韩馥，因当年共同讨伐过董卓而成为一对盟友。后来，袁绍屯兵河内，缺少粮草，十分犯愁。老友韩馥知道情况之后，主动派人送去粮草，解了袁绍的燃眉之急。袁绍觉得等待别人送粮草，不如自己去夺取粮草。他听了谋士逢纪的劝告，决定夺取粮仓冀州。然而，当时的冀州牧正是老友韩馥，袁绍为了己之利也顾不了那么多了，准备实施他的夺粮之计。

他先给公孙瓒写了一封信，建议与自己一起攻打冀州。由于公孙瓒早就有攻占冀州的想法，便欣然答应，准备发兵攻打冀州。

与此同时，袁绍又暗地派人去见韩馥，说："公孙瓒和袁绍联合攻打冀州，冀州难以自保。然而，袁绍不是你多年的老朋友吗？何不联合袁绍，对付公孙瓒呢？让袁绍进城，冀州不就保住了吗?"

韩馥见状，只得邀请袁绍带兵进入冀州。这位请来的客人，表面上尊重韩馥，实际上他逐渐将自己的部下一个一个像钉子一样扎进了冀州的要害部位。这时，韩馥才清楚地知道，他这个"主"已经被"客"取而代之了。为了保全性命，韩馥只得只身逃出冀州去了。

袁绍这一招，是典型的"反客为主"。

【计谋解析】

"反客为主"的原意是主人不待客，反受客人的招待。用在军事上，常被引申为我方在处于被动的地位时，要努力变被动为主动，争取掌握战争主动权的谋略。尽量想办法钻空子，插脚进去，控制对方的首脑机关或要害部位，抓住有利时机，兼并或控制他。被动意味着挨打，居于客位意味着受人支配，只有摆脱被动的局面，处于主人的地位，才能控制对方，稳操胜券。在现代商业竞争中，"反客为主"之计常被商家用来占据市场的制高点。

解读

应对威胁，主动出击

唐朝有个叛将，名字叫仆固怀恩。他煽动吐蕃和回纥两国联合出兵30万，进犯中原。吐回联军一路连战连捷，直逼泾阳城。泾阳的守将是唐朝著

名将军郭子仪，他是奉命前来平息叛乱的。当时他只有一万余名精兵，面对漫山遍野的敌人，形势十分严峻。

正在这个时候，仆固怀恩病死了。吐蕃和回纥就失去了中间的联系和协调的人物。双方都想争夺指挥权，矛盾逐渐激化。最后，两军各驻一地，互不联系往来。吐蕃驻扎东门外，回纥驻扎西门外。

郭子仪见状，想到何不乘机分化这两支军队？他在安史之乱时，曾和回纥将领并肩作战，对付安禄山。这种老关系何不利用一下呢？于是，他秘密派人前往回纥营中转达自己想与过去并肩作战的老友叙叙旧情。

回纥都督药葛罗，也是个重视旧情的人。听说郭子仪就在泾阳，十分高兴。但是，他说："除非郭老令公亲自让我们见到，我们才会相信。"

郭子仪听到汇报，决定亲赴回纥营中，会见药葛罗，以叙旧情，并乘机说服他们不要和吐蕃联合反唐。

将士们深怕回纥有诈，不让郭子仪前去，而他却说："为国家，我早已把生死置之度外。我去回纥营中，如果能谈得成，这仗就打不起来了，天下从此太平，有什么不好？"于是，他只带了几名随从，来到回纥营中。

药葛罗见真的是郭子仪来了，非常高兴。于是，设宴招待郭子仪，谈得十分亲热。酒酣时，郭子仪说道："大唐、回纥关系很好，回纥在平定安史之乱时立了大功，而大唐也没有亏待你们呀！今天怎么会和吐蕃联合进犯大唐呢？吐蕃是想利用你们与大唐作战，他们好乘机得利。"

药葛罗听后，愤然说道："老令公说得有理，我们是被他们骗了呀！我们愿意和大唐一起，攻打吐蕃。"双方马上立誓结盟。

吐蕃得到报告，觉得形势骤变，于己不利，便连夜拔寨撤兵。郭子仪见状，便与回纥合兵追击，击败了吐蕃的十万大军。吐蕃大败，很长一段时期，边境无事。

郭子仪用兵之妙就在于能够抓住机会、掌握主动，从而循序渐进、达到目的。

客位与主位、被动与主动只有在一定条件下才可以转化，这是因为实施反客为主之计的关键是积极创造条件、利用条件以及抓住机会。

抓住对方的弱点

古人阐释要实现"反客为主"的目的，必须经过以下步骤，第一步要争得客位；第二步要善于钻空子，发现主方的弱点并抓住有利的时机；第三步要乘机插手进去；第四步要抓住主权，掌握大权；第五步则变成了主人；第六步做了主人之后，还要巩固自己争来的主权。

此计为"渐进之谋"，既是"谋"，又必须"渐进"，才能奏效。因此，大家在使用此计时，最重要的一点是在居于客座（被动的状态）时，千万不可轻举妄动。必须忍辱负重，等待时机，到时机成熟时，再乘隙而入。

第二次世界大战之后，美国和日本的汽车生产和技术水平差距极大。美国素有"汽车王国"之誉。近一个世纪以来，它既是世界汽车生产的第一大国，也是世界上汽车消费的第一大国。

可是，在20多年之后，力量对比发生了显著的变化。日本汽车工业蓬勃发展，雄视世界，不仅日益扩大对美国市场的占有份额，也同时向全球进攻。据美国《幸福》杂志统计：在1986年世界上20家最大的汽车公司中，日本占了9家。仅在美国市场上，目前每售出4辆汽车，其中就有一辆是日产车。

战后的日本，认定汽车业有巨大的发展前途，遂将发展汽车业作为开发日本出口潜力的关键行业之一。日本人切望进攻的主要目标显然是美国，因为在美国，生产的汽车最多最好，销量也最大，如果能在美国推销，那么在

世界上其他国家推销也就不存在任何问题了。

日本人在调查研究中发现，美国人对汽车的需求已大有变化。美国人的偏爱已转向小型汽车，即喜欢价廉、耐用、省油、维修方便的小型汽车，并要求汽车要容易驾驶、行驶平稳、腿部活动空间比较大等。

丰田公司正是根据美国人的喜爱和需要，研制出了一种小巧、价廉、维修方便、速度更快、乘坐更舒适的美国式小汽车，并迅速在美国市场上树立起物美价廉的良好形象，终于打进了美国市场。

接着，丰田公司在研究了美国汽车的制造技术、设计优缺点、消费者的口味以及市场环境后，在20世经60年代初推出"蓝鸟"牌汽车，并成功地打进了美国市场。在此之后，其他日本汽车公司也相继进入美国市场。

自打入美国市场后，日本汽车公司并不满足，而是不断改进，提高质量，以及满足顾客的所喜所需，因而能不断扩大市场占有量。

在20世纪50年代，美国人是瞧不起日本货的，"汽车王国"的统治者们根本不担心日本汽车的竞争，盲目自大，认为自己制造的汽车是最好的，也无须了解顾客的爱或厌，更没有必要加以改进来满足顾客的需要。

20世纪60年代，日本小型汽车打入美国市场也未引起他们的注意。即使在1960～1969年，日本小汽车销量猛增时，底特律还是忙于生产大型豪华轿车。因底特律既没有防御，也没有阻击或迎战，结果是大大方方地让出了小汽车市场，让日本人大摇大摆地进入了美国市场。

目前，日美汽车战仍在激烈地进行，不只是在美国，还在欧洲，但美国人要赶上日本人，并非在短期所能办到，至于要把日本汽车公司挤出美国市场已是不可能的了。

日本汽车业敢于向先入为主的美国汽车业挑战，取得先发制人的胜利，在于他们了解对方的致命弱点——麻痹大意，看准了小汽车市场这个空隙，乘隙出击，生产出质高价低的小型节油汽车，从而稳操胜券。

大家必须在"为主"之前，不急躁莽撞，要尊敬，甚至恭维主人，发现掌握他的弱点，然后以屈求伸，等待机会，夺取主动权。

就目前看来，许多个人创业者和合伙人一般都有亲缘关系，或者是好朋友。建立在这种合作基础上的私营企业或者股份制企业，无论是在制度、管理还是在财务上都有些脆弱，也很敏感，所以在处理合伙人的关系时要有所警惕。大家在真诚热心地对待合伙人的同时也要保留自己的底线，要不然可能真会落个"鸠占鹊巢，反客为主"的后果。

注重调查，后来居上

具有 200 多年历史的英国葛兰素药厂，是世界第二大药厂，在全球有 70 多家公司和分厂，产品遍及 150 多个国家和地区，且在当地药品市场的排名大都名列前茅。

"葛兰素"从一家传统的、老迈的公司，成为持续增长的，产品行销国际市场的跨国企业，其成功秘诀，在于敢于冒险，有战略眼光的经营管理策略。

美国是世界上最大的西药市场。有好多百年以上的，或势力雄厚的药厂，已把美国的药品市场分割得差不多，要再跻身进去，并非易事。

然而，葛兰素药厂以其独特的经营方式，在短短时间里，不仅站稳脚跟，而且还以"善胃得"（治疗消化性溃疡的药物）占领了美国几乎全部肠胃药市场。目前，"善胃得"在美国营业额达 10 亿美元，为全球营业额的三分之一。

葛兰素药厂跻身美国市场是 1979 年开始的。当时，它兼并了美国一家小型药厂，借以彻底了解当地的市场情况。为了让这家企业成为地道的美国公司，使之与美国的文化完全融合，它首先授予该药厂美方负责人以充分权力，

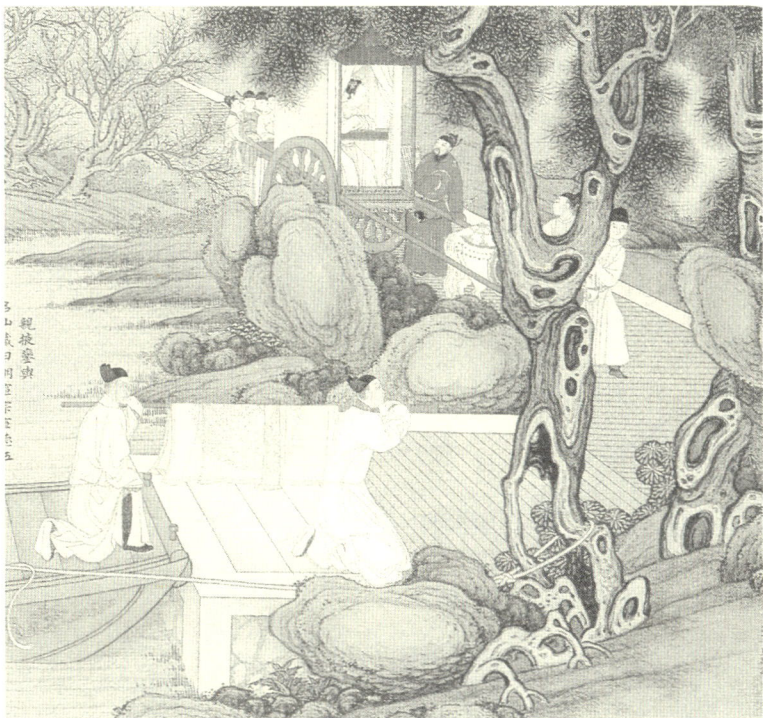

因而使其决策时快，经营灵活。

葛兰素药厂在美国站稳了脚跟后，又迅速拓展市场。1981 年，美国葛兰素与当地排名前 10 名的瑞士罗士药厂合作，运用罗士的业务代理和行销网络销售其药品。

当时，不少厂家的做法是把自己的药品商标权借给他厂，并由其销售，签订 10 年或几年的合同分享利润。然而，葛兰素厂却采取垂直组合的经营状态，从原料生产、研究开发、成品制造到发货行销一竿子到底，不包给经销商销售，以保证产品的质量和及时反馈信息。其"善胃得"药品就是这样成为了美国的"明星药品"。

"不入虎穴，焉得虎子"。英国葛兰素药厂在将其产品打入美国市场时，采用了"兼并"工厂这一绝招，就像将一探测器安在了美国市场上。这样，美国药品市场的一呼一吸已被葛兰素药厂所把握，为其产品占领美国市场提供了确切的情报基础。

英国葛兰素药厂注重进行市场预测调查，从而掌握了美国市场机要，然后循序渐进，反客为主。

第六套　败战计

败战计包括美人计、空城计、反间计、苦肉计、连环计及走为上计共六计。败战计是作战中应对敌众我寡形势的一种战略计谋，也就是我方处于劣势、被动或其他许多未知因素，并且自己很难挽回败局时，所用的计谋。败战计的使用，可以使我方反败为胜，变劣势为优势，从而赢得胜利。

第三十一计　美人计

【计谋原典】

兵强者，攻其将；将智者，伐其情①。将弱兵颓，其势自萎。利用御寇，顺相保也②。

【注释】

①将智者，伐其情：将智者，指足智多谋的将帅；伐其情，即从感情上加以进攻、软化，抓住敌方思想意志的弱点加以攻击。《六韬·文伐》中就主张以乱臣、美女、犬马等手段攻其心，摧毁其意志上的屏障。

②利用御寇，顺相保也：语见《易经·渐》御，抵御；寇，敌人；顺，顺利，顺势；保，保存。全句意为：此计可用来瓦解敌人，顺利保全自己。

【译文】

对于强大的敌军，要对付他的将领；对于足智多谋的将领，要设法动摇他们的斗志。敌人将领斗志衰弱，士兵士气消沉，战斗力就会丧失殆尽。充分利用敌人的弱点进行控制和分化瓦解，就可以保全自己，从而扭转局势。

【计谋典故】

汉献帝九岁登基，朝廷由董卓独揽大权。董卓阴险毒辣，并有谋朝篡位的野心。司徒王允借机想除掉他，以保朝廷。但董卓不仅势力强大而且身边还有一个骁勇善战的义子，因此不能正面攻击。王允观察这"父子"二人皆是好色之徒，便决定实施"美人计"，让他们互相残杀，以除奸贼。

王允府中有一名叫貂蝉的歌女，貌美如仙。平日里王允待她视如自己的亲女儿。貂蝉为感激王允对自己的恩德，决心牺牲自己，为民除害。

王允先是把貂蝉许配给吕布。第二天，王允又请董卓到家里来，又说："太师如果喜欢，我就把这个歌女奉送给太师。"董卓假意推让一番后，便高高兴兴地把貂蝉带回府中去了。吕布知道之后大怒，但迫董卓的实力，便只能与貂蝉私自约会。而貂蝉按王允之计，挑拨他们的父子关系，大骂董卓霸占了自己。从此，吕布就与董卓结下了深仇。最终，吕布乘机杀了董卓。

【计谋解析】

此计用于军事行动难以征服的敌方，要用其所贪爱的事物、女色或其所宠信的人，先从思想意志上打败敌方的将帅，使其内部丧失战斗力，然后再行攻取。其中的关键，就是要善于观察对方，并投其所好。美人计中所用的"美人"，只有被对方接受的时候，才能产生威力，也就是"美人"只是外因，它必须通过内因才能起作用。要使对方的内因起作用，关键就是要投其所好，有针对性地选择武器，一举中的。

解 读

桃色陷阱，无形诱敌

1940年年初，侵占波兰的战争结束之后不久，纳粹德国准备大规模入侵西欧国家。

希特勒手下的秘密警察盖世太保也加紧活动，多方搜集情报，寻觅反纳粹分子。

1940 年年初，在德国首都柏林莱希特大街一家装饰豪华的妓院重新开业。这家高级妓院专门接待德军军官、政府要员、外国外交官以及富有的阿拉伯商人。

人们并不知道，这家高级妓院的背后操纵者是盖世太保的头目海德里希。控制一个色情场所套取所需情报，是海德里希蓄谋已久的一个阴谋。

经过比较，他选中了莱希特大街十一号这家妓院，并成功地制服了该妓院老板基蒂夫人。保安处的间谍们掌握了基蒂夫人曾掩护过犹太人和把财产转到国外的事实，她不得不就范。她签了一张保证书，发誓绝不把这里发生的事情说出去。

基地有了，海德里希便亲自指挥党卫队和警察把柏林所有的妓院、夜总会翻了个底朝天，经过严格审查，初选出 90 名美貌少女。为了更加符合条件，他还特意请来一批各方面的专家参与挑选工作。

心理学家负责对每个姑娘进行心理测试，以查明她们的精神状态和大脑发育程度；医学家则对姑娘的身体进行全面检查，其中包括有无性病；美学家的主要任务是从体态上挑选那些身段美、充满性感的姑娘。

　　经过几轮的严格挑选，从中选定 20 名少女。然后，对这些妓女进行了 10 个月的外语、密码破译、字母组合等方面的特殊培训。其中，以如何将嫖客灌得酩酊大醉，然后套取情报为重要内容。此外，便是在地下室安装了录音装置。一切就绪，1940 年年初，这家很快就红火起来的高级妓院经过整修后正式营业了，海德里希把它称作"JT 行动"。

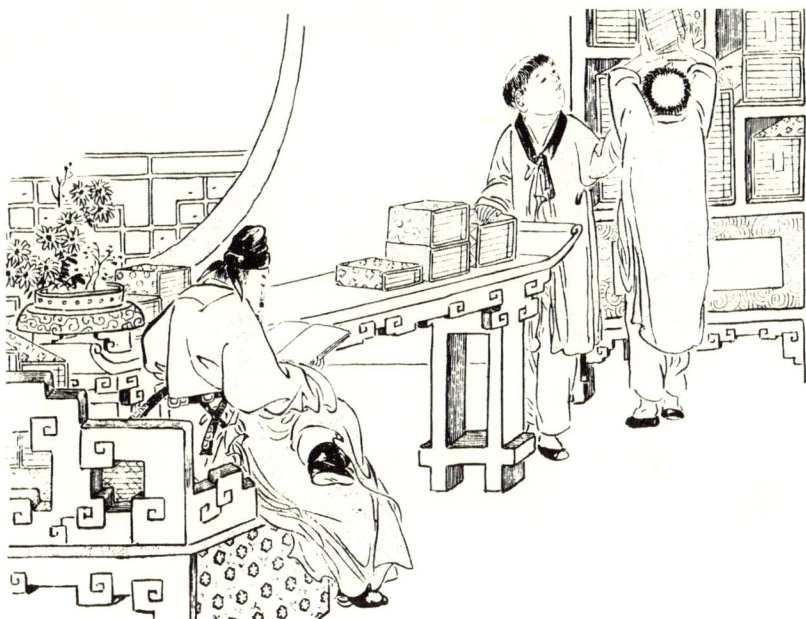

　　海德里希认为妓院是个可轻易获得情报的特殊场所。有了"JT 行动"，他就可以知道那些有身份、有地位的人想些什么、知道些什么，从而能谈些什么。另外，了解自己的人都同外界有何联系，都说了些什么，也十分重要。

　　海德里希从这些外交官和与这些外交官来往的商人、政客、学者口中获取更深层的情报，这家高级妓院，可以招揽这些倒在石榴裙下口吐真言的冒失鬼。

从此，便有很多达官显贵被介绍到基蒂妓院来，他们被告知，只要说一声"我从罗登堡来"便会受到特别接待。

每有重要人物光顾妓院，海德里希就亲自坐镇。

有一次，海德里希从录音机里听到一个喝醉酒的德军上校对妓女说："元首已秘密下达了进攻利比亚的命令，隆美尔将军就要带领四个师的兵力向阿拉曼地区发动进攻，来一个闪电战……"

海德里希大吃一惊，他下令："去，逮捕这个多嘴的家伙。"

当意大利外长加拉索·齐亚诺伯爵到基蒂妓院拈花惹草时，他对一个姑娘说，希特勒没有远见，是一个政客、无赖，一个无能的人。海德里希把录音送到希特勒那儿，从此，希特勒便开始仇视墨索里尼。

1940 年 9 月，西班牙外长沙那光临妓院时，向一位姑娘透露了西班牙要入侵直布罗陀的计划，海德里希把这一情报报告了希特勒，使西班牙这一计划中途流产。

仅在 1940 年这一年，就有近万名特殊顾客光顾妓院，海德里希从这些酒后吐真言的男人嘴里获取了大量情报。那些泄露机密的德国军官、政府官员均被送上法庭判处死刑。许多人直到死前也不明白自己是如何落入盖世太保的桃色陷阱中去的。

到了 1942 年，"JT 行动"兴盛期已过。随着战事的变化，来这里寻花问柳的人逐渐少了。

同年 7 月份，妓院一角被一颗炸弹摧毁，海德里希便派人封锁了这一地区，并维修了损坏的窃听装置。随后不久，"JT 行动"奉命停止。

俗话说："明枪易躲，暗箭难防。"海德里希真是一只老狐狸，利用桃色陷阱来对各国官员进行监视，使纳粹耳目布成了一个严密的网。

投其所好，灭其斗志

一个具有丰富作战经验的将军，在战前便做好方方面面的准备，当大敌来临，若施小计，给点甜头来麻痹对方，就能迫使其束手就范。

糖衣炮弹就是给杀人的目的和手段套上一层甜蜜而美丽的外衣，使人因被迷惑而乐于接受，并在不知不觉或幸福愉快中被人所制。其威力是不可小视的。

春秋时期，齐景公在夹谷曾受过孔子一番奚落，已是耿耿于怀，适巧自己的贤相晏婴又死了，后继无人，而鲁国此时倒重用孔子，国政大治。景公心里不快，不禁有些惊慌，便对大夫黎弥说："鲁国重用孔丘，修明政治，对我国的威胁极大，将来它的霸业发展，我国必首蒙其害，这却如何是好？"

黎弥沉思了一会儿，说："拆其后台，逼走孔丘便是！"

"怎样逼法？他正在得宠当红的时候！"景公问。

黎弥把计策说出来："鲁定公是个好色之徒，这是天下都知道的。如果我们选一群

美女送给他，他必定会照单接收。收了之后，鲁定公自然日后夜夜在脂粉丛中打滚，那么他们就不会像过去那样亲密了。这样一来，保管把孔子气走，那陛下不就可以高枕无忧了吗？"

景公认为此计甚妙，即令黎弥去挑选多名美女，教以歌舞，授以媚容，准备好向鲁国投掷"糖衣炮弹"。

训练成熟之后，又把120匹马加以修饰，金勒雕鞍，装扮似锦，连同80个美女送到鲁国去，说是送给鲁定公享用的。鲁国另一位丞相季斯，首先听到这个消息，心里便痒不可支，即刻换了便服，坐车到南门去看，见齐国的美女正在表演舞蹈、长袖善舞、婀娜多姿、光彩四射，看得他意乱神迷、心旌摇动。

过了好久，他才入宫觐见鲁定公。鲁定公把齐景公的书信给他看后，他便即刻答道："这是齐王的好意，不可推辞，大王照单接收就是了。"

鲁定公也好此道，便问美女何在，季斯乘机做向导，带他换了便服到南门去。

这秘密行动已给齐使知道了，便教那些美女下足媚劲，着力表演。鲁定公一看到这帮美人儿，便高兴得手舞足蹈起来。

"陛下请再过去看看那些良马吧。"季斯说。

"不用看了，这班美女已够瞧了，不必再看良马。"

下面的事情大家都猜得出，鲁定公从此便陷入温柔之乡，再也不上早朝了。

孔子得闻此事，凄然长叹起来。子路在旁边说："鲁定公已陷入迷魂阵了，把国事置于脑后。老师，我们只能离开这里了。"

孔子说："别忙！郊祭的时候已到，这是国家大事，如君王还没有忘记的话，国家犹有可为，否则的话，再卷包袱不迟！"

到了郊祭期间，鲁定公也循例去参祭一番，却一点诚心都没有，草草祭完，便又回宫享乐去了，连胙肉都顾不得分给臣下。孔子便对子路说："去通知各位同学，收拾好包袱，明早就离开这儿。"

于是，孔子便弃官不做，率领一班学生去周游列国，过起流浪的生活了。

可见，"美人计"威力之大，不过"美人"只是外因，必须通过内因起作用。我们不但要善用"美人计"，也要提防"美人计"。

危险的"爱神"

在现实生活中，特别是在商业竞争中，人们往往会运用美人计来击败竞争对手，或者使自己变被动为主动。比如，买卖双方，虽不是敌手，但卖方要想让买方来购买商品，或者买方想买到既便宜又放心的货物，双方谈生意时，往往在宣传和讨价还价上，先"以利诱之"，当对方被诱惑时，自己的目的也就达到了。

一天下午，一个妙龄女郎用娇滴滴的声音在电话中向一家高级饭店服务员预订了房间。深夜12点左右，一位绝色丽人仅带着一只手提包出现在前厅，自称是白天订房的客人，她照章预付了租金后，请了一名长相帅气的男侍者带她到预留的房间。她边走边和侍者搭讪，一反刚才故作高雅的姿态，显露出风骚的表情，挑逗得老实而幼稚的侍者有点神魂不定。他按工作程序

向这位女客人说明了电灯开关位置，冰箱和冷暖气的使用方法之后，刚要离去，那个女人嗲声嗲气地说道："多谢您的照顾！现在夜深了，你的事大概也忙完了，能和我聊会儿天吗？我热得实在睡不着。"那女子的玉臂挽住了他的胳膊："你真好！我看见你头一眼就动心了。要不你忙完了，再到我房里坐坐，今天夜里我就在这儿等你，你一定要来啊！"侍者对美貌女郎的调情惊讶不已，支支吾吾后，便飞也似的从客房里溜了出去。

午夜过后，侍者暗自想："她那样勾引大概不是出于真心，怕是想捉弄人吧。"他越想越情不自禁地要弄个究竟。

侍者蹑手蹑脚地走到那女子房间一看，不觉吃了一惊：房门虚掩着，从外面望进去，可以看见那美貌女郎，穿着鲜艳的睡装，酥胸微露，斜倚在大床的靠背上，正目不转睛地向门这边看着。当那女子看清是他之后，马上显出高兴的样子，向他招手，嘴里还不停地说："一直等着你哩。"侍者心想：难道她真的在等我？犹豫了片刻后，便悄悄地溜进屋去。

刚一进门，那女子就迅速地锁上了房门，嘴里嘟囔着："真叫人好等啊！"说着，一把搂住他，翻倒在床上。那女子喃喃地催促着："快点快点。"随手将早就放在桌上的剪刀硬塞到侍者手里。"行啦，我等不及了。"就用剪刀把衣服从下往上"嘶"地一剪，不等侍者从困惑中醒过来，她已经用手把着他握剪刀的手，开始"嘶啦嘶啦"地剪了起来。事已至此，服务员便一口气把女子上装的前身全剪开了，然后把自己的上衣甩在地毯上……

不料此时，那女子却偷偷地松开手，按下床头柜上录音机的录音键，并抄起床边的电话听筒，按事先背下的电话号码拨通了夜间值班经理的内线电话，大呼："××房间有流氓！强奸啊！救命啊！"说完，便摔掉听筒，一把扭住侍者的手腕。当经理急匆匆地赶到房间时，那名侍者茫然地呆立着。美女胸前的衣服被剪开了，正发疯似的喊着："快快抓住这个色狼！他要非礼我。"

"由于一时马虎，好像是忘了锁上房门。我正睡得迷迷糊糊的，这个人闯了进来，袭击了我，还用这把剪刀，就这样……现场你们都看到了。这个流氓是你们店的服务员吗？你看怎么办吧！"经理受了这顿抢白，怒气冲冲地对"干了混账事"的服务员追问道："喂，这到底是怎么一回事！"

"完全是一派胡言，是她主动勾引我，又将这把剪刀硬塞给我，强行让我剪开她的衣服。""你说什么？你这个不知羞耻的坏蛋。"那女子愈发火冒三丈起来。

经理对下属了如指掌，经初步考虑断定，这名一向老实的侍者绝不敢做出这种事来。这里面定有什么蹊跷，便一面诚恳地道歉说："唉！真对不起您了。"一面又劝慰激动的女郎："不管

怎么说，今天夜里已经太晚了，我们还要向这个职员了解事情的原委，明天早晨再拜访并协商处理办法，现在请您先休息吧。"

女郎似乎怒气未消："经理先生，这种精神上、肉体上的打击我实在无法忍受，而且这套法国巴黎高级时装店最好的礼服也被剪成这个样子，简直难以置信，这一切是你们这家号称第一流酒店的职员干的！我一定要起诉，索赔！"

经理再三道歉："实在让您受委屈了，明天我们一定给您一个满意的答复。"忙乱中，他根本不知道这一切已经原原本本地录到了磁带上。

回到自己的房间，经理向侍者询问了事情的全部过程，又让饭店保卫人员连夜进行调查，了解到那女郎就是附近一家酒店的服务员。此刻，他对事件的原委已经明白了八九分，当即把想法报告了总经理。

原来那家酒店因为管理混乱，经营不善，服务水准太差，生意清淡，几乎要倒闭。而那家酒店的经理认为连年亏本的原因是这个一流酒店抢了他们的生意，于是多次派人上门找碴儿，这一次竟用了"美人受辱计"，想达到不可告人的目的。

第二天早晨，妙龄女郎果然威胁酒店经理，要到法庭告状，并让记者曝光，而且还提出了一笔令人咋舌的赔偿费用。酒店经理断然拒绝："我们不可能接受你无理的要求，悉听尊便，请到法庭上见吧。"于是，女郎气冲冲地离开了酒店。

不出所料，附近那家酒店的经理下午打来了电话："听说你们店里昨晚出了点麻烦，要是丑闻让公众知道了，恐怕对你们不利吧!"

"贵经理的消息真灵通啊!不过，我们不在乎。"

"实话告诉你吧，那个女子是我派去的。如果贵店不想让事情闹大，就如数付款吧。"

"果然如此？如果我们否认此事，你拿得出证据吗？"

"我这里有当时的全部录音，要放给你听听吗？"

于是，一场敲诈与反敲诈的商业纠纷开始了。

美人计一般是作为达到最终目的的辅助手段，它的主要目标是摧毁精神壁垒，但它达不到歼灭对方的目的，常常还要进行其他手段。因此，大家在施用美人计时，要积极创造或寻找时机实施其他策略。当然，大家也要警惕美人计的袭击。

第三十二计　空城计

【计谋原典】

虚者虚之[①]，疑中生疑[②]；刚柔之际[③]，奇而复奇[④]。

【注释】

①虚者虚之：第一个虚字，空虚，与实相对，指军事力量不敌对方；第二个虚字，动词，显示虚弱的样子。

②疑中生疑：第一个疑字，可疑的形势；第二个疑字，怀疑。

③刚柔之际：这里是指，敌我双方力量悬殊的情况。

④奇而复奇：奇妙之中更加奇妙。

【译文】

如果兵力空虚，就故意显示出更加空虚的样子，使敌人摸不清虚实而产生疑惑；在敌我力量悬殊的情况下，运用此计会有更加奇妙的效果。

【计谋典故】

春秋时期，楚国的令尹公子元亲率兵车六百乘，攻打郑国。楚国大军一路攻下几城，直逼郑国国都。郑国国力较弱，都城内更是兵力空虚，无法抵挡楚军的进犯，可谓是危在旦夕。这时，郑国的上卿叔詹对郑王说："请和与决战都非上策。固守待援，是可取的方案。郑国和齐国订有盟约，而今郑国有难，齐国定会出兵相助。只是空谈固守，恐怕也难守住。公子元伐郑，实际上是想邀功图名讨好文夫人。他一定急于求成，又特别害怕失败。我有一计，可退楚军。"

郑国按叔詹的计策，命令士兵全部埋伏在城里，不让敌人看见一兵一卒。大开城门，放下吊桥，摆出完全不设防的样子。同时，令店铺照常开门，百姓往来如常，不准露一丝慌乱之色。

公子元率楚军到达郑国都城城下，见此情景，心里起了怀疑，莫非城中有了埋伏，诱我中计？他率众将到城外高地眺望，见城中确实空虚，但又隐隐约约看到了郑国的旌旗甲士。公子元认为其中有诈，不可贸然进攻，先进城探听虚实，于是按兵不动。

这时，齐国接到郑国的求援信，已联合鲁、宋两国发兵救郑。公子元闻报，知道三国兵到，楚军定不能胜，于是下令全军连夜撤走，但所有营寨都不拆走，旌旗照旧飘扬。

第二天清晨，叔詹登城一望，说道："楚军已经撤走。"众人见敌营旌旗招展，不信已经撤军。叔詹说："如果营中有人，怎会有那样多的飞鸟盘旋上下呢？他也想用空城计欺骗我。"

【计谋解析】

"空城计"是指在敌强我弱的情况下，为了使敌人的攻势落空，把原本就很空虚的实力以更加空虚的形式表现出来，使敌人产生疑惑，故而不敢贸然采取行动。实际上，此计是一种疑敌缓兵的心理战术。使用此计的关键，是要清楚地了解并掌握敌方将帅的心理状况和性格特征。此计多数情况下，只能当作缓兵之计，还得防止敌人卷土重来。因此，面对敌人时，还必须有实力与之对抗，要救危局，还是要凭真正实力。

解 读

虚虚实实，现场控制

古人用兵，讲究的是"虚者实之，实者虚之"的逆反用计，空城计却打破了以往兵家的常规用计格局，以"虚者虚之"的反常递增设计，使虚实变幻无穷，不再有固定模式。反常用兵，使敌"疑中生疑，不知所攻"从而会"奇而复奇"，取得"出奇制胜"的效果。

诸葛亮六出祁山用人不当，马谡大意失街亭，造成战局失利。诸葛亮自知陇西城守不住，便安排部署向汉中撤兵。当时陇西城只有5000人马，其中2500人出外运粮草，只剩一半守城。忽然，探子飞马来报，说司马懿带领15万大军向陇西城蜂拥而来。这时，诸葛亮身边没有一员大将，只有几个文官和2500名士兵。当听到大兵压境的消息，个个惊恐万状。诸葛亮却是镇静自若，从容传令，命令全城立即把军旗收藏起来，各自坚守岗位，不许高声说话和随便出入，如有违令定斩不饶。然后，又吩咐将城门大开，每一城门留

20个士兵，装扮成老百姓清扫街道，并且在魏兵到来时，不得擅自行动。一切安排妥当后，诸葛亮便带着两名小童，携瑶琴登上城楼，神态自若地弹起琴来。

司马懿的前锋来到城下，看到这般情景，不敢贸然进城。于是，飞马回告司马懿。司马懿根本不相信，亲自飞马来到城前观看，果然见诸葛亮坐在城楼上，左右两边各站一童，一个手捧宝剑，一个手执拂尘，面前焚香三股，香烟缥缈悠然自得，旁若无事轻弹瑶琴。城门内外有二十余名老百姓正在低头清扫。司马懿看后心中疑惑不定，根据诸葛亮平素做事甚为谨慎，从不冒险，如今城门大开，想必有重兵埋伏，倘若贸然进兵，岂不正中他计，于是传令拨马而回。

诸葛亮沉着冷静的现场控制，避免了一场血战。

诸葛亮没有被突如其来的变化所吓懵，也没因大兵压城而惊慌，而保持沉着冷静的态度，把探子获得的信息同实地观察结合起来，进行详尽的分析，权衡利弊，采取对策。当时魏军以15万的兵力分两路向陇西城杀来，而诸葛亮只有2500人马，双方相比是敌众我寡，敌强我弱。在这种情况下，诸葛亮若派人求援，一时也难解燃眉之急；若弃城逃跑必被生擒；若死守城池，则会因寡不敌众而难以抵挡。在军情紧迫无路可走的情况下，诸葛亮进一步分析了各自用兵特点和个人特性，诸葛亮平时用兵谨慎，而司马懿疑心重。于是一反常态假戏真做，演出了一场空城计，迷惑了司马懿，摆脱了危困局面，从容完成了撤退计划。诸葛亮的决策是科学的、符合实际的，因而也就收到了良好的效果。

诸葛亮如果平时对司马懿的秉性、用兵特点缺乏足够的了解，是决不会贸然使用空城计的。因此，平时掌握的情况越多、越深入，积累的实践经验越全面，在遇到突发情况时，就越能在分析问题时迅速果断地作出决断。在解决疑难问题和突出性问题时，诸葛亮智退司马懿15万大军的控制艺术是值得大家借鉴和学习的。

由此可见，具备沉着、冷静的素质是细致、周密考虑分析突发性问题和紧急情况的前提。没有沉着、冷静的态度，就没有细致、周密的分析。某些同志头脑简单、缺乏修养，一遇突发情况头脑膨胀、惊慌失措。结果，考虑问题片面，便草率作出决策，往往效果甚微或出现失误。在紧要关头，是仓皇应战，还是沉着、冷静地稳住阵势，对扭转战局将起决定作用。

用假象毁敌舰

1939年8月21日，德国袖珍战列舰"海军上将斯佩伯爵"号（以下简称"斯佩"号），神不知鬼不觉地潜入南大西洋。在短短三个月的时间里，它击沉了九艘英船（共计吨位为50000吨）。这一战绩使它成为全世界的热门新闻。

凭着多年的海上作战经验，驻守拉丁美洲东方海区的英国"G"舰队司令哈伍德断定，"斯佩"号的下一个猎物将是自己的防区，该舰将会在12月13日到达拉普拉塔河口。于是，哈伍德命令分散在各处的三艘巡洋舰全都集中至该河口，以"三打一"的方式对付"斯佩"号。

12月13日拂晓，"斯佩"号果然如期而至。哈伍德命令三艘英舰分成两队，以使敌舰分散火力，顾此失彼。"斯佩"号凭着自己280毫米大炮的巨大威力给英舰造成重创，但自己也连连中弹，陷入窘境。上午8时，"斯佩"号被迫停泊在乌拉圭首都蒙得维的亚，战事稍停。

根据国际法，交战国舰艇在中立国停泊24小时后自行解除武装。但是，如果在24小时内"斯佩"号真的从蒙得维的亚返身杀出来，那么，没有一艘英舰能够阻挡它。制服它的办法只有一个，即不让它出港，以解除其武装。那么怎么样才能不让它出港呢？

有鉴于英国战舰的实力比"斯佩"号弱的客观情况。海军部一方面采取紧急行动，命令离此较近的三支舰队火速赶往拉普拉塔河口；另一方面，又通过电台大肆宣传，鼓吹拉普拉塔河口外的封锁线固若金汤，"斯佩"号已陷入英军的重重包围之中。与此同时，外交活动也在紧张地进行。英驻乌拉圭大使多次催促乌拉圭当局尽快地赶走"斯佩"号。

英国的宣传战奏效了。"斯佩"号舰长从电波中得到了深刻印象：即使突破了哈伍德舰队的封锁，也难以逃脱从四面八方赶来的英国强大舰队的包围圈。"斯佩"号已是伤痕累累，就算能冲出包围，也不能越过万里海洋及英舰的围追堵截，回到德国。此时，英军为了表示自己遵守国际惯例，率先将战舰开出蒙得维的亚。"斯佩"号再也无法再在港口赖下去了。舰长自认穷途末路，在无奈地将七百多名官兵转移到德国商船上后，决定炸船自沉。随着一声惊天动地的爆炸，"斯佩"号沉没海底。

利用宣传上的优势，采取攻心的策略，从而诱导敌人走上错误的道路。

第三十三计　反间计

【计谋原典】

疑中之疑①。比之自内，不自失也②。

【注释】

①疑中之疑：疑，怀疑。

②比之自内，不自失也：语出《易经·比》，"比之自内，不自失也"。
比，亲比，亲密相依。

【译文】

在敌人怀疑、犹豫的情况下，再给他布下疑阵。使敌人内部自生矛盾，
那么我方就可万无一失。

【计谋典故】

三国时期，赤壁大战前夕，孙刘结盟，共同抗曹。虽然在兵将数量上孙
刘两家合起来，还是大大少于曹操，但孙刘联军发挥善于水战的特长，在长
江水域初战告捷，挫了曹军锐气。

曹操的北方军队本来不懂水战，为一军事上的短处，便令精通水战的荆
州降将蔡瑁、张允在长江中建立水寨，训练水军。而张、蔡二人因久居荆州，
深知水战奥妙。因此，这两个人也自然成为东吴的心腹之患。当时，在东吴
主管军事的是周瑜，而他精通兵法、足智多谋。

在曹操眼里，周瑜是灭吴的一大障碍。一天，曹操派部下蒋干，利用与

周瑜旧时的交情，以访友为名，前往长江对岸敌营，试图劝说周瑜投降，顺便刺探军情。

周瑜正为蔡瑁、张允在提高曹军水战能力而犯愁，得知蒋干来访，立即识破来意，顿时计上心来。

在款待蒋干的宴席上，周瑜解下佩剑说道："蒋兄是我的老同学、好朋友，我们今天只叙友情，不谈打仗，如果有谁敢谈论与交战有关的事，就用此剑杀了他。"这一来，也堵住了蒋干的嘴，只字不敢提劝降一事。大家只管尽情欢笑饮酒，周瑜也喝得醉意蒙□。

晚上，蒋干同周瑜一起共寝，蒋干翻来覆去睡不着，坐起身来，借着灯光看见案头上放着一封信，是蔡瑁、张允阴谋反曹，投降东吴的密信。蒋干回头看时，周瑜正醉酒沉睡，蒋干赶忙把信揣起来，连夜跑回曹营，把信交给曹操。

曹操看了蒋干带来的信，顿时火起，斩杀了蔡瑁、张允。随即，他又发现信是伪造的，知道自己中了周瑜的反间计，但为时已晚。

【计谋解析】

"反间计"就是巧妙地利用敌人的间谍反过来为我所用的计谋。采用反间计的关键是"以假乱真"，造假要造得巧妙，造得逼真，才能使敌人上当受骗，信以为真，并作出错误的判断，采取错误的行动。行"反间计"的方法千变万化，可用厚礼诱惑，也可装疯卖傻，供给对方假的情报，使之间接为我服务。

利用矛盾，巧用间策

世界万事万物都是矛盾的统一体。人与人、国与国以及事与事之间的关系，都在矛盾运动中发展变化。游说中善于抓住制约和影响对方态度、行为的主要矛盾，或者点明其症结所在，或者分析其利弊得失，或者指出其解决的途径，并以此吸引对方听取自己的游说内容，这就是利用矛盾的方法。战国时的张仪可算是利用矛盾进行游说的专家。

张仪一生的主要生涯就是凭着三寸不烂之舌，到诸侯列国游说。他是魏国人，早年求学于鬼谷子门下，学成后，游说诸侯，到处碰壁，贫困潦倒，一次因为被怀疑偷楚相的玉璧而遭到痛打。他的妻子说："如果不读书还不至于此。"张仪虽然屁股上还隐隐作痛，仍伸出舌头让妻子看："舌头还在吗？"妻子以为他气疯了，笑道："还在。"张仪说："这就行了。"这充分展现出了他的倔强性格和不顾一切猎取功名的野心。

公元前329年，张仪到了正在招揽人才的秦国，受秦惠王的赏识，参与朝政。他以"连横"的外交政策，打破诸侯"合纵"抗秦的阵线，着实为秦惠王出了大力。纵观其一生的游说生涯，利用"矛盾"这一游说策略，他算是运用到了炉火纯青的地步。

公元前313年，秦王想讨伐齐国，但又担心齐、楚间的"合纵"之盟，而引发实力强大的楚国出兵救齐。于是，派张仪到楚国，这就是那一场口称割地 600 里，而实际只让 6 里的"滑稽戏"。楚王受辱后大怒，恨不得把张仪肉而食之。后来，楚王要以黔中之地向秦"换得"张仪，以解自己的心头之恨。不想，张仪早就买通了楚王的宠臣靳尚，靳尚又唆使楚王的宠姬郑袖向楚王吹枕边风，使得楚王不仅不敢妄杀张仪，而且厚待张仪，还乐呵呵地向秦国送上黔中之地，以讨好秦国。张仪从楚国脱险之后，又重操旧业，凭借三寸不烂之舌，采取利用矛盾的方略，在诸侯国中搬弄是非，极尽破坏诸侯"合纵抗秦"阵线之能事。

张仪高高兴兴地离开楚国，马上到了韩国，对韩王游说道："韩国的土地多是险恶的大山，生产粮食不多，国家没有储备够两年吃的粮食，士兵不过 20 万。然而，秦国却有士卒百万。以韩国之力抵抗秦国，就像把千斤重的东西垂挂于鸟窝之上一样，必然没有侥幸的可能。为大王打算，不如事秦而攻楚，既免去秦国进攻的灾祸，也取得了秦国的欢心，没有比这更好的计策了。"韩国果真糊里糊涂地同意了。

张仪楚国、韩国之行，风尘尚未洗净，就又肩负秦王的使命东行齐国。

他到了齐国，对齐王说："搞合纵的人对大王游说，必定说齐国以三晋韩、赵、魏为屏障，地广人多，兵强将勇，即使有一百个秦国，也奈何不得齐国。现在秦、楚已为兄弟之国，韩国献宜阳之地给秦国，魏国向秦国献出了河外之地，赵国割河间给秦国。独大王你如果不听从秦国，秦国就可以让韩、赵、魏三国进攻齐国。到时候齐想与秦国联合也不可得了。"齐王听从张仪的话，也倒向了秦国。

张仪又西去赵国，对赵王说："大王联合天下之力以抗秦，秦兵不出函谷已有十五年了。大王的威势遍及山东六国（齐、楚、韩、燕、赵、魏）。我秦国很是恐惧，秣马厉兵、囤积粮草不敢轻举妄动。但是，大王您做得太过分了，屡次威胁秦国。秦国虽然处于偏僻遥远之地，但对赵国心怀怨恨已有一段时间。现在秦国的军队已驻扎在渑池。秦王让我先来通知您和您的臣子，现在楚与秦已为兄弟之国，韩、魏已成为秦国的藩臣，齐国已向秦国献上盛产鱼、盐的地方。如今之势，赵国的右臂已经断了。断一右臂的人与别人斗，势单力孤，想要没有危险是不可能的。……为大王打算，不如与秦国结为兄弟之国。"赵王也被张仪吓唬住了。

张仪又北去燕国，对燕王说："现在赵王已到秦国朝见并送上河间之地以表示臣服。大王如果不臣服于秦国，秦国将让赵国进攻燕国。况且当前齐、赵对秦国不敢轻举妄动，发兵攻伐。大王如果臣服于秦，可以长期免去齐、赵进攻的祸患。"于是，燕王马上献上常山一带五座城池，以求得与秦国的和好。

张仪的东游西窜，硬是将六国"合纵抗秦"的阵线搞得支离破碎。他成功的奥秘何在？就在于善于利用矛盾。经过多年混战，西方之秦国日益崛起，且日夜窥伺着其余六国的疆土。为防止秦国的兼吞，齐、楚、燕、韩、赵、魏采用"合纵"抗秦的方略抵御之。但是，这种"合纵"又未必是合纵一心，而是矛盾重重，各有算盘，张仪利用反间计各个击破，打破了六国的"合纵"阵线。

这位善于利用矛盾的游说家，不仅以此法破坏了六国的"合纵"局面，而且在自己临危之时，还是利用矛盾，保住了老命。

公元前 310 年，秦惠王去世，太子荡即位，称武王。太子荡与张仪早有矛盾，有心除掉他。

诸侯听到张仪失宠的消息，纷纷背离了秦国，又恢复了合纵的态度。惶惶不可终日的张仪为了躲避新秦王的报复，对他说："为大王考虑，山东六国有变乱，才便于大王多夺取土地。我听说齐王很恨我。我所在的地方，齐国必然要加以讨伐。因此，我请求到魏国去。这样齐国必然讨伐魏国。齐、魏打起来了，大王可以趁机伐魏，入三川，挟周王室之威，获得周室的天下图籍、祭器，成帝王之业。"秦武王认为这话不错，也乐得张仪离开秦国，就派兵车三十辆送张仪到魏国。魏国接受了张仪，还让他当了相国。魏国果然遭到了齐国的征伐。此时魏王十分惊恐，张仪又对魏王说："大王不要害怕，我可以让齐国罢兵。"于是，张仪派他的舍人冯喜到楚国，借楚国人为使到齐国。楚使臣对齐王说："大王听张仪的话，来取悦秦国，太过分了。"齐王大惑不解："我非常痛恨张仪，正因为恨张仪，所以才讨伐魏国，怎么能说是听张仪的呢？"楚使说："张仪离开秦国，是与秦王商量好的计谋，让大王攻魏，秦国乘机夺取三川。现在大王果真伐魏，将使国内疲惫不堪，并且得罪了盟国，使张仪在秦王面前更有威信了。"齐王听了这话，就撤兵回国去了。张仪为魏国退了齐兵，受到了魏王的重谢，不久张仪就老死在魏国。

张仪采取"利用矛盾"的方法游说诸侯之所以能够成功，与当时的政治、军事形势紧密相关。但是，张仪能以一个政治家的眼光，对当时列国的政治、经济、军事状况有深刻的了解，对山东六国之间的矛盾洞若观火，抓住各国诸侯关心各自国家的利益而适时诱之以利，能够把政略、战略、外交与必要的秘密谍报活动紧密地结合起来，这不能不说是他游说诸侯、拆散"合纵"获得成功的重要原因。

给对方一个反耳光

采用反间计的关键是"以假乱真"，造假要造得巧妙，造得逼真，才能使对手上当受骗，信以为真，从而作出错误的判断，采取错误的行动。

岳飞是南宋名将，他作战有方，常常出敌不意，运用计谋，获得战斗的胜利。

岭表一带的强盗力量十分强大，宋高宗命岳飞前去招安。

岳飞派人见到了强盗头曹成，但曹成理也不理。岳飞只好向宋高宗报告："岭表一带的强盗力量十分强大，只是空口无法招安，只有武力把他们的力量削弱一部分，再行招安，才有可能。"

宋高宗想了想说："那就请你带兵进剿吧，不过可要速战速决为好啊！"

岳飞率部进军岭表，一边走他一边想，如何才能尽快地叫曹成投降，不要拖延很长时间呢？

正在这时候，前军来报："岳元帅，刚刚抓到了敌人一名探子。"说着就押过来一名敌探。

岳飞看那敌探的两只贼眼上下乱转，一看就是一肚子的鬼点子，顿时计上心来。

岳飞下令："天不早了，扎营休息吧。"又说："把这个探子绑到帐前的柱子上，可不能叫他跑了！"

正在这时，一员大将前来报告："元帅，粮食已经吃光了，您看怎么办好呀？"

岳飞一听，大为不满，一脸的不高兴说："那就只好准备回去了，传我的命令准备返回。"

大将听令走了。

这些话那个探子听得清清楚楚，也看到了岳飞的表情。

到了晚上，看守探子的士兵，一个一个都喝醉了，准备回家，无心再看守。探子看到时机已到，解开了绳子逃跑了。

探子一口气跑回山寨，边跑边叫道："大王，大王我回来了！"

"你都探了什么消息？"曹成问。

"大王，岳家军已经没有粮草了，他们准备明早回朝了！"

"这你是怎么知道的？"

探子就把自己如何被抓，如何听到消息，又如何跑出来的经过说了一遍。

曹成一听，连说："有道理，有道理。看来时机到了。弟兄们，随我下山，咱们抄岳家军的后路。"

岳飞看探子跑了，知道反间计已经有希望了，便下令："立即开饭，饭后急行军占领敌人山寨。"

曹成在山外扑了空，当他返回山头的时候，只见到处都是岳家军的大旗。岳军已经占了许多险关，曹成已经无家可归了。

此时岳飞通知曹成："还不快快投降？"曹成无奈只好受了招安。

岳飞与金兵作战，也是多次使用反间计。

南宋叛臣刘豫与金国勾结，对中原已构成威胁。岳飞早想用计谋打破他们的联盟。

这一天，岳家军抓到了一个金兀术手下的间谍。岳飞早就知道金兀术与刘豫不和，所以事先就定好了反间计。

当兵士把那个间谍押进大帐篷的时候，岳飞一见便发火了："你这个张斌，我派你到齐国去，你为何一去不回？"

间谍一听岳飞叫他张斌，心中暗喜，一定是岳飞认错人了，我何不将错就错，也可保全自家一条性命，便说道："小人实在是不知何时回来呀！"

岳飞大怒："你不知道，当初我派你去齐国，是叫你诱来金兀术，可是你一去不回，我只好又派别人去了，齐军已经同意明年以联合进攻长江为名，把金兀术骗到清河来，把他收拾掉，可是你不回来了，你可知罪？"

"小人知罪，小人知罪！"

"你要是知罪，我就写一封信，你带给刘豫，叫他按时起兵！"

说着岳飞就提笔写了一封信，用蜡油封了起来。又叫士兵用刀将探子的大腿割开，将信放了进去。

那间谍回去之后，把信交给了金兀术。金兀术一看信，大吃一惊，立刻交给了金主。于是，金主当机立断，废除了刘豫的一切权力和职务。从此，刘、金的联合土崩瓦解了。

由此可见，使用反间，就是要充分地利用"反间"来达到获取情报，扰乱敌人的目的。大家要用敌人设下的疑阵反过来再迷惑对手，这就是用敌人自己的人来迷惑敌人自己。

将敌人的间谍为我所用

1943 年 6 月 16 日，一架英制莱桑德单翼侦察机关上了发动机，在月色中像一只大鸟一样无声地滑翔，最后降落在法国卢瓦尔河谷中的草地上。这是第二次世界大战中英国情报部门第 36 次使用这种飞机向被纳粹德国占领下的法国运送特工人员了。

从飞机上走下一个女人，名字叫诺尔·艾娜亚特·卡恩，她可能是英国特别行动处用这种方式送到法国的 102 人中最迷人的一位女性了。她曾经过特别行动处严格的挑选，并在专门的间谍学校受到过严格的训练。这是她第一次被派到纳粹统治下的法国，开始她的情报使命。

诺尔·艾娜亚特·卡恩，化名为马德琳。她是一个漂亮娇小的姑娘，清秀而略带腼腆的脸上长着一双黑色的大眼睛，长长的黑色卷发披散在肩头，她是 18 世纪的曼索尔苏丹·蒂帕·萨希的后裔，她的父亲曾是泛神秘主义苏菲派的领袖，苏菲派是伊斯兰教中的一个十分秘密的教派。她的母亲是个美国人，她本人则出生在莫斯科，这是因为当时她父亲正在那里传授伊斯兰教苏菲派的教义。

她整个身世如此复杂又带着传奇色彩。就连那些通俗小说中虚构的主人公的故事也未必能比她的经历与身世更浪漫。诺尔的一生大部分都是在法国度过的，直到 1940 年，为躲避纳粹德国的残暴统治，与她的母亲和弟弟一起逃亡到英国。因此，她会流利地使用英、法两种语言。到达英国后，她自愿申请参加了皇家空军妇女辅助队，并接受过无线电报务的训练。直至 1943 年 2 月，被调至特别行动处接受训练。3 个月的短暂训练结束，诺尔以优异的成绩结业。唯一的缺点就是保护自我的安全观念极差，当时的主持训练的负责人——弗兰克·斯普纳上校曾向上级报告说，诺尔在安全方面不行，她容易感情用事，情绪较为偏激而冲动，因此不适于做外派特工。并提议，不应把她派到法国去执行秘密工作。所以，在训练结束后对诺尔的鉴定中就明确出现了："工作努力，也很敏锐，但有时忽视安全课程。性格不稳定，容易冲动，是否适于作派遣工作值得考虑。"

但是，特别行动处法国科的负责人莫里斯·巴克马斯特少校却不同意鉴定的结论和弗兰克·斯普纳上校的建议，坚持将诺尔派往法国。于是，化名为马德琳的诺尔开始了她悲剧式的情报工作使命。

从踏上卢瓦尔河谷的草地不久，诺尔在法国地下抵抗组织的接应下，顺利地进入了巴黎。然而，没多久，她在巴黎的工作伙伴就几次责备她缺乏应有的安全观念和保密意识：她的装有密码本的皮包被她遗忘在她拜访过的一间客厅的沙发中；也曾公然在大街上毫不在意地将一份秘密情报交给联络员；她的房东太太也曾在厨房的餐桌上发现过她使用的密码本；最严重的违反特工安全规则的是她还经常随身携带一个笔记本，本子上面记录着她所有发往伦敦的电报文稿。

纳粹德国的盖世太保当时已经在巴黎逮捕了几名特别行动处派来的间谍，并利用他们缴获的电台向英国发送假情报，同时套取有用的情报。与此同时，盖世太保截获了诺尔一周三次向伦敦的发报。然后，他们便设计、使用了一个名字叫伯特兰的英国特工的电台，向伦敦发报，要求伦敦指示让马德琳在巴黎与伯特兰接头。此后又派出一名曾在美国航运公司工作过，并讲一口流利的美式英语的盖世太保假冒伯特兰，先后在巴黎的一处咖啡馆中接了几次头，接头过程中，疏忽大意的诺尔无意泄露出的情况，又使纳粹的盖世太保得以顺利地打入一个由法国企业家们组成的地下抵抗组织。

　　1943 年 10 月 13 日，诺尔在巴黎被盖世太保逮捕。在逮捕她的同时，德国人同时查获了她使用的发报机和那个记有所有电报内容的本子。记录本内的电文稿和密码帮助盖世太保破译了诺尔的密码，并发现了她使用的警报暗号。据此，盖世太保又可以顺利地操纵诺尔的电台，向伦敦发送假情报了。

　　盖世太保通过对诺尔电台的逆用，成功地发现并破坏了在圣库通和里尔区的两个地下组织，逮捕了 7 名特别行动处的间谍。其中，包括英国特别行动处最有经验的派遣官员弗朗斯·安泰尔姆少校。诺尔的轻率和大意不仅给特别行动处带来了巨大的损失，也给自己套上了绞索。1944 年 9 月，诺尔在臭名昭著的达豪集中营被处决。尽管作为一名特工人员，诺尔的表现不尽如人意，但是她仍不失为一名勇敢而坚强的反法西斯战士。战后，英国政府仍然追赠她乔治十字勋章和普通十字勋章。

　　这是德国特工利用这位女间谍的大意而进行的一次成功的反间谍行动。间谍本来应是无时无刻不谨慎小心的，而诺尔却犯了这一大错，从而落入了盖世太保的手中。

第三十四计　苦肉计

【计谋原典】

人不自害，受害必真；假真真假，间以得行。童蒙之吉，顺以巽也。[①]

【注释】

①童蒙之吉，顺以巽也：出自《易经·蒙》，此句意思是说不懂事的孩子单纯幼稚，顺着他的特点逗着他玩耍，就会把他骗得乖乖的。

【译文】

人不会自我伤害，自我伤害必定会被认为是真实的；如能以假作真，那么离间计就可以实现了。要像欺骗幼童那样迷惑敌人，顺势进行活动。

【计谋典故】

春秋时期，吴王阖闾杀了吴王僚，夺得王位，但他十分惧怕吴王僚的儿子庆忌为父报仇。与此同时，庆忌正在卫国扩大势力，准备攻打吴国，夺回王位。于是，阖闾想尽一切办法要除掉庆忌。

这时，伍子胥向阖闾推荐了一个智勇双全的勇士，名叫要离。阖闾见要离矮小瘦弱，问道："你想怎样除掉庆忌？"要离回答说："只要能接近他，事情就好办。"阖闾又问："庆忌对吴国防范最严，怎么能够接近他呢？"要离回答说："只要大王砍断我的右臂，杀掉我的妻子，我就能取信于庆忌。"阖闾听后，不肯答应。然而，要离却说："为国之家，为主残身，我心甘情愿。"

后来，要离故意散布流言说阖闾弑君篡位，是无道昏君。吴王下令追查并假借追查同谋，未杀要离只是斩断了他的右臂，把他夫妻二人关进监狱。

几天后，伍子胥让狱卒放松看管，让要离乘机逃出。阖闾听说要离逃跑，就杀了他的妻子。这件事不断传遍吴国，邻近的国家也都知道了。要离逃到卫国，求见庆忌，要求庆忌为他报断臂杀妻之仇，庆忌接纳了他。要离果然接近了庆忌，他劝说庆忌伐吴。要离成了庆忌的贴身亲信。庆忌乘船向吴国进发，要离乘庆忌没有防备，从背后用矛尽力刺去，刺穿了胸膛。庆忌的卫士要捉拿要离。庆忌说："敢杀我的也是个勇士，放他走吧！"然后，庆忌因失血过多而死。

要离完成了刺杀庆忌的任务，但自己也家毁身残，于是他自刎而死。

【计谋解析】

"苦肉计"是指故意伤害自己,以让敌人相信,从而使反间计得以成功的策略。一般用自我伤害的办法取信于敌,达到进行间谍活动的计谋。由于人们习惯的心理定势是"人不自害",所以巧妙利用这一心理定势,造成受迫害的假象,以迷惑和欺骗敌人,或打入敌人内部,对敌人进行分化瓦解。用苦肉计,是假装自己去作敌人的间谍,而实际上是到敌方从事间谍活动。派遣同己方有仇恨的人去迷惑敌人,不管是做内应也好,或者是协同作战也好,都属于苦肉计。

解 读

断其臂取其信

施用"苦肉计"骗人,虽然往往赢得比较惨,毕竟自己要受皮肉之苦,但有时也有着它的妙处,因此还是有不少人使用它。

南宋时期岳飞与都将王佐同演的一场"苦肉计",王佐以断其右臂骗取金兀术的信任,借机打入金营内部,成功地完成了离间任务。

南宋初期,金国的主帅金兀术率兵南侵,与岳飞对阵于朱仙镇。金兀术有一义子陆文龙,年方16岁,英勇善战,是岳家军的劲敌。然而,陆文龙原是宋将潞安州节度使陆登的儿子,兀术攻陷潞安州时,陆登全家殉节。陆文龙不满周岁,与乳娘一起被兀术掳去。并且,收为义子,因此他根本不知道这位义父就是灭家仇人。

岳飞的部将王佐,对陆文龙身世十分清楚。他本是杨幺部属,投降岳飞后并没建过什么军功,此次见岳飞因陆文龙之事,挂起免战牌,闷闷不乐,他心中也不是滋味,便归营独酌,借酒消愁。这时,他猛然想起古时的"要离断臂刺庆忌"的故事，大喝一声："何不如此？"立即卸甲拔剑，断然把自己的右臂砍下，顿时血流如注，连忙敷上金疮药，止了血，去见岳帅，说明意图。岳飞见状泣然泪下，说："我自有破敌之计，你又何苦伤残自己？既如此，你放心去好了，不必挂念乡间家眷，我会好生照看。"

王佐到了金营，时已天明，见了巡逻兵，说明原委，被带去见金兀术。王佐进帐后跪下，金兀术见他脸色焦黄，满身是血，便问他是何人，来此何干？王佐半泣半诉地说："小臣本是杨么手下之人，官封东圣侯，只因奸臣勾结岳飞，惨被杀败，以致国亡家破，只得暂时归顺宋营。如今狼主大军到此，岳飞无计可施，挂起免战牌。昨夜聚集众将商议，小臣进言，今金兵200万，如同泰山压顶，谅难对敌，不如差人讲和，庶可保全。不料岳飞好话不听，反说臣怀二心，卖国求荣，将臣断去一臂，派臣来此说服大王投降，并说即日要来擒拿狼主，踏平金国。臣若不来时，他要再断一臂，因此特来哀告狼主。"说罢放声大哭，又从袖里取出那条断臂让金兀术观看。

王佐又是说，又是哭，金兀术见此深信不疑，并且非常同情他，把他留在营中，同时，还传令各营，他在宫中可以自由行走，到处为居。

从此，王佐在营中行动自由。一天，他到了陆文龙的营前，走进营内一看，只见有一位老妇人闲坐着，她是陆文龙的奶妈。王佐便上前行礼。妇人回答："将军免礼！"王佐听她口音是中原人，就说："我俩是同乡。"老奶奶在他乡遇故知，说话就随便了，把陆文龙的身世说了一遍。说完，王佐便起身告辞，说明天再来见乡里。

第二天，王佐又去看老奶奶，碰到陆文龙刚回营，就留下来和他闲聊。王佐是读书人出身，知道的事情多，讲起来滔滔不绝，陆文龙很是喜欢。渐渐地陆文龙听故事成了习惯，一有空就请王佐去，双方关系也越来越密切。

一天，王佐又到陆文龙那里，文龙问今日讲什么故事，王佐说今天讲一个最精彩的故事，但须把左右的人都遣出去，文龙照办。于是王佐拿出一张画图，这图上画着金兀术，一座大堂上死着一个将军和妇人，还有一个妇人抱着一个小孩正在痛哭，还有许多番兵。

陆文龙看着画问："这是什么故事，我看不明白。"

王佐指着画开始讲解："这地方是中原潞安州，这个死的老爷是节度使陆登，死的妇人是谢氏夫人，这个抱孩子的妇人是小孩的乳母，这个正在啼哭的孩子叫陆文龙。这个全副武装的人就是昌平王狼主兀术。13年前，狼主带兵攻陷了潞安州，这陆文龙的父亲陆登尽忠，自刎而死；谢氏夫人亦尽节，吊颈而亡；狼主见公子陆文龙幼小，令乳母抱着，带回番邦，认为义子。13年了，这人不知道自己的生身父母是谁，反认贼作父，这真是天地间最令人痛心的事了。"

陆文龙听到这儿，连忙问："王佐，你是不是在说我？"王佐回答："是的。为了你，我不辞劳苦，甘愿断臂，就是为了不让你做一个忘恩负义的人。你不信，可去问你的奶妈。"

话刚说完，那位老奶奶哭哭啼啼地走了出来："你们的话，我全听到了，王将军的话句句是真，将军呀！夫人呀！你们死得好惨。"

此时，陆文龙再也控制不住自己了，嗒的一声跪倒在地，发誓："不孝之子，怎知这般苦事，今日方知，定杀金兀术为父母报仇。"说罢拔剑在手，欲去杀金兀术。王佐连忙拦阻，说："公子不可莽撞，他帐下人多，大事不成，反受其害。此事应从长计议。"

过了几天，乘金兀术不防，陆文龙随同王佐和乳娘投奔宋营去了。金兀术闻讯，懊恼不已，连连叹道："我中了王佐的'苦肉计'了！"

一般情况下，人是不会自己伤害自己的，如果受到伤害，那十有八九是因为别人加害的缘故。大家要利用人们的这种"人不自害"的心理，和"同情受难者"的人性弱点，逆人之常情，行自我伤害之举，施苦肉计，取信于敌。当然，大家也要谨慎使用，安排周密。

自我伤害，迷惑敌军

施展苦肉计的目的，往往是骗取对方的信任，趁其放松戒备时，再作打算。下面的例子就是一个很好的说明。

赤壁大战前夕，东吴兵马总督周瑜召集众将说："曹操率百万之众，连营三百余里，与我们隔江对峙已近月余，看来这不是一时可以决胜的战役。诸将可领三个月的粮草，做长期御敌的准备。"老将黄盖说："别说三个月，就是三十个月的粮草，东吴也支付得起。不过，当初都督在我主面前夸下海口说，不日即可破曹。如今却要迁延三个月之久。我看一个月内能破便破，若不能破敌，不如依张昭之言，弃甲倒戈，北面降曹算了。我跟随吴主三世，纵横南北，还从未打过这样的窝囊仗呢！"

周瑜见黄盖在众将面前对自己出言不逊，不由得怒发冲冠，厉声说："吾奉主公之命，督军破曹，主公有言在先，军中敢有人言降者必斩，你今天在两军交战之际，动摇军心，不杀你难以服众。"当即喝令左右将黄盖推出帐外斩首。黄盖见周瑜要杀他，便大声怒斥说："黄口孺子，我打江东祖业之时，哪有你？你今天却在我面前逞威，主公在我面前还要让三分。"

大将甘宁劝周瑜说："黄将军是东吴老将，请都督宽恕他吧。"周瑜转而斥责甘宁说："你怎么敢在军政大事上多言多语，乱我法度？"说着下令让军士把甘宁打出帐外。

此刻在座所有众将都跪地求周瑜说："黄盖违令乱法固然该杀，但大敌当前，先杀大将恐于军不利，请都督先记下这桩罪过，待破了曹操之后，再杀他也不晚。"周瑜转而指着黄盖说："如果不是众官求情，今天就斩了你，待破了曹操，定斩无疑。"说罢，命左右军士先打黄盖一百杀威棒。打了五十之后，众官又求情，周瑜对黄盖说："你还敢小看我吗？暂且先寄下五十军棍，如有怠慢，二罪并罚。"说罢，带着怒气进了寝帐。

众将扶起黄盖，见被打得皮开肉绽，心中无不惨然。在扶其回寨的途中，竟昏绝了几次。黄盖醒来时，只是长吁短叹，只字不语。

军机参谋阚泽来看黄盖时，黄盖令左右侍从统统退出。阚泽问黄盖说："你过去与都督有仇吗？"黄盖说："没有。"接着又恳切地对阚泽说："你我二人情同手足，别人不是我的心腹，我这有降书，求你替我转送给曹丞相。"

阚泽说："我愿为你效力。"黄盖一听他答应得如此痛快，激动得从榻上滚下来，向阚泽拜谢。黄盖被打的消息，在周瑜营中作内奸的曹将蔡中、蔡和早已用密书报告给了曹操。阚泽向曹操纳降立刻得到应允，并遣阚泽回江东，为黄盖归降传递信息。

阚泽回来后，与黄盖商议一番，马上写密书告诉曹操说："黄将军欲来，只因难得方便，寻到机会后，再告知丞相。"

几日之后，黄盖又遣人给曹操捎信说："周瑜这几天守关严谨，因此一直不能脱身，今有鄱阳湖运粮军到，周瑜差遣我巡哨，我因此得便，今夜三更左右，我乘机杀掉运粮吴将，劫粮去降丞相，船上插青牙旗的便是所劫的粮船。"曹操接信息后十分高兴，于是专候黄盖船到。

当晚，东南风初起，有人报告曹操说："江南有一列帆船，顺风而来，船上插的都是青牙旗，其中一面大旗上写着先锋黄盖的名字。"曹操笑着说："黄盖投降，真是天助我呵！"

这时，在一旁观望良久的谋士程昱对曹操说："丞相，来船必有诈，不能让他靠近我寨。"

曹操问："你怎么知道？"程昱说："粮在船中，必定是稳而重，我看这船却是轻而浮，再加上今夜是东南风，如果敌人用火来攻，怎么抵挡？"曹操说："粮船是稳而重，草船也是浮而轻的，黄盖所劫之船粮草皆有，草船快，必然行在前，这有何可疑？"程昱说："周瑜既然痛打了黄盖，怎么又能用其为先锋呢？他打先锋旗号而来，必定是率军来火烧我水寨的！"曹操听罢，方有所悟，于是派大将文聘率水军去阻击。

文聘刚出水寨阻击，就被来箭射倒在船中，船上一阵大乱。这时，只见来船直冲入曹营水寨，各船一齐发火，船上军兵都纷纷跃入水中。顿时曹军水寨燃起了大火。

此时此刻，曹操才知道自己中了黄盖的苦肉计。

原来，周瑜本欲往曹营派内奸，以控制和把握曹操发起总攻的时机，但

用谁为内奸，一直想不出办法。这时，黄盖来营中议事，周瑜便把自己的苦衷说了出来。黄盖慷慨地说："我愿为都督行此计。"周瑜说："你是东吴旧将，无故降曹，他怎肯信呢？"黄盖说："依都督的意思应当怎么办？"周瑜说："看来只有用苦肉计了。"黄盖说："我受孙氏恩赐多年，今天即使是肝脑涂地我也无悔。"周瑜激动地说："将军肯行苦肉计，是我江东的造化，也是孙氏的大德啊。"黄盖说："都督不必多言，只管吩咐如何行计就行了。"周瑜说："我江东也少不了有曹操的奸细在此，你在这里受苦，曹操也一定会知道，你自己设法用计就行了。"二人如此商议好后，才有了上面的那段精彩表演。

先予后取，赢得市场

由于企业的发展壮大，是以其产品价值的实现为前提的。因此，在商业竞争中，企业的领导者要时刻把握市场的运行趋势，采取不同的营销策略。由"苦肉计"派生出来的"以形服人"即这种策略之一。它是在产品正式进入市场之际，先将产品形象、直观地公之于世，来驱动、诱发人们对该产品的购买欲望。

1986 年，江苏省射阳县沙发床垫厂生产的苏鹤牌席梦思床垫在刚推入市场时，销售情况非常差，几乎一个也卖不出去。当年 11 月，厂供销人员把产品运到马鞍山市后，将麻垫铺在大街上，当众用一辆载重十吨的卡车碾压，床垫竟毫无损害，顿时名噪全市。不到半年，苏鹤牌席梦思床垫畅销上海、南京、无锡等几十个大中城市。

1979 年，江苏吴县防暴电动机厂转产电风扇。小厂如何在强手名牌争雄的上海赢得市场和信誉？

厂领导根据消费者关心电动机温度高低的心理，将一台该厂生产的小骆驼牌电风扇摆在上海百货公司商店的柜台上，连续运转，从春到秋共转171天。有些顾客路过，还伸手摸摸电动机是否发热，并向营业员打听该牌电风扇有关情况。

从此，小骆驼牌电风扇叩开了上海市小家电市场的大门。

由上述例子可知，产品本身是最具说服力的广告，用户最信服的是自己亲眼看到的。一种产品能否征服用户，最有效的手段是让产品本身说话。因为，顾客喜爱的产品，才是最好的产品。

293

在以消费者为主导的市场竞争中，使顾客对产品各种质量指标放心是非常重要的。为解除购买者的各种疑虑，企业的领导者在必要时可施展"苦肉计"，让产品受些"苦"也无妨。

对产品进行破坏性的考验，以博得消费者的信任，从而打开产品销路，这是"苦肉计"在商战中引申的应用，而用此计刺探经济技术情报，则是切中"苦肉计"的愿意了。

苦肉计是残害自己身体以达目的的计策，但也未必非伤害身体不可，换言之，只要牺牲自己非常珍贵的事物，扰乱对方的判断力，即可奏效。

大家要懂得欲取先予的道理，正如俗语所说的"舍不得孩子套不住狼"。欲取先予，就是自己先做出一定牺牲，捞取资本后，仍可获得更大利益。因此，甘愿吃点亏，就能吸引更多的合作者，保持相对稳定的合作关系，从而获得丰厚、长远的收益。

第三十五计　连环计

【计谋原典】

将多兵众，不可以敌，使其自累[①]，以杀其势[②]。在师中吉，承天宠也[③]。

【注释】

①使其自累：自累，指自相拖累、自相钳制。

②以杀其势：杀，减弱、削弱、刹住；势，势力、势头；杀其势，这里是指减弱、刹住敌军来势汹汹的势头。

③在师中吉，承天宠也：语见《易经·师》。

【译文】

敌人兵力强大时，不可与之硬拼，应设法让他们自相牵制，以削弱他们的实力。主帅如能巧妙地运用计谋，克敌制胜，就如同有天神相助一般。

【计谋典故】

宋代名将毕再遇，在与金军作战时，命令部队不得与敌正面交锋，而采取游击流动战术。

敌人前进，他就令队伍后撤；等敌人刚刚安顿下来，他便下令出击；等金军全力反击时，他又率着队伍跑得无影无踪。就这样，退退进进，打打停停，把金军搞得疲惫不堪。金军想打又打不着，想摆又摆不脱。

到夜晚，金军人困马乏，正准备回营休息。毕再遇准备了许多用香料煮好的黑豆，偷偷地撒在阵地上。然后，便突袭金军。金军无奈，只得尽力反击。然而，毕再遇的部队与金军战不几时，又迅速败退。金军气愤至极，乘胜追赶。谁知金军战马一天来，东跑西追，又饿又渴，闻到地上有香喷喷的味道，便一口口只顾抢着吃，任你用鞭抽打，也不肯前进一步，金军调不动战马，在黑夜中，一时没了主意，显得十分混乱。

这时，毕再遇调集全部队伍，从四面包围过来，杀得金军人仰马翻、横尸遍野。

这里，毕再遇所运用的就是连环计，不费吹灰之力便击败了强大的金军。

【计谋解析】

连环计一般是指多计并用，计计相连，环环相扣，一计累敌，一计攻敌，任何强敌，无攻不破。此计的关键是要使敌人"自累"，就是指互相牵掣，背上包袱，使其行动不自由。这样，就给围歼敌人创造良好的条件。

战场形势复杂多变，对敌作战时，使用计谋，是每个优秀指挥员的本领。然而，双方指挥员都是有经验的老手，只用一计，往往容易被对方识破。因此，一计套一计，计计连环，作用就会大得多。

解 读

多计扣用，连贯配套

晁盖、吴用、公孙胜等好汉在晁家庄聚义饮酒，并商议劫取生辰纲一事。这生辰纲是北京大名府梁中书庆贺东京蔡太师生辰的礼物，此时梁中书已委派提辖使杨志带 14 人将这批金银财宝押往东京。智多星吴用打听到杨志一行走至黄泥冈大路，便提出智取的办法，众人表示赞同。

一天中午，晁盖、吴用等 7 人装扮成枣贩子事先在黄泥冈附近的松林里等候。不久，杨志一行人也风尘仆仆地赶到。由于天气炎热，所带的礼物又重，十几个禁军士兵感到又累又热，就放下担子，在松树下睡着了。杨志拿起藤条边骂边打，催着赶路，无奈众军汉精疲力竭，也只好作罢。突然，杨志发现对面松林中有人探头探脑张望，忙提刀过去盘问，见是晁盖、吴用等七个做枣生意的人在那里乘凉，也就没放在心上。

这时，只见一条大汉挑着一担酒，边唱边走了过来。众军汉忙问："桶里是什么东西？"大汉答道："是白酒。"众军汉问过价钱后，就要凑钱买酒喝。杨志断然不许，说："我们公务在身，不能贪酒。来往路口各种勾当甚多，我们不能不防，万一酒中有蒙汗药，那我们就完了。"

杨志刚说完，对面林子里七个枣贩子走出来也想买酒喝。卖酒汉说："不卖不卖，我这酒是挑到黄泥冈下村子里去卖的。刚才那位客官硬说我酒中有药，你说好笑不？而且，我这里也没有碗瓢。"七个汉子好一阵纠缠，才买到一桶酒。当下两人去林子里取出两个瓢，并一人捧一大捧枣过来。七个好汉围在酒桶边，一边吃枣一边喝酒，军汉们垂涎三尺，望眼欲穿。

突然，刘唐趁卖酒汉不注意，揭了另一桶酒的盖子，用瓢兜了半瓢酒，边喝边往林子里跑，卖酒汉发现后赶忙直追。这时，吴用去松林取出蒙汗药，抖在瓢中，趁卖酒汉与刘唐争执时，又拿瓢去舀酒，把药搅在酒里，并假意舀半瓢要喝。那卖酒汉回过头来，劈手夺过瓢，把酒倒在桶里，并怒骂吴用抢他的酒喝。

杨志见两桶酒都有人喝过且没事，便同意众军汉买酒喝。众军汉借了吴用的瓢，一哄而上，把那酒一下子喝光了，杨志也喝了少量的酒。卖酒汉收了钱，挑着空桶，依然唱着山歌，下冈子去了。

不一会儿，晁盖、吴用等人站在松树旁边，看着杨志一行十五人一个个头重脚轻，都软倒在地上。他们推出七辆江州车子，把枣扔掉，将金银财宝全装在车子上，一直向黄泥冈下推去。杨志等人身体动弹不得，只得眼睁睁地看着生辰纲被劫走。

杨志武功高强，且警惕性极高，要用酒中下毒来取生辰纲，绝非易事。吴用施用连环计：自己喝酒，以示无毒；假意不卖，以诱其上钩；假争斗，在争斗中下毒。如此计谋接连使用，终于使杨志上钩，晁盖、吴用等人轻而易举取了生辰纲。

曹操施计破袁绍

"连环计"，顾名思义，是一种多步骤或多环节的计谋。在战争上运用得比较多。

公元200年，袁绍派兵围攻白马，然后引军至黎阳，将渡黄河南下，进攻曹操，历史上有名的官渡之战拉开了序幕。在这场战役中，曹操以少于袁绍几倍的兵力却出人意料地战胜了袁绍，其间用计奇巧，波澜起伏，引人遐思。

两战胜利后，曹操进军官渡，袁绍进军阳武，相互对峙起来。曹军毕竟势小力弱，士兵们有些怯战。曹操致书荀彧，询问退敌之计，而荀彧也很快回复，给曹操指明了道路。

开始，袁绍派人攻打白马，本欲分散曹操兵力，以各个击破。曹操本来也想先解白马之围，谋士荀彧却另有他计。

荀彧献计说："我军兵少，不可力战。只能设法分散袁绍的兵力，才能以少取胜。您可以引兵到延津，作出要渡河袭击敌人背后的样子，待袁绍引兵应对时，您可以用轻兵突袭白马，出其不意，攻其不备。"曹操听从了荀彧的计策，袁绍果然中计，曹操以很少的代价解了白马之围。官渡之战曹操旗开得胜。

曹操冷静地分析形势后，主动放弃了白马，引军沿黄河西上。袁绍渡河追赶。到延津地区，曹操突然驻扎下来。等袁绍追兵越来越多。曹操命部下把辎重物资置于大道中间，袁绍军队以贪财好利闻名，看到物资，自相抢夺起来，不战自乱。曹操遂命600名骑兵出击，大破袁军。曹操抓住袁军的弱点，促成了两场战斗的胜利。

荀彧说："袁绍兵力全部汇集官渡，与您决战。如果您不战而逃，袁绍必定尾随追杀，那时的损失可想而知。"曹操认为他的看法正确，决计和袁绍打下去。时值袁绍手下的一个谋臣许攸不满袁绍将其犯法的家人收治而归降曹操，并给曹操出了一条抢夺袁绍军粮的计谋，曹操冒险一试，带军攻打护粮官淳于琼的大营，在袁军救兵来到之前攻下此营。随后，曹操率部直攻袁绍大营，由于袁绍主力前去救粮，因此大营很快就被攻破。高览等人在得知大营已被攻破，便率军来降。袁绍领残兵败将渡河而去。官渡之战，改变了袁绍与曹操的力量对比，曹军终于成为中原一带势力最大的军阀。

这是一部良谋迭出的好戏。曹操始终没有和袁绍硬碰硬地打，而是处处设计，因为面对兵力胜出自己几倍的敌人，与他对峙只会遭到毁灭性打击。于是，曹操针对形势的变化，抓住袁绍的软肋，奋力一击，终于取得了官渡之战的胜利。

套中套，环环相扣

在现代商业活动中，为确保在每一步骤或环节上都能成功，经营者可以采用环环相扣的公关营销策略。

某公司是一家大型家电企业，公司生产经营制冷器具、电热器具、降温器具、照明器具、清洁器具、美容器具、电工电料 7 大系列 100 多个品种、规格的产品。在浙江市场，公司集中精力推出的是厨房家电产品。但是，由于近几年来，公司放松了在浙江市场的广告宣传，故其公司和产品的知名度都比较低，已经被其他品牌所代替了。如果想再次打开浙江市场，首先必须迅速提升企业及其产品在浙江消费者心目中的知名度。为此，公司聘请了

"阳光广告创意组合"（公司）为其产品进行广告宣传，以使该产品重返浙江市场。为此，"阳光广告创意组合"以提高企业和产品知名度为突破口，设计了整套行销企划。

阳光创意组合所制订的行销策略是重点在杭州展开市场攻势，以求重新获得杭州市场，进而再以杭州在浙江省内的领导消费作用，拓展、巩固外地市场。在杭州展开市场攻势的广告策略是"梯度推进"，而广告活动是分为三个部分来层层递进的。

第一步，在五六月间投放大量的、有效的广告活动，首先在消费者心中留有一定印象。

第二步，在七八月间推出以电饭煲为重点的广告迅速占领杭州市场，为公司众多的产品打开市场突破口。

第三步，在前两次广告的策划下，这次在国庆节前后推出公司的其他产品，以扩大市场占有率。

某公司在浙江的广告宣传是按此三步做的，效果颇佳。其中，第一步广告活动所花的精力最多，效果也最显著。

总而言之，第一步的广告活动，在杭州效果是很理想的，也为下两步广告活动奠定了基础。"阳光广告创意组合"所推出的这三步广告营销就是典型的连环计。

在对竞争对手施用连环计时，要有系统性和系列性。因为，凡是用计，一般都不是只用一计就可获得成功的，常需要同时准备或使用数计，使各计之间相辅相成，这样可做到一条计策失败，另一条计策马上紧接着实施，一个计谋跟着一个计谋，环环紧扣，不留任何漏洞。

第三十六计　走为上计

【计谋原典】

全师避敌①，左次无咎，未失常也②。

【注释】

①全师避敌：师，军队；全，保全，保存军事力量；避，避开。

②左次无咎，未失常也：语出《易经·师》。左次，是指军队向后撤退。古时兵家尚右，右为前，指前进；左为后，指退却。

【译文】

全军退却，避开强敌，以退为进，伺机破敌，这不违背正常的用兵法则。

【计谋典故】

春秋初期，楚国日益强盛，楚将子玉率师攻晋。晋文公闻讯，分析了形势。他对这次战争的胜败没有把握，楚强晋弱，于是决定暂时后退，避其锋芒。

晋文公故意先撤退到晋国边界城濮，仗着临黄河，靠太行山，足以御敌。同时，派人前往秦国和齐国求助。子玉率部追到城濮时，晋文公早已严阵以待。晋文公已探知楚国左、中、右三军，以右军最薄弱，并无斗志。子玉命令左右军先进，中军继之。楚右军直扑晋军，晋军忽然又撤退，楚右军以为晋军惧怕，又要逃跑，就紧追不舍。忽然，晋军中杀出一支军队，驾车的马都蒙上老虎皮。楚右军的战马以为是真虎，吓得乱蹦乱跳，转头就跑，楚右军大败。晋文公又派士兵假扮成楚右军士，向子玉报捷："右师已胜，元帅赶快进兵。"子玉登车一望，晋军后方烟尘蔽天，他大笑道："晋军不堪一击。"其实，这是晋军故意弄出来的假象。子玉急命左军并力前进。晋军还是往后撤退，楚左军又陷于晋国伏击圈，又遭歼灭。等子玉率中军赶到，晋军三军合力，很快便将子玉团团围住。子玉这时才发现，右军、左军都已被歼，而自己也被敌军包围。虽然他在猛将成大心的护卫下，逃得性命，但部队损失惨重。

这个故事中，晋文公的几次撤退，都不是消极逃跑，而是主动退却，寻找战机。

【计谋解析】

"走为上"是在敌强我弱的情况下，为保存实力避免硬拼而及时撤离的一种谋略。但是，暂时的撤退绝不是消极逃跑，而是为了获得更大的胜利。那些稍遇挫折，便丧失信心，望风而逃，这是典型的逃跑主义，不能与"走为上"计相提并论。在一定情况下，以走为上的应变术，是避开对方的攻击，保存实力，为下一场战争作准备的上策。

解读

以退为进，制造商机

商场如战场，因此在现代商业竞争中，不可一味攻击，必要时应采取主动撤退的方法。

1994年年初，武钢要筹备召开订货会。订货地点设在哪里好？按照常规，订货会放在武汉或武钢召开最好。家门口办事更方便，人员也便于召集，会议的成本也最低廉。然而，时任武钢销售部长的李裕荣否定了这个方案。

他算了一笔账。1993 年 11 月，在汉口召开一次订货会，推销产品 100 万吨；同年 12 月 25 口，在武昌又召开一次订货会，推销产品 13 万吨。加上会外成交，全年在湖北共销出 200 多万吨，等于武钢全年总产的 40%。如今，这批钢材在武汉的库存里还有 100 多万吨。比以往任何时候都显得突出的迹象是：许多客户到武钢来，不是购买武钢的钢材，而是推销自己的库存钢材，与武钢争夺客户。

与此同时，武钢销往外地传统市场的钢材数量，山东省、四川省及上海市仅各占武钢年产量的 3%，江苏省和广东省只占 6% ~ 7%，其余地方所占的比例就更低。

物以稀为贵，货以缺为俏。库存 100 多万吨钢材的武汉，已变成厂储备钢材的洼地；受此影响，湖北也成了钢材价格的洼地。此种态势下，这里的价格决不会走高，行情也决不会走俏。因此，决不能在这里再开订货会。应该离开洼地，而且离得越远越好。

"避而有所全，则避也。"这句千古箴言，历来为兵家所推崇，也历来为商家所借鉴。

李裕荣断然拍板，1994 年全年少在湖北地区召开订货会。

他亲率人马，相继赶赴青岛、西安、合肥、南京、成都、石家庄及乌鲁木齐7个城市，远离家门召开订货会。会上，他反复宣传武钢的批量优惠政策。在这些各省省会城市召开的推销会上，要求和省级金属公司发挥大商家的领导作用，并明确告之，可以把所属县、市及辖区企业的银行承兑汇票收集起来，变成大额资金拿武钢的大盘子，享受大批量订货的优惠政策。当然，此间只需注意一个问题，即谁订货、谁付款，订货和付款单位名称要一致。这是武钢为了消除经济纠纷的方法之一，目的是为厂不出现"三角合同——甲订货、乙付款、丙收货"。对此，解决的方法很简单，即将银行承兑汇票背书就是了。不出所料，每一次都反响热烈，价格适中，销量也可观。凭此"避实击虚"之举，这年武钢生产的450多万吨钢材全部销售完毕。

经营者要善于权衡得失，选择进退见机行事。李裕荣走为上，找到了好的商机。有进有退，能屈能伸这是成功的必要条件。当然，撤退是最难的，如果无法掌握时机，勇敢撤退，或许就会受到致命的打击。

懂得及时退出

第二次世界大战以后不久，松下公司接受委托经营一家濒临倒闭的缝纫机公司。起初，松下幸之助认为凭自己多年的经营实践，使这家缝纫机公司起死回生是没有多大问题的。但是，由于对这方面的业务比较生疏，而且当时经营缝纫机的公司众多，市场竞争十分激烈，松下不得不寻求保身之策。

松下意识到必须及时抽身，于是便立即退了出来。松下后来很感慨地说，若当时要是考虑花了不少投资，害怕退出会有损失而犹豫不决的话，反而损失会更大。

松下公司还有一次这样勇于撤退的案例。

1964 年，松下公司宣布从大型事务用电脑业撤出。在此之前，松下公司已对大型事务用电脑投注了十几亿日元的研究费，并且已经达到实用化的阶级，但还是取消了这个项目，外界的议论是："松下公司没有这方面的技术，所以取消。"其实，松下是从全日本的需求性这个观点来判断，认为公司不一定要投入这个事业，其他更可行的事业还有不少，所以才取消的。

有一次，松下幸之助和美国著名的大通银行副总裁会谈，松下问他，日本已经有七家公司制造大型电脑，这样下去，不可能大家都生意兴隆，并询问他的看法。这位副总裁说，姑且不论一般产业用或家用电脑，若是大型电脑，不久之后将形成恶性竞争的局面，你还是让给别人吧。后来，松下就果断地决定撤出大型电脑业务。

现在，家用电脑和个人用电脑不断成长，只有大型电脑没什么成长，因此，每逢看到各制造厂商正为恶性竞争而苦恼的时候，松下就庆幸自己的及早退出。

松下幸之助是一个具有坚毅、刚强性格的人，所以才会有松下公司；松下幸之助更是一个懂得进退的人，所以才有松下公司的发展壮大。

一个人有宏伟的胸怀和抱负，有不甘人后，积极进取的精神境界是好的。但这一切都要具备一定的客观条件与主观条件。如果只看重自己某一方面的长处，或者对某一次行为的结果估计过高，那么就会对未来的规划产生盲目性，从而跌进悲剧之中，折戟沉沙。

在商业竞争中，要知进退，不能以为要想取得成功就必须把事情做到底。这种只知前进，不知后退的人，往往会碰壁。经营和作战一样，要知道何时前进，何时撤退。大家要记住，为了成功，撤退也有必要。这是因为只有能够真正把握时机，懂得及时退出的人，才是真正的经营高手。

参考文献

[1] 宋洪洁．活学活用三十六计（修补版）[M]．呼和浩特：远方出版社，2008.

[2] 文武．三十六计活学活用 [M]．北京：中国物资出版社，2008.

[3] 付娜．三十六计中的成事智慧 [M]．北京：海潮出版社，2008.

[4] 杜京．品读三十六计——经世奇谋 [M]．北京：光明日报出版社，2007.

[5] 贺建华．三十六计的提醒 [M]．北京：地震出版社，2009.

[6] 陈洋．三十六计一日一得 [M]．哈尔滨：哈尔滨出版社，2006.

[7] 王松．读三十六计，悟做事之技 [M]．北京：中国华侨出版社，2008.

[8] 张俊杰．一生要会运用的孙子兵法与三十六计 [M]．北京：时事出版社，2005.

[9] 石磊．商战奇谋三十六计 [M]．北京：新华出版社，2009.

[10] 云中天．人生三十六计 [M]．南昌：百花洲文艺出版社，2006.